教育部人文社会科学重点研究基地
兰州大学敦煌学研究所

兰州大学“敦煌丝路文明与西北民族社会”双一流学科群建设项目
教育部人文社会科学重点研究基地兰州大学敦煌学研究所项目

国际敦煌学研究文库

敦煌

日本卷 8

郑炳林　高田时雄……………主编

甘肃教育出版社

图书在版编目（CIP）数据

国际敦煌学研究文库．日本卷．8：日文 / 郑炳林，（日）高田时雄主编．-- 兰州：甘肃教育出版社，2018.11
ISBN 978-7-5423-4536-3

Ⅰ．①国… Ⅱ．①郑… ②高… Ⅲ．①敦煌学—文集—日文 Ⅳ．①K870.6-53

中国版本图书馆CIP数据核字（2018）第265408号

国际敦煌学研究文库·日本卷8
郑炳林　高田时雄　主编

出 版 人　马建东
项目策划　王光辉　薛英昭
项目负责　孙宝岩　董宏强
责任编辑　董宏强
特约编审　范亚秋
书籍设计　张小乐

出　版　甘肃教育出版社
社　址　兰州市读者大道568号　730030
网　址　www.gseph.cn　E-mail　gseph@duzhe.cn
电　话　0931-8773145（编辑部）　0931-8435009（发行部）
传　真　0931-8773056
淘宝官方旗舰店　http://shop111038270.taobao.com

发　行　甘肃教育出版社　印　刷　兰州新华印刷厂
开　本　787毫米×1092毫米　1/16　印　张　23　插　页　2　字　数　345千
版　次　2019年5月第1版
印　次　2019年5月第1次印刷
印　数　1~2 000
书　号　ISBN 978-7-5423-4536-3　定　价　92.00元

《国际敦煌学研究文库》的缘起

郑炳林

敦煌藏经洞文物有近50000件，自发现以来，就开始向外流散，大半流散于世界各地的各大博物馆、图书馆以及私人手中，保存在国内博物馆与图书馆中的只有一小部分，还有一部分则下落不明。收藏于国外博物馆、图书馆的，如英国国家图书馆计有汉文写本和少量印本13677件，英国国家博物馆计有80余件绢画等；法国国家图书馆计有4000余件汉文文献，法国集美博物馆计有220余幅各类绘画品等；俄罗斯圣彼得堡东方学研究所有近20000件汉文残件、130余件绢纸绘画品等，国立艾尔米塔什博物馆计有壁画残片、绢画、麻布画、纸本画、雕塑品等350余件；印度国立博物馆计有500余件美术品和2件写本，印度事务部图书馆约有1500号藏文、梵文和于阗文写本。除此之外，日本、美国、德国、丹麦、瑞典、芬兰、韩国、土耳其等均有收藏。保留在中国的敦煌写经主要收藏在中国国家图书馆。中国台湾『中央研究院』傅斯年图书馆、台湾『故宫博物院』、台北图书馆以及敦煌研究院、甘肃省图书馆、甘肃省博物馆、湖北省图书馆、南京博物院、上海图书馆、天津艺术博物馆、北京大学图书馆等机构也收藏有部分零散敦煌文献。由于敦煌文献流散、收藏于世界各地，敦煌学的研究也因此而具有了国际性。

国内敦煌学的研究在王国维、罗振玉、蒋斧、曹元忠等人的推动下发展起来。国外敦煌学的研究同样成果卓著。20世纪，进行相关研究的日本研究机构主要有东洋文库和东京大学东洋文化研究所等，著名学者则有内腾虎次郎、高楠顺次郎、中村不折、铃木大拙、大谷光瑞、羽田亨、石滨纯太郎、那波利贞、神田喜一郎、仁井田陞、矢吹庆辉、有夏一雄、藤枝晃、秋山光和、田中良召、上山大峻、土肥义和、池田温、高田时雄、森安孝夫等。法国开展相关研究的著名学者有戴密微、戴仁、侯锦郎、马克、拉露等，他们的研究重心在胡语文献、藏文文献及汉文文献，主要是伯希和的收集品。英国国家图书馆藏有大量的、珍贵的敦煌文献，为开展相关研究提供了良好的条件。托马斯、翟理斯、小翟理斯、贝利、吴方斯、韦陀等在这方面都有着突出的贡献。俄国的相关研究者主要有俄国科学院圣彼得堡分院东方学研究所的弗鲁格、丘古耶夫斯基和孟列夫、波波娃等。随着敦煌学的发展，几乎世界各国都有从事敦煌学研究的专家学者，敦煌学研究在国内外如火如荼地开展起来。

当然敦煌学的研究也面临诸多问题，首先是学术研究成果和学术研究动态的掌握。中国包括内地和港台地区敦煌学的研究成果，郑阿财、李国、杨富学等都做过相关成果目录，我们可以通过这些目录了解相关研究动向、研究水平及热点问题。鉴于港台学者的论著查找困难，我们同台湾南华大学敦煌学研究中心合作，编辑出版了《港台百年敦煌学文库》，用100册的规模将

20世纪初以来港台敦煌学近百年研究的成果结集，在甘肃人民出版社出版，目前这一工作基本接近尾声。在编辑《港台百年敦煌学文库》的同时，我们有了将相关工作扩展到了整个学术界的想法——编辑出版百年国际敦煌学研究文库。之所以选择从『日本卷』开始主要基于以下原因：第一，日本的敦煌学研究开始时间最早，早在敦煌文献发现初期，日本就开始了敦煌学研究，就是『敦煌学』一词也是日本人最早提出来的；第二，日本学者对前期敦煌学的研究贡献很大，在20世纪初，日本涌现出了一批非常著名的敦煌学研究专家和研究机构，影响最大的像东洋文库和东京大学东洋文化研究所，其很多著作特别是前期的研究成果是我们研究敦煌学必须参考的资料；第三，敦煌学研究从一开始就是一门国际性的学科，随着时间的推移，很多前期的研究成果越来越难查寻，所以将这批成果结集出版，供学术界研究参考，非常必要。最初我们想将上述成果翻译出版，后来我们改变了想法，第一是人力方面的原因；第二是翻译准确性的问题，如果翻译不能达到相当的水准，还不如原文影印出版。日本百年敦煌学文库的入选目录主要由高田时雄负责筛选，山本孝子负责文章顺序的具体编排及排版清样的校对，兰州大学敦煌学研究所负责文章的最终审订及图书出版事宜。

兰州大学敦煌学研究从1979年开始整整走过40年的路程。40年中兰州大学的敦煌学研究从无到有，从弱到强，逐渐发展起来。1979年是兰州大学敦煌学研究的起步之年，当初成立了敦煌学研究小组，成员也就两个人。1983年中国敦煌吐鲁番学会在兰州成立，兰州大学敦煌学研究的队伍增加到10余人，成立敦煌学研究室，《敦煌学辑刊》也正式创刊并对外发行。1984年又获得历史文献学硕士学位授予权点。而后经过将近10余年的萧条期，人员走的走、散的散，到1994年初，只剩下四五个人。1995年在学校的大力支持下，兰州大学成立了敦煌学研究所，敦煌学研究逐渐恢复生气。1998年兰州大学敦煌学获得博士学位授予权点并成为甘肃省重点学科，次年开始招收博士研究生。1999年敦煌学研究所成为教育部首批人文社会科学重点研究基地，并被纳入兰州大学『211工程』建设项目。2003年兰州大学获批设立历史学博士后科研流动站并开始招生；同年敦煌学哲学社会科学创新基地入选兰州大学『985工程』项目。2007年敦煌学成为国家重点建设学科。2017年与北京坦博艺苑达成成立贝叶经研究院合作意向。目前兰州大学敦煌学研究所有专职研究人员20余人，其中教授10人、副教授10人，研究方向分为敦煌文献与西域史地、敦煌石窟艺术与考古、胡语文献等；有兼职科研人员20余人，分布在国内外大学和科研院所。教师队伍中有长江学者特聘教授、长江学者讲座教授、全国百篇优秀博士学位论文指导教师、甘肃省优秀博士学位论文指导教师、甘肃省教学名师、甘肃省优秀专家、全国教育系统职业道德建设标兵、甘肃省领军人才等，是一支研究方向明晰、年龄结构合理、学术素养较高的学术队伍，不仅能够开设敦煌文献、西域历史地理和石窟艺术与考古方面的课程，还能开设回鹘文、突厥文、梵文和藏文等胡语文献研究系列课程。

兰州大学敦煌学研究所经过20多年的基础建设，研究资料得到很大的充实，现有资料11万册，学校还在『双一流』建设经费中拨付200余万元进行西域史地和胡语文献研究资料建设，进一步促进了兰州大学敦煌学和胡语文献研究的发展。在人才培养上，经过20多年的努力，先后有100多名博士顺利毕业，并成为国内外各个大学的敦煌学研究的学术骨干，如西北大学历史学院副院长李军教授、陕西师范大学丝绸之路历史文化中心主任沙武田教授、浙江大学文学院许建平教授、南京师范大学陆离教授、天水师范学院历史文学院院长陈于柱教授等等，都在该领域做出了突出贡献；留在兰州大学工作的王晶波、魏文斌、魏迎春、敏春芳、张善庆等，以及博士后出站的四川成都考古研究院的雷玉华研究员、内蒙古大学的包文胜教授等也都在自己的领域撑起了一方天地……兰州大学敦煌学研究所自2000年以来非常注重开展对外学术交流，其中，对港、对台方面每年一度的师生学术考察活动已经进行40余批次；对日交流项目进行了10余批次，有30余名博士、硕士来兰州大学研修敦煌学；其次还有美国、韩国及我国港台地区的学生来研究所攻读学位。

兰州大学敦煌学研究所自成立以来，承担了一批国家社科项目以及教育部、科技部、国家文物局等文化支撑项目，其中重大、重点项目有140余项，陆续出版了《敦煌学博士文库》《敦煌学研究文库》《敦煌吐蕃文献丛书》《敦煌丝绸之路石窟艺术丛书》《敦煌与丝绸之路研究丛书》《丝绸之路石窟艺术研究文库》《西北史地文化研究丛书》《法国汉学精粹》《当代敦煌学者自选集》

《敦煌讲座书系》《港台敦煌学文库》等一大批具有原创性的科研成果，近期即将完成出版的还有《敦煌通史》等项目。兰州大学敦煌学研究的发展得到了中国敦煌吐鲁番学术界的支持，这些成果也是他们支持的结果，希望百年国际敦煌学研究文库的出版继续得到敦煌学界的支持。

《國際敦煌學研究文庫・日本卷》前言

高田時雄

敦煌學は日本の中國學、更にはより廣く東方學の分野において、一種特別な研究領域を形成してきた歴史がある。それは敦煌學がしばしば國際顯學と稱されるような側面と不可分であるといえよう。

日本において敦煌遺書に對する興味關心は非常に早い時期からあった。新疆の踏査を終え一旦ハノイに歸ったペリオが、一九〇九年再び中國に來たり、北京で中國の學者たちに所獲寫本の一部を披露した時、その情報は、羅振玉や田中慶太郎からすぐさま日本の學者たちに傳わった。内藤湖南はいち早くその概報を朝日新聞紙上に載せ、敦煌寫本への注意を喚起した。翌一九一〇年、敦煌藏經洞に殘った寫本がすべて北京の學部に運ばれたという知らせに接するや、新興の京都文科大學ではいち早く、内藤をはじめ狩野直喜、小川琢治など五名の教官を北京に派遣し、その調査に當たらせた。同じ頃、西本願寺の派遣した第二次大谷探檢隊の新疆發見物が京都に到着したことも、この新しい領域に對する更なる熱狂を後押しした。さらに中國で辛亥革命が起こると、羅振玉、王國維が難を避けて京都に移住して來たことにより、日中學者の協同による敦煌學が初期の發展を遂げることになる。

このように日本における敦煌學の興起はすこぶる早いと言ってよいが、日本國内には肝腎の敦煌寫本の實物がほとんどなかった。いかにも大谷探検隊は、敦煌をはじめ吐魯番など中央アジア各地の遺跡から、文物寫本を將來し、これらの所獲品は初期の段階では京都大學の學者たちの研究に供されたこともあったが、その後の複雜な歷史的經緯に災いされ、保存と研究が必ずしも圓滑に行われなかった。そのためほとんどが利用されないままに終わった。またこれまで日本國内に傳承されてきた敦煌寫本なるものは、そのほとんどが中國から書籍商などの手を經て購入されたもので、英佛の所藏のように直接莫高窟から持ち歸ったものとは撰を異にしていた。さらに多くが佛教典籍であり、收集家の賞翫の對象でしかなかった。學術的研究資料となり得るものは、極めて僅かしかなかったのである。しかしこの國内における敦煌寫本の貧弱さが、却って日本敦煌學の初期の研究動向を決定づけることになった。すなわちヨーロッパへの訪書行である。

日本學者が英佛に渡航して敦煌遺書の研究を行ったのは、一九一二年の狩野直喜を始めとして、矢吹慶輝、羽田亨などその後に續いた。日本敦煌學にとってヨーロッパ渡航は一つの傳統となった感がある。日本學者が本格的に敦煌遺書を研究しようとすればどうしてもヨーロッパに赴く必要があったのである。

日本學者がヨーロッパで敦煌遺書の調査を行うに際しては、當然ながら現地の學者との協力のもとに進める必要があった。實際の作業においては、考え方も習慣も異なり、時として困難に直面することがなかったわけではない。しかしこれらの人々は惡條件にめげることなく、少なからざる數量の敦煌遺書を、筆録により、或いは寫眞に撮影して日本に持ち歸った。初期の日本敦煌學の業績はこれらの學者の手になるか、またはこれらの學者の將來した鈔本、寫眞を資料として行われたのである。とりわけ未傳佛教文獻の將來に關しては、矢吹慶輝の貢獻がすこぶる大きい。上記三名に續いては、一九二四年の夏から半年の間、内藤湖南が石濱純太郎等を引き連れてヨーロッパ各地で調査を行い、その後も小島祐馬、大谷勝眞、那波利貞、重松俊章、神田喜一郎、玉井是博、久野芳隆などによる訪書行が、戰爭により中斷を餘儀なくされるまで續いた。こういった訪書を基礎とする研究が日本敦煌學の特質の一つであることは注意されてよい。

また典籍や文書のみが研究の對照であったわけではない。狩野がロンドンを訪れた頃、偶々考古學の研究のためロンドンに滯在していた京都大學の濱田耕作は、狩野の歸國後も大英博物館でスタインの齎した遺物につき調査し、その報告を公表しているが、そこには寫本についての言及もある。繪畫などの美術品については、東京大學の瀧精一が早くからヨーロッパに渡って精力的に調査を行い、スタイン・ペリオの齎した美術品の解説研究を行ったほか、一九二〇年には啓明會の助成によって二名の畫家がロンドンに派遣され、スタイン將來繪畫の模寫を行った。ついで京都大學の澤村專太郎が一九二三年十月からヨーロッパに渡航し、敦煌繪畫を含む中央アジア發見繪畫の模寫の選定監督に當たっている。

第二次大戰以前の日本敦煌學の研究は、主としてこうしたヨーロッパ訪書行による成果の上に築かれていたが、戰爭中には新しい材料の供給が停止したために、研究はこれまでに將來された資料のみを用いて進めるしかなかった。しかし日本國内にはすでに相當な規模の敦煌寫本の録文や寫眞が存在していたために、社會經濟史における那波利貞、法制史における仁井田陞の研究など、それらを用いた研究成果には見るべきものが少なくない。

日本敦煌學にとって畫期的と云える出來事が、戰後の一九五〇年代に相次いで起こった。それは英藏敦煌遺書のマイクロフィルムの將來である。先ず一九五二年には、東京大學の山本達郎によって印度省圖書館のスタイン藏文文獻がもたらされ、次いで同じく東京大學の榎一雄が大英圖書館當局と交渉の末、同館所藏のスタイン漢文寫本全部の寫眞撮影に成功し、一九五四年に東洋文庫に收藏された。英藏敦煌寫本のマイクロフィルム到來をきっかけとして、敦煌文獻運營委員會という全國組織が誕生することになり、文部省に對して補助金の申請が行われた。マイクロフィルムの燒き付けは二部作成され、一部は東洋文庫に置かれ、もう一部は京都大學人文科學研究所に送られた。かくして一九五七、五八年度の文部省の研究費助成金による共同研究「スタイン將來敦煌文獻の調査研究」が、東京・京都の協同によって行われることになった。これまで個人的な研究に止まっていた日本の敦煌研究が、共同研究という新たな枠組みのもとで行われるようになったことは、日本敦煌學の新たな轉換點を示すものであった。その後、東京では東洋文庫を、京都では京大人文研を中心にした研究班がそれぞれ共同研究の成果を世に問うことになる。

英藏敦煌遺書についてセンセーションを巻き起こしたのは、俄藏敦煌寫本の存在が明らかになったことである。一九六〇年に國際東洋學者會議がモスクワで開催されたが、その日程中にレニングラードへのエクスカーションが組まれていた。その際、俄藏敦煌寫本の一部がはじめて西側の學者たちに公開されたのである。オルデンブルグの將來した敦煌寫本がロシアに存在することについては、早く矢吹慶輝により報道がなされ、石濱純太郎によっても確認されていたが、多くの日本學者にとっては全く新しい知見であり、驚きであった。六〇年代には、メンシコフ等の編になる二冊本の目録も相繼いで出版され、その全貌も知られるようになった。かくしてレニングラードが日本學者による新たな訪書の目的地となり、敦煌學への注目も一層喚起されることになった。

北京の敦煌寫經は六〇年代から七〇年代にかけて、インド及び中國から二種のマイクロフィルムが發賣され、日本の研究機關ではその利用が可能となっていた。ペリオ寫本については、個人研究者が持ち歸った部分的なフィルムを合わせればかなりな分量が備わっていたが、やはり全部の寫眞が待ち望まれていた。それも七〇年代の末頃からマイクロフィルム全部の購入が可能となり、八〇年代にはいると日本國内の幾つかの大學研究所等でこれを購置するようになった。また八〇年代には台灣から『敦煌寶藏』が陸續として出版され、多くの研究者が敦煌寫本を利用できるようになった。

研究成果の公刊という點では、『講座敦煌』全九巻の刊行が一九八〇年にはじまったことは特筆されてよい。この企劃は必ずしも當時の日本の敦煌學者すべてを動員して行われたものとは云えないが、戰後日本の敦煌學の到達した水準を示すものであった。八〇年代以降には、世界に散在する敦煌遺書のすべてを何らかのかたちで利用することが出來るようになり、これまでとは異なる網羅的な研究も試みられるようになってくる。またこういった好條件を背景にしつつ、國際的な視野を有する若い世代の研究者も成長してくるようになった。

英佛などヨーロッパでは、所藏される敦煌遺書の目録作成が一段落したことから、敦煌研究そのものからは次第に遠ざかる傾向が見られるようになるが、日本ではもともと組織的な所藏を持たなかったためか、また社會一般に敦煌や西域に對する關心がすこぶる高いことも追い風となって、ヨーロッパに於けるほどの落ち込みは觀察されない。むしろこの時期から目覺ましい發展を遂げるようになる中國學界との連攜に主軸が移っていくようになる。その傾向は今日に於ても變わらず、むしろ一層強化されつつあると云えよう。

では日本敦煌學のこれまでに爲し遂げた業績についてどうであろうか。また日本敦煌學の特質はどこにあるといえるであろうか。以下、幾つかの研究領域について概觀してみよう。

敦煌遺書の大部分が佛教文獻乃至佛教と關わる文獻群であることはいうまでもない。そして佛教學が日本のもっとも傳統を有する領域であることからすれば、日本の敦煌學がまず佛教研究において業績を示したことは不思議ではない。

松本文三郎による「敦煌石室古寫經の研究」（一九一一）を始めとする數篇の論文は非常に早い時期の産物として注目されるが、その後は上掲の矢吹慶輝による貢獻が最も重要である。矢吹の『三階教の研究』（一九二七）は中國佛教史研究に新しい領域を切り開いたものとして畫期的であり、『鳴沙餘韻』（一九三〇）及び『同解説』（一九三三）は、佛教研究に新しい豐富な材料を提供した點で、極めて貢獻度が高い。敦煌からは初期禪宗のテキストが豐富に發見されているが、この方面でも日本學者による研究は盛んであった。戰前すでに鈴木大拙によって先鞭を着けられたが、戰後には柳田聖山や田中良昭などによる精細な研究が現れるようになる。注意すべきはチベット語で書かれた禪宗文獻の研究が、七、八〇年代以降に日本の研究者によって進められた點であって、これは日本敦煌學の極めて特色ある研究と云うことが出來る。また牧田諦亮が『疑經研究』(一九七六)によって開拓した民間佛教の研究は、後年盛んになる疑僞經典研究の嚆矢をなすものであった。

また佛教文學についても着實な研究があり、狩野直喜によって先鞭を着けられた俗文學方面の研究は、青木正兒、倉石武四郎により繼承され、戰後は入矢義高、川口久雄、西野貞治、金岡照光などがこの方面の研究に從事した。今日でもその衣鉢を繼ぐ研究者が少なからず存在する。

佛教研究は傳統的に日本の強みでもあるが、一方道教に關してはやや手薄な感を否めない。戰前すでに福井康順や吉岡義豊が道教文獻を扱っていたが、戰後には楠山春樹、秋月觀暎、尾崎正治、石井昌子等が敦煌道教文獻の研究に手を染めた。なかでも大淵忍爾が敦煌道教の整理と研究に果たした役割は大きいものがある。

法制史はやはり日本の研究者が強みを發揮してきた分野である。仁井田陞の一連の研究はすでに定評があるが、畫期的な業績とされる『唐令拾遺』(一九三三)の復元作業には敦煌資料も用いられ、また仁井田の『唐宋法律文書の研究』(一九三七)には敦煌吐魯番發見の法制文書が詳しく研究されている。前者については、後に池田温によって『唐令拾遺補』(一九九七)

が刊行された。

社會經濟史の分野では、先ず那波利貞の名を擧げねばならない。一九三〇年代初頭に足かけ三年をパリで過ごした那波は、フランス國立圖書館所藏文書を大量に筆寫して歸り、それらを利用して長大な論考を數多く執筆した。那波はまた同館の敦煌遺書の内、ペリオによって目録化されていなかった部分の目録を作成したが、それは新しい目録が作成されるまで閲覧室に備え付けられ、一般の利用に供されていた。

これらの方面については、敦煌吐魯番の法制及び社會經濟文書などが、東洋文庫から英文の資料集『敦煌吐魯番社會經濟文書』Tun-huang and Turfan documents（四巻及び補遺の全五巻）として刊行されていることを附記する必要があろう。その刊行は一九七八年から二〇〇一年までの長期にわたっているが、編者として山本達郎、池田温、土肥義和、岡野誠、石田勇作、氣賀澤保規の名が擧げられている。それぞれ敦煌學の各分野で貢獻をした人々である。特に池田の『中國古代籍帳研究』（一九七九）や、『中國古代寫本識語集録』（一九九〇）は極めて有用な工具書として評價が高い。土肥もまた近年『燉煌氏族人名集成』（本篇及び索引篇、二〇一五～一六）を公刊した。これらは東洋文庫を中心とする東京方面の成果と云うことが出來る。

一方京都方面では、人文科學研究所の藤枝晃が第二次大戰中から敦煌の地方史に關する研究を進め、歸義軍時期について一連の注目すべき論文を發表していた。五〇年代末に東京・京都の學界が協同してスタイン寫本の研究を行ったことは上述したが、實質的に京都側の事務全般を擔當したのが藤枝であった。六〇年代に入ると、藤枝は人文研で研究班を組織し積極的に敦煌寫本の研究に取り組み、一九七五年の退職に及んだ。この研究班の班員には、牧田諦亮、入矢義高、竺沙雅章、上山大峻などがあり、それぞれの分野ですぐれた論考を發表した。研究班の報告としては『敦煌研究』(『東方學報・京都』第三十五册、一九六四)がある。藤枝はしばしばヨーロッパに渡航して寫本原本の調査に從事した結果、寫本學的研究の必要性を提倡し、『墨美』雜誌に圖版を多用した一連の論文を發表した。また晩年には寫本の眞僞問題を提倡したことで耳目を集めたこともあった。

敦煌遺書中には漢文のみならず、チベット語、ウイグル語、ソグド語、コータン語、西夏語などいわゆる胡語文獻が多數存在することは周知の事實である。チベット語は佛教との關係で、もともと日本には研究者が少なくなかったが、チベット文獻を用いた本格的な歴史研究は六、七〇年代以降の山口瑞鳳に始まると言ってよい。近年チベット學の國際的發展に伴って、日本にも若い世代の擡頭が著しい。ウイグル語文獻の研究は、羽田亨によって早くに開拓されたが、日本國內ではその後も繼續して少なからぬ研究者を輩出している。ただウイグル語文獻は敦煌よりもむしろ吐魯番發見資料の比重が高いために、もっぱら敦煌文獻のみを研究する學者は決して多くない。

ソグド語、コータン語はともに中期イラン語に屬し、かつてそれらの研究はヨーロッパ學者の獨壇場であったが、八〇年代以降、日本にも第一線の研究者を輩出するようになった。西夏語は、戰前期に石濱純太郎が當時大阪に居住していたネフスキーと共同して研究を進めたことで、西夏語研究の基礎を築いた經緯がある。その後日本の西夏語研究は西田龍雄を經て、何人かの若い世代に受け繼がれている。

美術史の方面では、初期の瀧精一による研究を承けて、戰前すでに松本榮一が多彩な研究を行い、その成果は『敦煌畫の研究』（一九三七）の大著となって結實した。また戰後では秋山光和等の研究が注目されるほか、近年でも佛教美術を中心に研究者の數は少なくない。

書法史に關しては、中村不折の名を佚することができない。西洋畫家として出發した中村は、一九〇五年フランスから歸國後、次第に書法の研究に打ち込むようになった。實作の參考資料として西域出土の古物や古寫本を大量に蒐集するとともに、それらの研究を精力的に發表した。『禹域出土墨寶源流考』三卷（一九二七）は所藏寫卷の解題目録だが、筆者による中國書法史の試みとして見ることも可能で、收められた大量の圖版と詳細な解説は高い評價を得ている。彼は晩年所藏品を展示保存するために書道博物館を開設したが、現在それは東京都の臺東區立書道博物館として運營されている。神田喜一郎や中田勇次郎、西川寧などが書法史に關連する論考を發表しているが、若い世代の研究者にも敦煌寫本を書法史の資料として取り上げる人々は少なくない。

以上、これまで日本敦煌學が各分野で達成した成果につきごく簡單に觀察した。その特徴として擧げられるのは、積極的な資料採訪と細心な整理、それに基づく多彩かつ斬新な研究と云えるであろうか。また分野によって多寡と深淺にかなり差異があるとは云え、網羅的に研究者を輩出してきたという實績がある。同時に日本敦煌學がこれまで長期にわたり持續的に發展してきた點も評價されねばならない。日本敦煌學はいまや百年を超える長い期間にわたり多くの業績を積み重ねてきた。この『國際敦煌學研究文庫・日本卷』は、これら日本敦煌學の全貌を主として初出の雜誌論文によって網羅的に收録し、中國學界に提供しようとするものである。全卷完結まで繼續して刊行できるよう、大方のご支援を頂戴できれば幸いである。

二〇一八年九月於上海

出版说明

敦煌学经过百余年的发展，早已成为一门国际显学。特别是中国敦煌学，进入21世纪后，在多个研究领域都取得了长足进步，硕果累累。然而敦煌学越是发展，『题目越来越小，视野越来越窄』的问题也越发突出。一些学者往往只注重追求新材料，缺乏对相关问题更深、更广的思考。资深敦煌学家池田温先生2000年在编辑《亚洲学刊》第78号『敦煌吐鲁番研究』专辑时就曾说，『现在专门从事敦煌吐鲁番研究的日本学者，对于敦煌当地的事情甚至比中国的学者更富有广博的知识，同时他们对相关的西文论著也了如指掌』。虽然近20年已经过去了，但这句话对中国学者的警醒意义并不过时。因此，一定要将眼界从汉文文献圈子的局限中跳脱出来，学习、吸收国外同行的优秀研究成果，这样才有助于推动敦煌学向更深更广的方向发展。

随着时间的推移，很多早期的尤其是国外的研究成果难以查找，特别是20世纪前期的研究成果，查找起来就更加困难，所以将国际上这些早期的敦煌学研究成果进行整理、结集出版，对于学界来说已成为一件必要而迫切的事。正是出于这样的考虑，我们与兰州大学敦煌学研究所共同策划了《国际敦煌学研究文库》项目，拟以国家分卷，将敦煌学研究主要国家的主要作者的研究成果分批整理出版。文库辑录的原则是只收单篇论文而不收录专著，不少论文后来收录于论文集或学者的全集等，但一概保留第一次发表时的原文，亦不翻译成中文，而以原貌影印出版，以免带来技术上的困难。

日本敦煌学研究起步早、水平高、成果丰富，所以我们将『日本卷』作为『国际敦煌学研究文库』的第一辑整理、出版。《国际敦煌学研究文库·日本卷》主要收录二战以前日本学者关于敦煌学研究的成果。特别需要说明的是，由于时代的特殊性，其中个别篇章存在有『支那』等不恰当的表述，鉴于文献整理和学术研究的需要，也为了保持文献的原貌，在原文影印中不对该类表述做挖改和涂抹处理。还有个别篇章存在行列模糊不清、难以识别的情况，但不影响整体阅读和学术参考，对此我们也作了保留。

丛书主编郑炳林先生和高田时雄先生分别以中文、日文作序，目录为中日文对照，以利于更多学者了解和利用。

目录

目录

目录

唐寫本唐韻につきて

岡井愼吾（1872—1945）

《藝文》2-10，1911

唐寫本唐韻につきて

岡井慎吾

去る四十二年の末に富岡先生を訪ひてその席上いはゆる唐寫本唐韻を見るを得たり、この書は淸人蔣伯斧氏が光緒三十四年二月(ワガ四十一年)に獲て上海の國粹學報館にて印行せるもの、その唐寫本といへる所頗る吾人の好奇心を動したれば予も亦一本を得て之を披玩すること數過なり、

唐寫本唐韻一卷は零本にして去聲八未の末より起りて去聲の部すべて廿一葉入聲は略完くしてすべて廿三葉通計四十四葉あり、入聲の部の首に唐韻卷五、入聲卅四韻の一行あれど原本は上平下平上去入にて各卷をなして五卷たりしなるべし、さて蔣氏後序を附してその中にいはく

書中世字且字皆缺筆代宗以後之諱則否(玄肅二宗之諱皆在平韻不能考)知爲初唐寫本

孫愐唐韻序云州縣名號亦據今時字躰从木从才施殳施支並悉具言又云輿地志及武德已來創置迄開元三十年並列注中今以此本校之宥韻之籀字廣韻从才此本从木云々未韻之毅字廣韻从殳此本从文云々是偏傍之尙未改正者也云々泰韻之會字證韻

之勝字緝韻之壁字德韻之德字廣韻皆注明唐時迷置或改置之年代此本皆不言地名是唐代創置之未列置注中考也則此本爲孫氏未改正以前之本矣長孫訥言序云見炙从肉其究厥由輙意形聲固當从夕及其晤矣彼乃乖斯是切韻舊本炙字从夕今廣韻炙字从肉云々即長孫氏改正之本也而此本則正从夕云々則此本尙是長孫氏初注之本也蓋寫係雖在睿宗以後而祖本尙沿儀鳳之前然則此本雖名爲唐韻實是陸氏切韻元本

鶴山魏氏唐韻後序云於一東下注云濁滿口聲自此至三十四乏皆然而此本則每韻之下並不裁調之淸濁蓋鶴山所得爲孫氏本云々陸氏舊本不注淸濁明矣據此則是本出孫氏以前更無疑義

といひて初唐の而も孫氏が改正以前の本とし進みては陸氏切韻の元本なりとまで云はれたり

この書が初唐の而も孫氏が改正以前の本なることは吾人も亦之を認むべし、されど進みて陸氏の元本たりとすべきかは吾人少しく疑なき能はず、請ふ吾人をして數言せしめよ。

宋本重脩廣韻（澤存堂五種本）の卷首に大中祥符天年の牒を載せて後

陸法言撰本　長孫訥言箋注
儀同三司劉臻　外史顏之推
著作郎魏淵　武陽太守盧思道
散騎常侍李若　國子博士蕭該
蜀王諮議參軍辛德源　吏部侍郎薛道衡已上八人
同撰集
郭知玄拾遺緒正更以朱義三百字
關亮增加字　薛峋增加字
王仁煦增加字　祝尙丘增加字
孫愐增加字　嚴寶文增加字
裴務齊增加字　陳道固增加字

の文あり、又仁壽元年の陸法言の序も同じき卷首にありてその中に

昔開皇（開皇二十年ニ仁壽ト改元）初有儀同劉臻等八人同詣法言門宿夜永酒闌論及音韻云々魏著作謂法言曰向來論難疑處悉盡何不隨口記之我輩數人定則定矣法言即燭下握筆略記綱紀

とあり、則ち陸法言は結集の勞に從ひし人にて其業は陸劉顔魏盧李蕭辛薛の九人にて成されたるなり、而してこれらの人々の傳は

劉——隋書七十六
顔——北齊書四十五
盧——同　五十七
蕭——同　七十五何妥に附す
辛——同　五十八
薛——同　五十七

にあれば何れも六朝の人たり、然るに長孫訥言は唐人を以てその上に署せられしこと怪しむべきに似たれど撰本箋注並べ擧げてその出自を明せるにや

又郭知玄以下は重修の時に參考せられたるを明せるなれども歩増加字とあるは或る一本につぎ／＼に増字しゆきたりとにはあらで各成書ありしなり見よ日本現在書目錄に

切韻五巻　陸法言
、、、、　王仁煦
、、十巻　釋弘演
、、五巻　麻果
、、、、　孫愐
、、、、　孫伷
、、、、　長孫訥言
、、、、　祝尚丘
、、、、　王在藝
、、、、　裴務齊
、、、、　陳道固
、、、、　沙門清徹
、、、、　盧自始

、、、、　蔣魴
、、、、　郭知玄
、、、、　韓知十

唐韻正義五巻

を著錄して郭知玄王仁煦祝尚丘孫愐裴務齊陳道固おの／＼別書とせるを、さては關亮薛峋嚴寶文の三家の名の現在書目に見えぬは皇朝に傳はらざりしにてもあるべく、釋弘演麻果孫伷〇下ニィフベシ王在藝沙門清徹盧自始蔣魴韓知十の八家の名の廣韻卷首に見えぬは宋朝には既に失せしにてもあるべきなり

切韻はかく廣韻巻首と現在書目とに著錄せられたるものを合するに二十種に上れり、然るになほ李舟切韻僧猷智辨躰補修加字切韻の如く唐藝文志に見えてこゝの兩書に出されぬもの、下にいふべき張戩の考聲切韻など當時切韻の多種なりしを見るべし

箋注倭名類聚抄五ノ二に見在書目錄兼載孫愐切韻孫伷切韻而孫伷書隋書唐書以下著錄無見故傳寫本書考知孫愐不知孫伷遂改作孫愐歟或有孫愐無孫伷孫伷即孫愐之訛見在書目傳本誤愐作伷後人以不可缺孫愐書兼存亦未可知也とあり、之に據れば孫愐と孫伷とは兩家とすべからぬかもはかりがたし

既に切韻が此く多種ならんには儀鳳以前のものなるが故に直に陸氏の原本としがたきを以て、吾人はわが倭名類聚抄に引ける切韻によりて此書の何在なるかを檢せんとす

わが倭名抄切韻を引くこと多し

陸詞　王仁煦　釋氏　麻果
孫愐　祝尚丘　裴務齊　蔣魴
郭知玄　韓知十　薩珣　張戩考聲切韻
唐韻

の十三種に上れり、陸詞は毛奇齡の古今通韻起緣に

隋開皇間有陸詞考（即陸法云）**實始作切韻**とあるに從ひて法言とすべし、釋氏とあるは釋弘演か沙門淸徹か更に他のものなるか知るべからず、張戩は廣韻卷首にも現在書目にもなけれども此書には考聲切韻と引き慧琳音義には張戩考聲と引きたる相同じかるべしといふ狩谷棭翁の考定によれり

今この引書の何れと此書（唐寫本唐韻）とが相近きかを考へんとするに、唐韻は零本なるが故に、引書のすべての文字を此書に求め難き憾あり、されば今は姑く此書の完備せる入聲字のみにつきてその結果を見んとす、即ち

陸詞	入聲字	十一
王仁煦	同	無し
釋氏	同	一
麻果	同	二
孫愐	同	五
祝尙丘		なし
裴務齊	同	一
蔣魴	同	十二
郭知玄		なし
韓知十		なし
薛珣	同	なし
張戩	同	五
唐韻	同	六八

につきて

（一）陸詞　十一字の中吻合するもの三、その他は唐寫本精詳なるを常とす、例へば左の如し

雪　倭一ノ二七　冬雨也
　唐薛　拭也除也凝雨也

又之に反するものもなきに非ず

　倭十ノ二八　草木之敷於莖枝者也
唐
　枝葉　枝葉又姓

（二）釋氏　一字は吻合せず

纈　倭三ノ九一　結帛爲文綵也

　唐屑　帛纈

(三)麻果　二字の中一字は鈲なり唐寫本に收めず、一字は簡繁を異にす

鰐　倭八ノ四　似鼈有四足喙長三尺甚利出虎及

　大鹿渡水鰐擊之皆中斷

　唐鐸　魚名

按ずるに廣州異物志に鰐魚長者一丈餘有四足喙長七尺齒甚利虎及鹿渡水鰐擊之皆斷とありて倭名抄に引けると大同なり、廣州異物志未だ管見に及ばず、隋書經籍志地理類に南州異物志吳萬震撰交州異物志楊孚撰扶南異物志朱應撰涼州異物志等を載せ玉海地理類に漢異物志と標してかの楊子を後漢の人としまた蜀都賦註に譙周異物志を引くをいへり、譙周は蜀人なれば異物志が後漢より起りて三國時代に盛なりしを見るべく、此麻果の據れるも廣州異物志の類の三國時代までに出でたるものにやあらん

(四)孫愐　五字の中吻合するもの一、略近きもの一、また譽は唐寫本に收めず、蔣氏の孫愐已前の物と考定せられたると合へり

(五)裴務齊　一字は吻合せず

　倭七ノ八　鷹屬

鶻　唐沒　鶻鳩

(六)蔣魴　十二字の中吻合するもの二、この唐寫本は極めて簡單なるに倭名抄は精詳なるあり

鼫鼠　倭八ノ九八　有五能々飛不能過屋能啼不能轉聲能泅不能渡瀆能濠不能窮水能耕不能掩身喩人之短藝即螻蛄也

　唐昔　鼫鼠螻蛄也出說文

又之に反するものあり

核　倭九ノ八五　子中之骨也

唐蔘　果中核雀豹古今注云鳥孤國有青
田核莫[　]樹實之刑中國考或其
核耳大如六升匏空[　]以盛水俄
而盛酒味甚淳矣

按するに螻蛄の五能は古今註にも見えたれど亦異同あり、古今註には有五能不成枝術一飛不能過屋二緣不能窮木三沒不能窮谷四堀不能覆身五走不能絕人とせり

(七)張戩　五字の中略近きもの一あれど他は參差せり

峽
倭一ノ六二　山間狹處也
唐洽　峽石縣名

(八)唐韻　六十八字の中相吻合するもの二十九、略近きもの八、を算すれども又相異なるもありて

僕
倭一ノ九五　侍從人也
唐沃　僮僕詩傳云附也亦姓

蝍蛆倭八ノ七〇　食蛇蟲蜈蚣是也
蝍　唐職　蝍蛆々蟲

の如くなれど要するに唐寫本の精詳なるを常とするなり

この對校による時は

(一)陸	3/11	百分比	二七
(二)釋	0		
(三)麻	0		
(四)孫	1/5	〃	二〇
(六)蔣	2/12	〃	一七
(七)張	1/5	〃	二〇
(八)唐	29/68	〃	四二

となりて唐寫本は倭名抄に引ける唐韻に最も近きものとすべし、げにや孫愐の切韻は自から名曰唐韻蓋取周易周禮之義也といへれど倭名抄之を引きては常に孫愐切韻（スベテ卄六條アリ）といひたれば其唐韻と引けるものは孫愐のにあらざるべく、棭翁の唐韻即孫愐切韻而本書引或云孫愐切韻或云唐韻其義未詳

義注一の廿三と云はれたるはなほ疎なるなきかさて唐寫本を檢するに同音字を數へたる後に加の字を標して更に增字せるあり、例へば獨徒谷反十八加二または鏃作木反二加一の如し、此は必ず十八又は二の原本ありし證なり、蔣氏の一言こゝに及ばれずして本々元々のものとせられんとしたるは如何にや、又十三末の十行に擡を出して錯書とせるなどは此本が撰者の初稿にして未だ清撰せぬものなる證たるべし

よりて思ふに此唐寫本は倭名抄に唐韻とて引けるものと祖本を同じうしたるを以て四二/一〇〇の吻合を見たるべく又各自に字を增加し義を補修したるを以て雲仍互に異なるに至りしなるべし、而も簡より繁になりゆくものとしてのみ見る時は此唐寫本は倭名抄にひけるよりは晩出たるべし、かくの如く此唐寫本によりて倭名抄に引ける唐韻を一種の物と見る時は倭名抄三ノ八三に蔣魴切韻と唐韻とを連引し又三ノ五五に郭知玄と唐韻とを連引せるも賅備を志されたる源君の用意を見しむるものなり

吾人は上來述ぶる所によりて此唐寫本を陸氏の原本とは信ぜずして倭名抄に唐韻として引けるものよりは晩出ならんかとまで斷言せんとするなり則ち蔣氏の說には左袒しがたきなり

然はあれどこの唐寫本によりて他書の誤を正すべき一二を擧げて、蔣氏の學界に惠まるることの大なるを明にして以て此稿を終へんとす

(一)倭名抄七ノ八八に鷽音遲 馬腹下聲也とあるを此唐寫本に鷽馬腹下聲也とあるは相合へり、然るに此唐寫本には鷽の音覺にして音遲に非ず、因りて思ふに鷽山鵲と此唐寫本にあるもの、音覺なれば倭名抄の音遲は源君が鸒鷽を混ぜられし一失なり

(二)倭名抄九ノ五四に葷又六反羊蹄菜也とあるは此唐寫本に葷羊蹄菜又六反とありて蓄の字子たるものゝ連火を逸したるなり、然るに倭名抄のこの謬は宋の重脩廣

ほ此書の賜なりかし

韻にも襲はれて（よりて思へば倭名抄が唐韻とし
て引けるものは當時大に勢力ありしものならん）
其書に菫羊蹄菜又𡿨力反とあり、しかるにまた說文に收め
られて从艸里聲讀若釐とある菫字あり、此は薫の
訛文なる菫とは風馬牛なり、されど其形は同じき
を以て段茂堂も誤られて廣韻菫讀許竹又六切者固
菫蓄同物而誤讀菫同蓄と强辨せざるべからざりし
は氣の毒千萬なり

（三）此唐寫本十二曷に薩菩薩内典云菩普也薩濟也能普
濟衆生也とあるを宋本廣韻にも襲へるが本文は薩と
して注の二字はもとのまゝに薩とせり、此薩を薩
に轉せしは宋以後なりと邢澍の金石文字辨異十一ノ四
十一に見えたり、蓋し菩薩又は薩摩のこの薩の字は
薛(一)薛(二)薩(三)薩(四)薩(五)の順序を以てうつりたるものに
で、薛の形はわが天平八年正税帳に存し、薩の形
は廣韻に存せるに、此書にてその中間の薩を得る
は愉快ならずや、此は誤を正すものにあらねごな

再び唐寫本唐韻につきて

岡井愼吾（1872—1945）

《藝文》3-6，1912

再び唐寫本唐韻につきて

岡井慎吾

余さきに「唐寫本唐韻につきて」の稿を艸するや專らわが倭名類聚鈔にひける切韻諸書によりて言をなせり、頃日大島先輩書を寄せて「わが新撰字鏡また切韻に依れるは其の序文に得玉篇及切韻捃加私記脫泄之字更增華麗の語あるにても明らかなり、亦考據の資たらずや」と注意せらる、げにや余の迂鈍なる昨夏かの稿を艸して以來一回もこゝに想到せざりき、乃新撰字鏡に依りて此稿を成しぬ。

新撰字鏡に十二卷の原本と流布の刊本との二種あるは人の知る所、この稿宜しく十二卷本に依るべきは論を竢たざれども、架上流布本を有するのみなれば姑く之に據りたり、此稿の主とする所は流布本の字鏡に引ける切韻の面目によりて唐寫本の關係を定むるに在れば是亦必ずしも不可ならざらん。

新撰字鏡すでに玉篇切韻兩書によれることをいふ、字鏡より玉篇系のものを淘汰するは即ち切韻系のものを明らむる所以なるべし、此稿が一面字鏡の原據を疏證せる觀あるはこれに由る。

玉篇は古逸叢書本に據る、玉篇と字鏡とその分部の標準を一にせざれども、今字鏡全卷に渉りて玉篇所採の字を檢出することをなさずして、姑く兩書に倶存する分部をのみ檢したるが、其分部は

言　糸　食　舟　車　石　山
水　阝　广　方　欠　卜

の十三部たり而して兩書に倶に收められたる文字の數は左の上段に記するものにて又その文字の中唐寫本唐韻にも收められたるもの丶數は左の下段に記するものなり。

部	上段	下段
言部	二十三	十二
糸部	十二	二
食部	十	二
舟部	二	一
車部	一	一
石部	十二	四
山部	十三	一
水部	五	二
阝部	七	一
广部	二	〇
方部	〇	〇
欠部	二	一
卜部	〇	〇
	計　八十九	計　二十七

この二十七字につきて見るに、字鏡の訓詁の玉

篇に據れるもの二十字に及べば（玉篇に訓詁を缺く者一あり）百分比にて七十七に上り、以て字鏡の訓詁の必ず原據あるを知るに足れり。

立ち返りて云はん、上に擧げたる數は字鏡玉篇倶に收めたる文字（上段）と更に唐韻にも收められたる文字（下段）とのみなるが、玉篇には收められねども唐韻に在るものを見れば、

部	數	部	數
言部	六	糸部	二
倉部	二	舟部	一
車部	一	石部	二
山部	一	水部	三
阝部	○	广部	○
方部	一	欠部	一
卜部	一		

の二十一なり、さて唐韻と字鏡とに倶存する文字はかの廿七とこの廿一との和なるが、此四十八字につきて見るに字鏡の訓詁の唐韻にも存するものの二十一（唐韻に訓詁を缺く者三あり）にして百分比にて四十一に達するに過ぎず、此の差は蓋し玉篇は訓詁を主とするを以て、博載旁收せるが故に自ら相合ふもの多く、唐韻は韻書にして訓詁は頗る簡畧なれば相合ひがたきなるべし、以て字鏡が唐韻に據ること尠かりしものとはすべからず。

字鏡の訓詁が此の如く必ず原據する所あるを見れば、其音も亦原々本々して決して卒爾に成りたるものにあらざるべきなり、さて字鏡と唐韻と音の相合ふもの十字あり、然るに字鏡と玉篇と相合ふもの八字あり、そも／＼字鏡唐韻倶收の字は四十八字にして字鏡玉篇のは二十七字なり、然るに音の相合へるものは僅に十と八との比の差に過ぎず、訓詁に於て玉篇を主とせる割合には音に於て唐韻に依ること少しといはざるべからず、吾人はこの間に何等かの結論を得ざるべからざるなり。

字鏡の序は單に切韻といふのみ、當時切韻とい

へる語の陸氏の著のみならざるは前稿之を詳にせり、よりて倭名鈔に陸詞切韻として引きたる六十條にて字鏡に收められたる字を檢すれば訓詁は往々合へども音の吻合するものなし。

顚　倭名鈔　音天頂也
　字鏡　丁年反頂也額也

鮫　倭名鈔　音交魚皮有文可以飾刀劍者也
　字鏡　古希反有文可飾刀劍

（この二字唐寫本唐韻になし）

雹　倭名鈔　蒲角反雨氷也
　字鏡　坡角反霖也
　唐韻　雨氷蒲角反

鴰　倭名鈔　古活反小鳥似雉也
　字鏡　竹刮反山鳥
　唐韻　雀多活反又當刮反

又前稿にて切韻中の賅備せるものならんとせる唐韻正義と比較するに倭名鈔に唐韻として引けるもの四百八十三條の中字鏡に收められたる字を檢すれば音の吻合するもの二十九字中四字訓詁の吻合するもの二十九字中八字なり

饘　倭名鈔　諸延反厚粥也
　字鏡　厚粥也諸延反

藍　倭名鈔　魯甘反染著也
　字鏡　魯甘反染艸也

柅　倭名鈔　女履反籰柄也
　字鏡　女履反

（この三字唐寫本唐韻になし）

腊　倭鈔名　音昔乾肉也
　字鏡　音昔脯也久也
　唐韻　音昔乾肉也

……………………

眵　倭名鈔　音支目汁凝也
　字鏡　吐伎反汁凝也

窯　倭名鈔　音遙燒瓦竈也

字鏡　羊招反燒瓦竈也
（この二字唐寫本唐韻になし）

翈　倭名鈔　胡甲反翮上短羽也
字鏡　戶姿反短羽也
唐韻　胡甲反翮上短羽

この結果によるも二十九分の四の吻合を以て輕卒に兩者の關係を豫想するを得ず、況や訓詁の吻せるものに比して其の半數なるに於てをや。

この故に吾人は字鏡の據れる切韻は陸詞のにも非らず又唐韻正義にも非ずと斷言して、新撰字鏡に由て見るも唐寫本唐韻が陸氏の原本ならじとの主張には何等の修正をも加ふるを要せざるなり。

終に臨みて吾人は

雹　坡角　蒲角　の二反（上は字鏡下は唐韻の音なり）
鵽　竹刮　當刮　の二反
翈　戶姿　胡甲　の二反

につきて少しく注意する所あらんとす、永祿本韻鏡によりていへば

坡滂母　蒲並母
竹知母　當端母
戶匣母　胡匣母
姿第四等　甲第二等

なるが故にその音韻の關係は

唐韻（濁　音（舌頭音（二等韻
字鏡（次清音（舌上音（四等韻

といふを得べし、然るに古無舌頭舌上之分は錢大昕の夙に唱へたる所にてその證するものに據れば漢代なほその別なかりしに似たれば唐韻字鏡の間のこの相違を未た別を立てさりし以前のものを因襲せんとすると既に別を立てたる以後のものとするによりて此等の音の新古を定めらるへく又濁音は Sonant にして次清音は Aspirate なれば支那音韻におけるその發生の順序或は分布を檢すれば自ら又此等の音の新古を定むるに足るべき光明を

得べきならん。

西域考古圖譜なる唐鈔唐韻につきて

岡井愼吾（1872—1945）

《藝文》7-7，1921

西域考古圖譜なる唐鈔唐韻につきて

岡井愼吾

西域考古圖譜卷下の經籍部に唐鈔唐韻斷片二葉を收めたり。第一葉は本字明かに存するもの十二字、注文のみ存するもの三字、第二葉は本字明かに存するもの十八字、注文のみ存するもの等二字、通じて三十幾字に過ぎざれば唐韻一部より見れば眞に九牛の一毛たるのみ。余唐韻につきては常に注意を怠らぬ一人なるを以て、この三十幾字をも雲煙の眼を過ぎたるには附し難くて、宋本廣韻と比較したる所を草して、大正丙辰の試筆となさんとす。

一、韻の分部宋本廣韻（澤存堂本を用ふ）と一致す。

第一葉の匜 椸 移 廫 癈 炊 騎 鵗 焂 皮 疲 鸝 は廣韻の五支に、第二葉の 琵 諮 姿 盌 羞 茨 蚔 疷 伊 椃 壝 垑 維 琟 雖 葰 浽 瑁 は廣韻の六脂に收められたるものなり。

二、文字を出せる順序も宋本廣韻と一致せるものあり。廫に次ぐに癈を以てし（澤存堂本十七ら六行）皮に次ぐに疲を以てし（同本十九葉お四行）椃（この字缺けたり、注によりて此字なることを知る）に次ぐに鸝を以てし（同本同葉う一行）諮に次ぐに姿 盌を以てし（同本同葉う九行）蚔に次ぐに疷を以てし（同本廿三葉う一行）綏（これも注によりて測定す）に次ぐに雖葰を以てせる（同本廿四葉う四行）六所は宋本と同じきなり。

三、母字廣韻と同じからぬものあり。

母字とは姑く附したる名にて、音切を付して以下若干の同音字を攝するものと立てられたる文字をいふなり。此斷片には匜椸移と次第せるに、廣韻には移を母字として三十二字を攝せしめ、椸はその第八、匜は第二十二に收めたるを以て、兩者の間母字を同じうせざるを知るなり。前年唐寫本唐韻世に出でたり。之と廣韻とを比するに所攝の字數こそ多少あれ母字は相一致せり。よりて廣韻も一種の唐韻を底本として（一種の唐韻が孫愐の物なるか否かは別問題として）成りたるものにて、陳彭年等が宋代の音韻によりて順序立てたるに非ざるを知りたるなるに、此斷片の廣韻と母字を異にする以上、唐韻の底本とせる唐韻とも母字を異にするものと云ふべきなり。

此く唐韻に移を母字と立てざるもの（此斷片系）と、立てたるもの（廣韻系）との兩系ありと知りて、唐代に簇出せる唐韻を想像せんに、撰著の地と人とを異にするまゝに各音字を類從せしめては母字を立てたるものなるべく、隨てその母字は書によりて異同なき能はざりしならん。

吾人は唐寫本唐韻を廣韻に比して、唐代に簇出せる唐韻はすべて陸氏の切韻を祖本として、たゞ註解の詳略と增加字の多少とによりてのみ、各書の異同を見たるものかと思へるに、此斷片によりて此考の誤れるを正すを得たるは喜ぶべきことに非ずや。

翻つて思ふに母字は各書の立つるまゝに隨ひ、所攝の文字亦之を出すに何の準則もあらざる間に、前條に云へる如く六所まで同樣の順序となれるを暗合なりと云ひ去らんは過ぎたりと云ふべし。さては斷片系のものも廣韻系のものも俱に參考とせる材料には同一のものありて、その影響が此く現れたるものなるべきか。此想像にして誤らずば陸氏の切韻に還元せん爲には此等の材料こそ屈竟のものなるべく、直に廣韻を取りて、又は廣韻系のものを取りて、これを若干原始的にすれば陸氏の舊に復すべしと思ふは誤れるものといふべきなり。

四、註解は廣韻の詳密なるを常とす。

斷片　廣韻

縻 ⺀爵　繫也　又縻爵　易作靡

騎 馬　說文曰跨馬也　又其寄切

轙補車上環　車上環轡所貫也　又音蟻

浽　薇雨　浽微小雨

綏補安息遺以下缺　安也　說文曰車中靶也　又州名春秋時爲自翟所居秦並天下爲上郡後魏廢郡置州取綏德縣以爲名　息遺切

の類その適例たり。綏の注は後半を缺くといへども、之に次げる雖の字との間にさまでの文字を容るべくもあらず、乃ち知りぬ斷片は州名の一解なきを。さて孫愐の切韻序に

輿地志及武德已來創置迄開元三十年並列注中

と云へるを見れば、此州名の解あるはやが孫で氏切韻（のみにもあるまじきが）の一特色たりしならん。則ち此斷片は孫氏が天寶中に增修せし以前の本の面目たることを知るべきこと、なほ彼唐寫本唐韻と同じ。惜しむらくは兩者各その場所を異にして相對較するに由なきを。

然れども斷片の詳なるもの亦絕無に非ず。桵の字の注　廣韻には栘桵の二字を横書して次の文字に移れるに、斷片にはその注二行にわたりて　初行　栘……、後行　木……たり。今其文を知り難けれども、斷片の注が栘桵の二字ありて詳かなりしは想像に難からず。蓋し栘桵の解たる、纂文には　方椎謂之栘桵とあり、廣雅には　栘桵椎也　とあるの外に異解を傳へぬに、こゝの文いかゞなりけん。由なきは紙魚のさがしらかな。

五、音切に廣韻と同じからぬものあり。

斷片の三十幾字の中、音切あるは　匜又羊氏反　皮

符羈反　茨疾脂反　伊於脂反　緌息遺切　の五字なる
が　匝皮伊緌は廣韻と同じきに、たゞ茨のみは
廣韻には　疾資反　とせり。この相違が何事を語るかは脂と資とが同音なるや否やによりて判るべきに、廣韻にては脂旨夷切　資即夷切　と別々倶出せるなれば、疾脂の音と疾資の音とは異ならざるべからざる理なり、さて試に說文を檢するに

徐鉉が今以孫愐音切爲定といへるもの仿宋小字本による
ー疾玆切

李舟の切韻を用ふといはるゝ函海本
陸氏の切韻を用ふるかといはるゝ篆韻譜本 ｝疾咨反

とあり、此咨は資と同音なれば廣韻と函海又は篆韻譜に用ひられたる切韻との音切は同一なり、又玆に至りては廣韻七之の韻に收めたれは疾玆切より得へき音は六脂に收たる茨の音とは若干の相違なき能はざる理なり、孫愐の當時既にこれだけの音韻の變化を見たる爲に此修正を見たるなるか、果して然らば宋代同用の漸を啓きたるものとも云ふべきに似たり。

要するに此斷片系の唐韻も、その音切は大體に於て廣韻の系と同じかりしなるべく、かく唐代韻書の音切なるべきもの五種を並擧するにその四種まで吻合するは、之を寫す文字はとまれ、唐代の音韻が略統一せられたりしを見るべきなり　一月十四日稿

僧守温の撰べる「論字音之書」の研究

岡井愼吾（1872—1945）

《斯文》18-10，1936

僧守溫の撰べる「論字音之書」の研究

岡井愼吾

宋の王應麟の玉海に、三十六字母圖一卷　僧守溫撰（崇文總目にも此う有るやうに記した者が有るが、座右に總目が無いから玉海を引く）と有るので、明の呂維祺の音韻日月燈の

大唐舍利創ニ字母三十一、後溫首座益以ニ孃床幫滂微奉六母一是爲ニ三十六母一合レ之爲ニ七音一

の溫首座も守溫と考へられ、泝りては鄭樵の七音略の

爲ニ此書一雖下重ニ百譯之遠一一字不レ通之處上而音義可レ傳、華僧從而定レ之以ニ三十六字一爲ニ之母一、重輕淸濁不レ失ニ其倫一

の華僧にも守溫が擬せられる。又明の釋眞空（萬曆中、京師慈仁寺の僧）の篇韻貫珠集には總述本原譜に

大唐舍利置ニ斯綱一　外有ニ根源一定不レ妨　後有ニ梁山溫首座一　添成ニ六母一合ニ宮商一

と有る。日月燈の文によりて作つたのか或は他に資料が有つたのか。守溫につきて傳へられることは先は以上の事に止まつたらう。

今回燉煌掇瑣下輯に　守溫撰の「論ニ字音一之書」（この名は掇瑣の編者劉半峰氏の擬したもの）が出された。不完の物では有るが頗る舊來の傳を補足すべき內容が有ると思ふ。此の掇瑣は劉半峰氏が佛國に留學した際に、巴黎國家圖書館中の伯希和敎授將來の燉煌寫本につきて嵩高ならぬ物を寫取られたので、今の「論字音之書」はわづかに三截に止まるもので有る。無論標題を缺いて居るが、第一截の初行には

南梁漢比丘守溫述の八字が有るから本文としては最初より存するを知られる。

この論字音之書には南梁と云ひ貫珠集には梁山とあるから劉鈞仁の中國地名大辭典を檢すると

南梁　郡名　北魏置、今安徽全椒縣東南、また北魏置、今安徽合肥縣東北（今一は南宋に置かれたのだから引くに及ばぬ）

梁山　鎭名　在安徽和縣南梁山下（他は四川や山東やらのもの）

とあり、方輿全圖でも全椒縣と和州とは鄰接して居るから同一の地を兩樣に表したと思はれる。卽ち安徽省の巣湖の東北で蕪湖（地名）の北だ。漢比丘は支那人たるを示すかに思はれるが、この方面には私は無智識なるを恥ぢる。

第一截

脣音　不芳並明

三十六字母では重脣音幫滂並明輕脣音非敷奉微で有るが、其の幫滂微奉を守溫が益したとすれば、其の前には並明非敷に止まる理だ。げにや不は非母、芳は敷母の字。

舌音　端透定泥是舌頭音　知徹澄日是舌上音

三十六字母では端透定泥が舌頭音。知徹澄孃が舌上音だ。その孃を守溫が益したとすれば無きもことわりで有る。日は三十六字母では齒舌音だが、舌音に攝したと見える。

牙音　見君溪羣來疑等字是也

三十六字母では見溪群疑だが、今は君來の二が多い。韻鏡では見第廿三轉君第二十轉同行だが、別々に字母に立てたのだらうか、恐らくは君は衍字だらう。又來は三十六字母では舌齒音だが、之も牙音に攝したと見える。蓋し窶と縷、睔と倫、可と砢、果と祼、樛と鏐、兼と廉、檢と斂、鑑と濫もしくは各と路、京と掠の如き近似（かかる事は他の行にも云はれよう）が有るを見ると、カラ兩行の遠からぬも諾はれる。

齒音　精清從是齒頭音　審穿禪照是正齒音

三十六字母では精清從心邪齒頭音照穿牀審禪正齒音だから、喉音の下に有る心邪の二字は必ず此處に在るべきだ。牀は益された六母の一なれば無いも理り。

喉音　心邪曉是喉中音清　匣喩影亦是喉中音濁

心邪の二字は上に述べた通。三十六字母でも喉音は影曉匣喩。但韻鏡で清濁を分つ時は影曉の二を清とするに、今曉の一とするは異なる。

以上は別に題標とては無いが必ず字母を擧げたもの、脣音4舌音8牙音6齒音9喉音4の三十一だが、牙音の見を除けば正に三十で溫首座の益さぬ前の姿と云はれる。隨て字母三十に正まつた時代の有つたが知られて日月燈等の述ぶる所に本づく所有るを知られるは愉快だ。

定二四等重輕一兼辯下聲韻不レ和無上字可レ切門

高　此是喉中韻濁、於二四等中一是第一字

高は韻鏡では第廿五轉牙音清行第一等字で喉中とあり濁とあるとは合はぬ。蓋し玉篇の卷尾に有る五音聲論で喉聲とした我剛鄂歌可康各の諸字も韻鏡では牙音に系けて居る如く、喉音の所立には古今の變が有るようだ。又之を濁とするは韻鏡で清とせる匣母を濁とせるに關係ありや否や。且つ彼處に二回まで喉中音とあるより推せば此處も喉中音だらうか。

四等中第一字とあるは四等に排列せる韻圖あることを想像させる。文鏡秘府論に調四聲譜として引いた

平伻病別　常上尙杓　袪㰦去刻　壬袵任入

の如き組織では第一等高第二等交（次に見ゆ）とはなり得ない。但し韻鏡では第二十五轉牙音淸行で高第一等字交第二等字で有る。

與歸審穿禪照等字不和

審穿禪照は卽ち正齒音の四母。

若將審穿禪照中字爲切、將高字爲韻、定無字可切

前段の文にては正齒音の字と高との位置が明かならぬから再言したらしい、が何故に此かる反切が成立たぬかの理由は分らぬ。廣韻の四豪韻を見ても高字を韻卽ち反切の下字（切はその上字）とした反切は無し。

但是四等喉音第一字惣如高字例也

交　此字是四等中第二字

交は韻鏡でも高と同行の第二字たること上に云つた。

與精淸從心邪中字不和

精淸從心邪は卽ち齒頭音の五母。第一等字と正齒音、第二等字と齒頭音とが相親しまぬ關係になるらしい。

若將精淸從心邪中字爲切、將交字爲韻、定無字可切。但是四等第二字惣如交字例也。審高反、精交反是例諸字也

さて廣韻には鉏交、所—、側—の反切あるが鉏所側は正齒音の字なれば、今いふ所には抵觸せず。

四等重輕例（誤寫と定められるは改めて出した、普通ならぬ文字は數字で表す）

平聲

高交嬌澆　韻鏡第廿五轉牙音淸行と同じ。

擔1霑2　韻鏡第四十轉舌音淸行に擔○○○、第三十九轉同音同行に耽る霑4 2と同音が有る。又1は同轉の牙音にあるが、3が咸韻に屬する時に1が同音となるから或は3に代用せられたのか。

觀關5涓　韻鏡第廿四轉牙音淸行と同じ。

丹6邅顚　韻鏡第廿三轉舌音淸行に單丹と同音 ○邅顚第廿一轉同音同行に○邅6と同音 ○○。

樓流鏐　韻鏡第卅七轉舌齒音に樓○劉流と同音鏐。

6謀繆　同轉脣音淸濁行に6○謀繆。

裒浮7　同轉同音・濁行と同じ。

齁休烋　同轉喉音第二淸行と同じ。

以下四聲各字の下に第一字には音切第二字以下には其の屬する韻を注せる中にて第四行の紉に宣とあるは注意せらるべきものだ。宣韻は徐鍇の說文篆韻譜と夏英公の古文四聲韻とに見ゆるのみにて殆ど他には傳へられぬ所。廣韻に5居員切と有るは篆韻譜宣韻の8丏員反權居員反9委員反と相似て居る。篆韻譜が以切韻次之とあるによりて直に陸氏の切韻なりとせられた時代も有つたが、今日は切韻も紛出せるを以て猝に此く定むるものは無きものゝ、其等の切韻中にも宣韻を立てるものは未だ無かつたのだ。

上聲

簳箇蹇繭　韻鏡第廿三轉牙音淸行笴簳と同字○蹇繭、第廿一轉同音同行に○箇、、。

滿10免緬　韻鏡第廿四轉脣音淸濁行に滿10○○、第廿三轉同音同行に○○兗沔緬と同音。

11䶃俺魘　韻鏡第四十轉喉音淸行に11䶃埯黶、この俺は去聲字なれば訛。

果姣嬌皎　韻鏡第廿五轉牙音淸行と同じ。

去聲

旰諫建見　韻鏡第廿三轉牙音淸行旰諫○見、第廿一轉同音同行○裥建○。

但綻纏殿　韻鏡第廿三轉舌音淸行旦○○殿、濁行憚○12纏と同音電、第廿一轉同音濁行○綻○○さて

この但は上聲字なれば訛。

岸鴈彥硯　韻鏡第廿三轉牙音淸濁行と全同。

半扮變遍　韻鏡第廿四轉脣音淸行半○變○、第廿一轉同音同行○扮○偏。さて半に音切の外に綫字

あり、若半字の韻を示すならば今換韻とすると合はず。

入聲

勒13力歷　韻鏡第四十二轉舌齒音に勒○力○、第卅五轉同音に○○14歷。また13は廣韻力摘切だか

ら第卅五轉同音の第二等字と云はれる。

北蘖逼壁　韻鏡第四十二轉脣音淸行に北○逼○、第卅五轉の同音同行に○檗碧壁。

刻15隙喫　韻鏡第四十二轉牙音次淸行に刻○、○、第卅三轉同音同行に○客隙○、第卅五轉同音同

行に○16 15と同音○17 喫と同音。

18革棘擊　韻鏡第四十二轉牙音淸行に18○殛 棘と同音 ○、第三十五轉同音同行に○隔 革と同音 ○激 擊と同音。

19搦匿溺　韻鏡第四十二轉舌音淸濁行に19○匿○、第三轉同音同行に○搦○○、第三十五轉同音同行に○○○20 溺と同音。

忒坼勅惕　韻鏡第四十二轉舌音次淸行に忒○勅○、第卅三轉同音同行に○坼○剔 惕と同音。

特宅直狄　韻鏡第四十二轉舌音淸濁行に特○直○、第三十三轉同音同行に○宅○○、第三十五轉同音同行に○○擲狄。

22 23憶益　韻鏡第三十三轉喉音第一淸行に○啞23と同音 ○益、第四十二轉同音同行に22○憶○。

□赤 不明 不明　この行にて確な文字は赤で陌韻とあるが、赤は陌韻の字で無いから、赫字の缺と認める。不明の字も偏旁より推して第三等24 第四等25だらう。以上より第一字を黑と推定すれば黑四十二轉赫三十三轉24 四十二轉25 三十五轉の喉音第二淸行の文字。

墨麥26覓　韻鏡第四十二轉脣音淸濁行に墨○26○、第三十五轉同音同行に○麥○覓。

以上二十六例に於て排字の

韻鏡と全同　九例　一、三、五、六、七、八、十一、十二、十五

韻鏡の兩轉に渉れる　十三例　二、四、九、十、十三、十四、十六、十七、十八、二十、二二、二四、二六

韻鏡の三轉に渉れる　四例　十九、廿一、廿三、廿五

で有ることは看過すべからざることだ。上にも述べた如く當時に韻圖が存して行を立てゝ音の性質によりて等を按じて字を排したればこそ此の暗合を見るとすべきだから。

次に之を重輕の例とせるからには重輕の別が有るべきだが其の說明は存せぬ、第一截は之を以て終るから何れは此の末にか第二截の首にか有つたのだらう。今は此の材料によりて結論を得なければならぬ。四聲重輕といふによりて想起するは廣韻や玉篇元本に存する辨四聲輕清重濁例で、重輕は卽ち清濁かと思はるゝ。兩書に存する辨四聲輕清重濁例は全同では無いが其の根本を一にするは疑を容れぬ。然るに其は一字づゝを上平輕清、重濁等として出せる者で此の如く四聲一聯になつて居らぬから全く其の組織が違ふ。又生憎と共通の文字も無い。又韻鏡では清濁の行を立てゝ文字を配するから之に辨四聲輕清重濁例の上平三十八字をあてゝ(兩書全同で無いが、今廣韻のを用ひるのは各字の音切に、、反とあるが舊態らしく、且その書も前出だから)見るに

	韻鏡の清行	次清行	清濁行	濁行
輕清十九字	八	四	二	五
重濁　同	九	一	三	六

で何の手がゝりも得ぬ。此の廿六例にしても

廿六行	十五	三	八	

で濁行を缺くは四聲重輕といふ標題に合はぬから韻鏡の清濁は此の二十六行にもあてはまらぬ。

下に高交二字の例を以て四等字の第一、二字の性質の異なるを述べて居るが、其の二字を今も出せるは或は字等によりて重輕を分つかとも考へられる。王國維氏が天寶韻英元廷堅韻英張戩考聲切韻武玄之韻詮分部考に於て

唐人所謂清濁蓋以呼等言

と云つたは此の考を支持するを以て、試に辨四聲輕清重濁例の諸字にかゝる別ありやと見るに

	第一・四等字		第二・三等字	
輕清十九字	○	四	二	十三
重濁　同	二	一	○	十六

なれば、此の四字一聯の間にて輕清重濁を別ち難い。

又この二十六例は上下二段に記して有るから、或は清濁相對するかと考へるに、例へば平聲で第一字を拾ふと

高清　擔清」　觀清　丹清」　樓清濁　6清濁」　裒濁　齁第二清

だから然も考へられない。

文鏡秘府論に

律調其言々無相妨以字輕重清濁間之須穩、至如有輕重者有輕中重重中輕當韻即見、且莊字全輕、霜字輕中重、瘡字重中輕、牀字全重、如清字全輕、如青字全濁

と云へるは、韻鏡にて莊齒音第一清行第二等霜同第二清行第二等瘡同次清行第二等牀同濁行第二等と立つる行で區別せらるゝ如きも、清第卅三轉も青第卅五轉も俱に齒音次清行たるものを全輕全濁と別つなど行でも區別せられぬから、當時の發音を表音的に示すものゝ發見せらるる迄は遂に知るべからざるものか。

第二截

第一截の標題の中の辯聲韻不和無字可切の部分らしく、この標題と前文とを缺いたのだらう。

………精清從心邪審穿禪然九字中字只有兩等重輕、

禪然は禪照の訛。韻鏡の歸字例にても齒音中間二位屬照穿牀審禪字母、上下二位屬精清從心邪字母なれば兩等重輕といふか。

歸精清從心邪中字與歸審穿禪照兩等中字第一字不和。若將歸精清從心邪中爲切將歸審穿禪照中第一字爲韻定無字可切

蓋し審穿禪照中の第一字と云へば第二等字なるが、其等は第一、四等字の下につきて反切を作られぬと見ゆ。

尊生反。擧一例諸也

尊は韻鏡第十八轉齒音第一清行の第一等字、生は第卅三轉齒音第二清行の第二等字なれば正に上に云へる反切。諸也はなほ是也の如し。

又審穿禪照中字却與歸精清從心邪兩等字中第一字不和、若將審穿禪照中字爲切將歸精清從心邪中第一字爲韻定無字可切。生尊反。擧一例諸也

上に云へるの逆の場合、さて第一截には四等中の第一、二とし、今は齒音中の第一、二と云へば要するに此等は第一截の所説を齒音にて例した譯だ。

精齒頭交第二等＝尊齒頭生第二等　審正齒高第一等＝生正齒尊第一等

第三截

兩字同一韻憑切定端的例

憑切といふ門法の名は嘉定癸亥（嘉定に癸亥は無い、とにかく南宋の中頃）に司馬溫公の切韻指掌圖に序した董南一が同韻而分兩切者謂之憑切（乘人切神 烝眞切辰）と云つたに見える。四庫全書總目に字學中論等韻者司馬光指掌圖外惟此書頗古と云つた四聲等子には同じき說明を出して例を求人切神、丞眞切脣として居るが求は乘の、脣（諄韻）は辰（眞韻）の訛たるは論無い。等子には又之を說明して

照等五母下爲切ゝ切逢第二、韻逢二三四、並切第二名正音憑切門（如鄒靴切髽字）（以下略）

とあるのは正齒音の第二等字が反切の上ノ字であり、下ノ字が第二・三・四等の字である時而も第二等の字を歸納とするの意らしい（劉鑑の經史正音切韻指南や魏崇文が切韻指掌に附した反切法の正音憑切の說明も之と一致する）。

鄒（照母第二等字） 靴（曉母第三等字戈韻） 髽（照母第二等字麻韻）

蓋し反切の通則としては歸納字は反切の下ノ字と同等になるべきに、今は然らぬを以て特に憑切を立てる。さて等によりて韻の配當の異なる時には韻さへも變る場合あるべきを以て、同韻而分兩切と述べたのだらう。然るに

乘（牀母第三等） 人（日母第三等） 神（牀母第三等）

烝（禪母第三等） 眞（照母第三等） 辰（禪母第三等）

ではすべて第三等字で憑切にならぬ。この故に等子では例を改めたのかも知らぬが、董序としては自家撞着になる。

以下六例は右行が普通の、左行が憑切の反切で有る。

諸章魚反 **菹**側魚反

諸は韻鏡第十一轉の三等、菹は同轉の二等字（魚も三等、鄒連俱陵兩も）。

辰常鄰反　神食鄰反

辰神と董序に同じきは注意すべきだ。又この出し方より推せば董序のも憑切は一方に止まるらしい。

禪市連反　潺士連反

禪は韻鏡第廿三轉の三等（鋋と同音）、潺は同轉の二等字。

朱章倶反　傷莊倶反

朱は韻鏡第十二轉の三等、傷は同轉の二等字。

承署陵反　繩食陵反

承繩ともに韻鏡第四十二轉の三等字。

賞書兩反　爽疎兩反

賞は韻鏡第卅一轉の三等、爽は同轉の二等字。

神と繩とは韻鏡にては憑切とならぬが、其は所依の異なるからだらう。

聲韻不レ和切字不レ得例

聲韻不レ和無ニ字可レ切として上來擧げられたのは、審高反、精交反、尊生反、生尊反の四の場合だが、此等も皆その形だ。

切生

切は韻鏡第廿三轉齒音第四等字だから精母で尊生反と同じ。

聖僧

聖は韻鏡第卅五轉齒音第三等字、僧は第四十二轉齒音第一等字だから生尊反と同じ。

床高

床は審と倶に正齒音だから審高反と同じ。

書堂　書は韻鏡第十一轉齒音第三等字、堂は第三十一轉舌音第一等字だから亦審高反と同じ。

樹木　樹は韻鏡第十二轉齒音第三等字、木は第一轉脣音第一等字だから同上。

草鞋　草は韻鏡第卄五轉齒音第一等字、鞋は第十三轉喉音第二等字だから精交反と同じ。

仙客ニ　仙は韻鏡第卄一轉齒音第四等字、客は第卅三轉牙音第二等字だから同上。

以上は後世に傳はらぬ事だが、當昔は重要な事だつたらしい。

夫類隔切レ字有二數般一、須下細辨二輕重一方乃明上レ之。引二例於後一。如二

此は切字不得例の中に系けらるべきで無い。前行に適當の標題が脱したらしい。

類隔の語は宋本玉篇に見えて嘆勅旦切啄丁角切を其として有る。

勅舌上　旦舌頭切　嘆舌頭　（他舌頭　旦切）

丁舌頭　角牙　切　啄舌上　（中舌上　角切）

歸納字（嘆、啄）が切字（勅、丁）と輕重異にするのを云ふ。此は雅馴で無いと見えて玉篇にはわざ〳〵音和に改めて居る（上の括弧内のもの）。説明としては董序に傍求則名類隔とあるも其の齟齬を指すのだ。

都教切罩　都舌頭　罩舌上

他孟切27　他同　27同

徒幸切28　徒同　28同

此是舌頭舌上隔。如二

方美切鄙　方非母　鄙幫母

芳逼切30　芳敷母　30 滂

苻巾切貧　苻奉母　貧並母

武悲切眉ニ　武微母　眉明母

此是切輕韻重隔。如ニ　非敷奉微は輕脣音、幫滂並明は重脣音

疋問切忿　匹滂母　忿敷母

鋤里切士ー　鋤牀母　士牀母

此是切重韻輕隔　士の字は合はぬ。さて前後悉く……反とあるに此の九音のみ切とあるは奇だ。普通には唐の唐主度の九經字様の序に

謹依開元文字避以反言但紐四聲定其音旨

とあるによりて開元以降は切と云つたものとするのだが、此も亦然るのだらうか、果して然らば守温の時代を推定する好個の資料ともなる譯だ。文鏡秘府論に七音に觸れて居らぬ爲に空海の入唐した貞元（開元元年よりも七十年の後）には其の論が存しなかつたものとは往々に考へられた事だが、守温が開元以後の人で其頃世に行はれた、、切を此にも載せた（此の九音の中、徒幸切の外は廣韻に其のまゝ出て居る）ので有るならば、日を舌音來を牙音より離して二音を立てたも開元より後なるべく、或は貞元には未だ十分に學界に認められず、隨て空海の論述する所とならなかつたとするは恐らくは事實を得たことゝならう。

恐下人只以二端知透徹定澄等字一爲二類隔一迷中於此理上故擧レ例了更須二子細一、、　類隔は脣舌齒の三音卽ち字母が二種並存するものに起るのを舌音のみに考へる者が有つたらしい。

詩云在ㇾ家疑是客別國却爲ㇾ親　多見ニ上流不ㇾ明ニ此語ー身説多般故注釋ニ於後ー この注の意は明かでない、上流、身説ともに此處にはふさはしからぬ。

在ㇾ家疑是客卽是類隔傍韻切也　例とせられた都江切椿の都は韻鏡第十二轉にありて端母、舌頭、椿は第三轉にありて知母舌上だから、上に述べた丁角切啄、都教切などゝ同じい。ことさらに傍韻切と云つたのはいかゞ。

如ニ韻中都江切30ー、迷者言都字歸ニ端字ー、30字歸ニ知字ー、云ニ眷屬不用字ー生ニ疑惑ー　端と知とは俱に舌音の淸行（舌頭舌上の差）なる故に齒音に於ける生尊尊生兩反の場合の如く之を忌みて眷屬不用字といふ事にても存せるか。（なほ後にいふべし）

不知端字與ニ知字ー俱是一家〻故言ニ在ㇾ家疑是客ー也　家々の一字は衍。在家の句は一家なるものを客卽ち用ひられぬ字と疑ふの意。

別ㇾ國却爲ㇾ親　緣ニ都字歸ニ端字ー、30字歸ニ知字ー歸處不ㇾ同

雖ニ歸處不ㇾ同其切30字是的親之故言ニ別ㇾ國却爲ㇾ親也　的親之の之は通ぜず、或は的親々の訛にて上文も一家々なるか。按ずるに此の兩句は一家に在りては、客の如く餘處〻〻しき者（支那の大家族制にて）も異鄕にては大に相親しむ客中の情を述べたるが本意にて、今のは斷章生義だらう。

辯ニ宮商徵羽角ー例

宋本玉篇卷尾に有る四聲九弄反紐圖に含まるゝ五音之圖と似たり（商を圖には開口張に作る）。而して之と同じ趣の事は悉曇藏にもあるから何れ承ける所のあるだらう。

辯二聲韻相似歸處不一同

原寫本にいかなる風に記してあるか、本書の如く並べては聲韻相似とも見えぬ。よりて思ふに此は第廿五の芳、、より次行を起して並べ書すれば聲韻相似にも歸處不同にもならう（今改めたので示す、、は字あるを略したもの）。

不、、方戎反　封、、府容反　飛、、甫　跗、、甫無反　分、、府文反△

芳、、敷融反　峯、、敷容反　霏、、芳非反　敷、、芳無反　芬、、撫文反＝

△31方勇反　匪、、非　甫、、方矩反　粉方吻反、反、、府遠反　32膚妃反△

・＝捧敷隴反　斐、、敷尾反　弣方武反　忿、敷粉反　33峯妃反＝

△諷方鳳反　沸、、方未反　廢、方肺反　販、方願反　富方副反　付、方遇反△

＝唱、敷風反　費、方未反　肺、方廢反　34、、芳萬反　赴、芳遇反＝

△福、、方六反　弗、、分勿反　髮、、方伐反　35、、甫鳩反　糞、方問反△

＝蝮、、芳福反　拂、、敷勿反　怫拂伐反　忿、芳問反＝

△方、、府　蕃、府袒反

＝芳、、敷方反　翻、、孚

右行に用ひられた切字は方府甫非膚分で何れも脣音清行、左行に用ひられた切字は敷芳撫峯拂孚で何れも同じき次清行。さて左行の弣は廣韻芳武切、費は芳未切でこゝは誤記と知られるが、肺はやはり方廢切だ、古は次清行たるべき音も肺に有つたのか。

因に云ふ四等重輕例の高古豪反以下に音切は八十九見（九十三の中で缺字あるもの四）するが廣韻と合ふものの六十又二。

本書の發見によりて音韻研究史上左の諸項が明かにせられる。

一、守溫は開元以後の人らしい。

二、今の三十六字母は三十先づ定まり、ついで六を益したとの舊說は確かである。但し之を益したのが守溫なりや否やは本書では未だ明かで無い。

三、三十字母の時は脣舌牙齒喉の五音に別つたので七音の說は未だ起らぬ。わが空海が入唐の頃には七音說が一般に行はれなかつたらうとの舊說も事實に合はう。

四、四聲一聯で無く、等を按じて聲を排した四等の韻圖が唐の中葉に既に存し、其は四聲等子や切韻指南の如く平上去入の各聲を以て四等を聯ねずに韻鏡の如く一聲ごとに四等を立てたもので、其の內容も韻鏡と可なり同じかつたらしい。

五、聲韻不和の論が有つて一の音切を定めるには今日に傳はらぬ綿密な條件が附せられたと見える。

六、類隔、憑切などの門法が既に存した。

七、音韻學者が歸處不同とするものも一般には聲韻相似とするので、之を比較して其の異なるを辨ずる必要を感ずるに至つた。

わづかに三截の斷片だに此だけの事を敎へられる。全部完存したらばとうたゝ懊惱させられる。（昭和十年十月二十二日）

重松教授將來の切韻及び玉篇の寫眞につきて

岡井愼吾（1872—1945）

《斯文》19–9，1936

重松教授將來の切韻及び玉篇の寫眞につきて

岡井愼吾

一

私は先程十日ばかり九大に出頭した。折柄其の支那學研究室を中心として、九州支那學會が創立せられて其の第一會合が催され、席上同大學の重松教授の「佛獨兩國に於ける支那學研究」の精詳なる御講演が有りて、多大に啓發せられる所有るに感謝したが、教授は錦上更に花を添ふる爲に御將來の寫眞數十枚をも見せて下さつた。其の中に小學に關する物が二葉有つたので私は驚喜して睜つて居ると、教授は其は參考の爲に撮影して來たが、自分の專門以外の物だから、研究するならば提供しようと云つて下されたので、私は其の御言葉に甘えて借還した。調べて見ると案の如く切韻と玉篇との斷片で、其々に吾人に何物かを教へてくれるから、其の點を明かにして以て教授の御厚情に報いる。

教授は此等の寫眞の裏に

普魯西王立學會所藏
新疆省高昌 Hotehô 出土古文書
ルコック Le Coq 氏將來品

と記され、尙倶に刊本で今二三葉づゝも有つたとも語られた。

敦煌の儲藏で最も新しいものは宋初まで降るさうで有る。この兩者は同じい處より發見せられたりや否やは分らぬが、兩者ともに音を表すに、、反と有る。抑々唐の大和中（皇紀一四八七—九五）に成つた九經字樣の序に、

其聲韻謹依ニ開元文字音義一、避ニ以レ反言一但紐ニ四聲一定ニ其音旨一

とあり、之を張九齡の　賀ニ御製開元文字音義一

狀に
片言旁通去二嫌於翻（反と同用）字一
と云へるに併せ考へると、開元（皇紀一三七三—一四〇一）以後は、、反とは云はなかつたかに聞えるが、吾が大同元年（一四六六）に歸朝した僧空海の文鏡秘府論になほ、、反とのみ用ひて居り、開元十三年の事を注の中に載せて居る蔣氏本の唐寫本唐韻もすべて、、反で有るを見ると、さう際やかに改まつたとも云はれぬものゝ、唐末（一一五六七）には反と云はなかつたと見るを常識とする。則ち此の數葉は晩くとも唐末とも見られるが、其の刊本たる點より刻板盛于五代（この題目は葉德輝氏の書林清話に見ゆ）と云はれる五代の物として扱ふことにする。

二

五代刊本の切韻が佛のペリオ氏の蒐集中に存することは光緒末年に王國維氏等の耳に入り、ついで英のスタイン氏も更に完善なのを藏せられる事が分つた。

民國十九年に北平市中に忽然として韻書の寫眞十六葉が現れて、國立北京大學文科研究室の人達の手に歸した。其には國民圖書館（佛國巴里に在りてペ氏の蒐集も其處に保管せられる）の印記も有るので、二十年待望のペ氏の藏の寫眞とは知れたが、誰の何といふ韻書たるかを徵すべき何物をも存しなかつた。

越えて五年後の民國二十四年に英國倫敦で開かれた民國の藝術展覽にペ氏も敦煌の蒐集中より古籍十七種を選んで出品したが、其の中に

大唐刊謬補闕切韻（ペ氏二〇一四號）

切韻（ペ氏二の一五號）

の二種が有つた。そも〳〵二〇一四・五號の外に今二種の唐韻がペ氏蒐集中に存するはペ氏自編の敦煌將來目錄にも記載せられては有るが、寫本とも刊本とも註して無いので、二〇一四・五號の刊本で有ることが此の展覽によつて明かにせられたのみならず、前段に云つた寫眞が卽ち其で

大字六葉　二〇一五號の切韻

小字十葉　二〇一四號の大唐刊謬補闕切韻

であり、而も展覽には僅に二葉づゝしか出品せら

れなかつたから、其よりも此の寫眞の方が更に更に貴いことを明かにしたので有る。大唐刊謬補闕切韻の方は姑く之を閣いて、切韻の方を今少しく述べると其の六葉は

1　1東，2冬，3鍾　34行
2,3　12齊，13佳，14皆，15灰　34行
4,5　25盍，26洽，27狎，28業，29帖　34行
6　33職，34德　15,5行

を收めて居るのだ。

以上は國立北京大學研究院より出された十韻彙編の魏建功氏の序によりて述べたもので、其は序といふよりも切韻唐韻に關する書誌學的研究の四十二頁に亙る論文で有る。又右六葉の内容は彼の十韻彙編の「刊」の欄に收められたから今日は容易に知られる。

三

十韻彙編の魏氏の序には述べて居られるが、本文の材料とならなかつたのに我が東北大學の武内教授が普魯西學士院でルコック及びグリーンウェデル兩氏の將來したツルファン文書から發見せられた印本切韻の斷片が有り、教授は同大學の文化第二卷第七號（昭和十年七月）に其の研究を發表せられた。この論文は俱に存在した唐鈔本の方を主とせられた爲に印本切韻については、其の六葉より成り

1　去聲慁韻の末，27恨，28翰の初
2　28翰（半頁）
3　33線の一部分
4　35笑，36效の一部分—36效の字が讀まれる
5　36效の一部分
6　37號の　〃

毎半葉九行

いつ頃の板本か、一寸判斷し兼ねるが相當古いもので有らう。巴里及倫敦の敦煌文書中に五代刻本切韻が有る。之と同種の物か否かを知らぬ。といふ風に述べられたに止まる（魏氏は其の寫眞の書風より大體宋槧本と想像すると云つて居る。2の寫眞は魏氏の序中に挿入）。

さて重松教授はあの寫眞入手の經緯を

普魯西王立學院所藏の獨逸、土耳其斯坦探險隊

（グリューンウェーデル及びルコック兩氏指導の下に一九〇二—一三年に亙る前後四回の學術探險）にて蒐集せる古文書で、同學院整理主任ガバイン（Dr. A. von Gabain 三十歳の令嬢にて自分の共處に赴いた當時、支那留學より歸國せしばかりの回紇語學者）に依嘱して寫眞に取らせたるもの。ガバイン博士の云ふ所にてはルコック氏が吐魯番附近にて將來せる物

と私に告げられた。又武内教授は論文の前段で

今年二月伯林に滯在中、普魯西學士院に通つてルコック及びグリーンウエデル兩氏の將來したツルフアン文書を點検した云々。私は伯林に着くと先づ第一に普魯西學士院にガバイン博士を訪ねてツルフアン文書を見せて貰ひたい旨を述べ云々

と有るから、重松武内兩教授のは同一蒐集品の中だ。けれども大小さへ異なるから無論別種で有る。蓋し重松教授の獨逸に赴かれたは昭和八九年の交であり、武内教授は十年二月と云はれるから、自ら前後が有り、倶にガバイン博士の手を累された以上重松教授の撮影せられた以外の物を更に武内教授が物色せられたので無からうか。而して重松本の發表は武内教授のより後れたが、其の頗る貴重なる所以は左に述べよう。

先づ版式が武内教授のと違ふ。彼は半葉九行と有つたが、此は左は双邊で終つて居るが右は損壞して此の行で始まつたか否やを知り兼ねるのに既に十三行に上つて居る。彼は彙編に出された寫眞も大きくなく、魏氏も版式像"巾箱本"と云つて居るに、此は上も下も損壞して居るものゝ註の文句によりて、略一行の長さを存すと想像せられるのに、其の高さは 24cm 弱（魏の序中のが實大なりや否やを知らぬが、彼は 10cm 强）。又文字が肉太で顏眞卿流の强い文字なるも、彼の淸瘦にして宋版の上乘と云はれる穀梁傳の流たるべきとは一目して區別せられる。

この三點より觀て全く武内教授の紹介のとは別途の物だが、其の收むる所も平聲の寒韻（推定）と桓韻の一字とでぺ氏の刊本のとも違ふ。私は鎮西に僻居するので新出の材料を耳疾く聞きつける便

が無いから或は遼東の家かも知らぬが、私の見る所では從來未だ紹介せられぬものらしい。

四

この材料に於て最も重要な事は

二十七桓　陸入寒韻不切今別—姓本自姜姓齊桓公後因（以下缺く）

の二十七といふ數と陸云々の二句とだ。廣韻では

二十六桓　桓桓武也又姓本自姜姓齊桓公後因謚爲氏望出譙郡後漢有太子太傅桓榮

と有るが、姓本自姜姓以下はこの材料のを襲つたらしい。蓋し既出の切韻で寒韻を存するのは切三と巴里本刊謬補缺切韻（王仁昫）との二で、切三では桓は寒の次に、巴里本は桓の同音字の丸などより始まりて居るより推して亦寒の次に序でゝ、同韻として扱つて居たらうから、重松本で始めて

陸入二寒韻一、不レ切。今別

の見を以て、桓の一類を別に立てたものを見る譯だ。而して此の書振は桓韻を立てたものとしては古いと信ぜられる。又切韻以外に桓韻を立てたは說文篆韻譜、廣韻、古文四聲韻の三種だが、篆韻譜では二十六（十一から改め數へたのゝ十四で更に一韻を增すべし）廣韻でも二十六、然るに古文四聲韻で始めて二十七だから、此は古文四聲韻とのみ合ふもので有る。桓韻を立てた廣韻の文字の次第が重松本に大同なるべきは勿論だが、解は必ずしも同じからぬ。例へば

重松本	廣韻
難—易也艱也不易之稱也又木—珠□其色黃生東［　］碧色大秦國人珍之曹植樂府詩曰珊瑚閒木難又姓［　］	艱也不易稱也又木難珠名其色黃生東夷曹植樂府詩曰珊瑚閒木難又姓百濟人說文作鸛鳥也本又作鷬那干切又奴肝切四
灘水—也又涒—太歲在申他干反十	水灘爾雅云太歲在申曰涒灘也他干切十
攤—蒲四數	攤蒲賭博
檀木名亦州春秋時屬燕漢陽郡領白—等縣隋置州取縣爲名又姓太公爲灌	木名亦州名春秋時及戰國並爲燕地漢屬漁陽郡隋

—後氏焉禮記魯有—弓今—城在瑯丘瑯丘今屬山陽晉改山陽爲高平郡—氏望在彼也

置檀州取白檀縣爲名又姓太公爲灌檀宰後氏焉禮記魯有檀弓今檀城在瑯丘瑯丘屬山陽魯改山陽爲高平郡檀氏望在高平也

の如きは其の著しきもの。大體に廣韻には舊解を刪補勘正した痕が有るが、必ずしも然うとも限らぬ。木難には

南越志　木難金翅鳥沫所レ成、碧色珠也。大秦國珍レ之

廣志　莫難（木難と同物）珠其色黃、生二東方一

とあるを、廣韻は專ら廣志に据つたが、切韻は寧ろ南越志を取入れたらしい。檀字の解の重松本の漢陽郡はいかにも脫誤が有る。但し瑯丘に於て改山陽郡置兗州高平國、治昌邑（中國地名大辭典）だから、廣韻の魯改山陽の魯は却て惡しい。次第も亦全同では無い。切韻では難に次ぐに灘を以てするに廣韻はこの間に餮と其の同音字二字とが有る。又壇の同音字として出せるものに廣韻は癉などの二字が少いが、集韻にも癉は收めて居るを見ると、廣韻に遺したので無からうか。

此く數へ立てれば相異なるもの〻、實は其は極めて少しの部分に過ぎず、重松本を寫して反を切に改めた上に聊か手を加へた程度で廣韻は成つたと云ふも不可なしで、景德四年十一月に勅を受けて翌大中祥符元年の六月に大宋重修廣韻の名を賜はつたほど神速に捗つたも故ありと肯づかれる。

五

果して然らば然まで廣韻に承用せられた切韻は何種の物なるか。吾人はこ〻に王國維氏の李舟切韻考の

大徐改定篆韻譜、旣用二其（李舟の韻部）次一。陳彭年亦江南舊人、又嘗師二事大徐一、故修二廣韻一亦用レ之

の言を想起して、其は李舟の切韻に非ずやと考へる。この李舟の切韻は今日傳存せぬが、說文篆韻譜の後序に於て、大徐が

得ニ李舟切韻一殊有ニ補益一、其間疑者以ニ李氏一爲レ正

と述べて居るから、この篆韻譜卽ち五卷本（函海に收めらる。別に十卷本ありて大徐が手を加へぬ原本と稱せらる）には李舟の切韻が攝取せられて居ると見て宜しい。

今此の寫眞にて音切の有る十二字の中、說文に收めたる十字を篆韻譜十卷本、說文校定本（大徐の表に以ニ孫愐音切一爲レ定と有る）、篆韻譜五卷本（卽ち李舟の）、廣韻によりて比較するに

	篆韻譜(10)	說文	篆韻譜(5)	廣韻	寫眞
灘	他干反	呼旰切 他干切	他干反	他干切	他干反
嘆	炭ト同音	池案切	炭ト同音	又音炭	又音炭
彈	徒案反	徒案切	徒案反	又徒案切	又徒案反
驒		代何切		又丁年切	又丁年反
但	徒旱反	徒旱切	徒旱反	徒旱切 徒且切	又徒旱反 又徒案反
僤	徒寒反	徒干切		徒干切	又市連反
汗	翰韻ニ	侯旰切	翰韻ニ	寒翰ニ音	又寒翰二音
讕	洛干反	洛干切	洛干反	落干切 力誕切	落干反 又力誕反
看	苦寒反	苦寒切	苦寒反	苦寒切	苦寒反
濡	乃管反	乃管切	乃管反	乃官切	乃官反

本寫眞と相合ふもの

篆韻譜 10	6/9音切	說文	3/10音切
〃 5	6/8音切	廣韻	8/10音切

にて、本寫眞が李舟の切韻を用ひたる五卷本若くは廣韻と、より多く近きを認めらるれども全同にはなほ遠しとすべきで有る。

然らば大徐が、其間疑者　と云へるは音切よりも訓詁に在りとして、兩篆韻譜にて訓詁の異なるもの（一東韻にて十條）を廣韻に比較せんか

	十卷本	五卷本	廣韻
功	以勞定國	績也	兩存
濛	微也	微雨	空濛細雨
曚	童曚	瞽也	曚瞽
聾	無聞	注ナシ	合ハズ
粠	陳臭米	粠米臭米	陳赤米也

螉　虫在牛馬皮者	蠮螉	蠮螉蟲名云々
恫　痛也	（痌）痛也	痛也
	（恫）同痌	（侗）大也
㚇　歛足	飛斂足	飛而斂足
稯　布八十縷	禾束	禾束
	（緵）布八十縷	縷也
蓬　蒲工反	蒲紅反	蒲紅切

にして亦特に十卷本よりも五卷本が廣韻に切近なりとも斷言し得ぬ。

此く音切に於ては本寫眞が李舟の切韻に依存する較深いが、解釋は他の切韻によりも特に切近もして居らぬ事は或は本寫眞を直に李舟のと考ふべからずといふに有るかも知らぬ。今の廣韻の如き分韻を李舟系とするは王國維氏の說だが、氏も李舟にまで泝られるを云つた迄で、李舟の前に幾人有らうとも其は差支無いので有る。本寫眞は換韻を立てた古い方だから或は李舟以前の物で有り、篆韻譜等に參考せられた李舟のとは若干異なるから前の如き不一致が見出されるとも考へられる。此の考が是認せられゝばこの事實は音韻史上の一收穫ともならう。

私は曩に「重修廣韻以前の廣韻」の一篇（服部先生古稀祝賀記念論文集に收めらる）を艸して、上來引用した廣韻卽ち宋の重修廣韻以前に重修ならぬ廣韻の存したことを明した。儻し李舟の切韻の反を切に改めた位で重修廣韻が現れては、重修ならぬ廣韻は其の間に存在する餘地を見出し得ぬことゝなる。兩者がさう切近ならぬこそ中々に愚見の誤らざるを證するものと考へたい。卽ち同じき側より見れば李舟の切韻かとも考へらるゝ此の寫眞が隨分重修廣韻に近く、異なる側より見れば兩者に若干の間隔が有りて此の間に今一種の韻書（其は多分新しく廣韻と名づけられたものだらう）の介在をも許したので無からうか。此かる切韻の歷史上意義深き此の寫眞が重松教授によりて學界に提供せられたは最も感謝すべき事で有る。

六

今一種は十一行を存して左右にまだ行の存した痕迹が有る。現在の第二行以下の

□□□　第二十七　凡五十二部

□部四百二十五 除良　匕部四百二十六 呼罵　、、、、
、、、、、、　、、、、、　、、、、、
五十八　部四百五十九 余制

は直に宋本玉篇の
巻第二十九　五十二部

長部四百四十四 除良　匕部四百四十五 呼罵　、、、、
、、、、、、　、、、、、、　、、、、
、、、、、、　、、、、、、　部四百七十八 余制

を聯想せしめて、其の玉篇の零片たるを知られる。或は云はん重松本は第廿七巻とし、宋本は第廿九巻とする程異なるからには玉篇以外の物ならじやと。今重松本の第一行を見ると、

秘弓、　𦒘都盍反熱𦒘々

で畢つて居るが(上損壞、下空白)、宋本第廿六巻の最後も

𢐊音祕弓絏也　𦒘都盍切熱𦒘々

だから、重松本は偶然にも其の第廿九巻たるべきを之に接續せしめて第廿七巻と署し、四百二十五より數へ換へたものと見るべきで無いか。而も此く宋本の第廿九巻とせるを正しと支持するは顧野王の原本玉篇の第廿七巻は幸に現存して宋本の如く糸部四百二十五と數へて居るからで有る。

第一行が宋本玉篇と酷似せるは既に明かだが、此に看過すべからざるは宋本に都盍切とある者が此の零片には都盍反と有ることだ。前段にも述べた如く唐末には、、反とは云はなかつたと見るを常識とするのだから、此の零片は唐代の撰であるものを其のまゝに五代に入りて刊したとしなければならぬと主張し得るは眞に此の音切に繫つて居る。此の音切が無かつたならば之を宋初に降らせて(之も前に述べた)、宋本玉篇の最も古い形らしいが、さて分巻に於て怪しむべきだと云ふに止まる所で有るから、此の一行の存したは返すぐも尊い。

次に重松本に明かなる部首の音切二十六條を宋本に比すると、宋本の第四百四十九が牛林切とあるのが、此には午林反たるの一條が異なるのみだ。午と牛とは書寫の時代には誤られ易いが、韻鏡で

云へば、倶に疑母の字で有るから尙同音を示すのだ。これ丈の符合が三十卷に亙りても存するか否やは勿論斷言しかねるが、宋本玉篇に有力な粉本の有つた事は此によつて立證せられる。私は拙著「玉篇の研究」に於ても新集藏經音義隨函錄、龍龕手鑑、廣韻を通じて宋本以前に原本若くは上元本ならざる玉篇の存在せしことを推論したが、實はかうまで吻合する材料は得なかつたので、今この重松本によりて宋本の有力なる粉本を見附け得たは眞に愉快に堪へぬ所で有る。

次に原本玉篇につきて問題となるは野王の本傳には三十卷とあるに隋書經籍志及び日本國現在書目錄には三十一卷と著錄し、原本に依りたるべき宋本が亦三十卷たる事で有る。今日までの研究にては法苑珠林に玉篇の序文として引ける物が今本に存せぬを以て、字體の沿革などを辨する一卷ありしかと想像するに止まつた。然るに重松本に見る如く分卷は必ずしも一定せず、原本第二十七卷を他卷に廻すほどの自由が行はれたものならば、同一の內容の分卷を或は三十卷とし或は三十一卷とせられたので、此く著錄が二樣になつたとも考へられるで無からうか。かゝる自由な考へ方も亦重松本より受くる啓發の一で有る。

七

僅に零片二、其の切韻は二十七桓陸云々の記述、玉篇は宋本第廿六卷の最尾と同じき半行が存する爲に此く迄推定し得たは實に勿怪の幸で有る。蓋し平聲に於て寒より桓を獨立させることは去聲に於て翰より換を獨立させる事で有る。武內敎授の將來せられたものは正に翰韻を存するが、只半葉に止まる爲に換を分けたりや否やが明かで無いに比して、此の寫眞は何と喜ぶべき內容だらう。二三葉ある中から一葉づゝ撮影して來たと云はれる。而も其は思慮を加へて撰擇せられたのでも無いとすれば、丸で福引で天印を引き當てた如き幸福否僥倖と云はねばならぬでは無からうか。二零片とも揃ひも揃つて何物かを語る內容を有するとは實に不思議で有る。重松敎授より右は王立學院所藏番號の T.I.D. 1013 及び T.I.D. 1015 と承つたから此に附記して後の同院往訪者の御留意を望んで

おく。武内敎授の、翰韻の半葉（十韻彙篇の寫眞による）を見ると、同音字が

岸十一（廣韻は九） 侃六（廣同） 粲八（廣六）
織六（廣同）

で廣韻よりの多さが、この寫眞の

刪五（廣同） 殘七（廣同） 干十五（廣十六）
蘭十二（廣十一） 預二（廣同）

なるよりも大で、彼は早くより增廣せられた種類と見える。增廣は著者の態度によるから其の書の出た先後とは正比せぬ。蔣氏本唐韻には開元十三年（一三八五）の事が解釋に見えるから、代德二宗（一四二三—六四）の頃に成りたるべき（王國維の說に從ふ）李舟の切韻とは略其の時も同じかるべきに、蔣氏本唐韻（名稱も切韻で無い）には

岸六加二 侃三 粲四加一 織二

なるが如く武内敎授のよりも少い例も有る。但し增廣せられた物は後出とするも常識だから、私は武内敎授のは此の寫眞よりも晩く、必ず換韻を立てた種類で有らうと倍〻左半葉の存せぬを惜み且憾むと倶に、この寫眞の將來せられたを感謝し、且その內容の紹介に參加するを得た幸福を嬉しむ。

（昭和十二年六月二十六日）

重修廣韻以前の廣韻

岡井愼吾（1872—1945）

《服部古稀論集》1936

重修廣韻以前の廣韻

岡井愼吾

昔は篇韻連ね稱することが有つた。蓋し漢字研究の學問を訓詁·字書·韻書の三つの部門に分けて考へるとして、其の字書の代表に玉篇·韻書の代表に廣韻を取上げて、乃ち篇韻連ね稱したので有る。そも〳〵字書や韻書の代表として玉篇や廣韻を見ると其は單に字の出法が檢部首別であり韻別で有るの相違で、其の內容は大して異ならぬかに見える。但し其は流れ流れて內容の變化した末の物による觀察で、其の本來の物になると上述の三つの部門には明かな別が有つたので有る。字書の最も古い物として謝啓昆の小學考には史籒·蒼頡·爰歷等を出して有るが何れも逸書で、普通には急就章や說文を推す。急就章は今の千字文の如き物で解は存せぬ。說文は其の形より推定せられる文字の本義を一つ出すのが常で稀に二義に上つて居り、音も讀若や从某某聲で示されて居るのみで、文字の正しい形を示すが主目的だ。段玉裁は說文について

凡文字有義有形有音。爾雅已下義書也。聲類已下音書也。說文形書也。凡篆一字先訓其義、若始也顚也是。次釋其形、若从某某聲是。次釋其音、若某聲及讀若某是。合三者以完一篆故曰形書也。

と云つて、說文が三者を該備せる物のやうに述べたは形書の主意で無い。玉篇は說文を承けて字書の王座を占めた物だから遂に宋初あたりからか篇韻と連ね稱せられるに至つたので有らう。

又韻書の最も古い物は小學考には李登の聲類、呂靜の韻集から出して居るが此等も今は逸書で、四庫全書には廣韻を首として居る。但しこの方は近年更に古い物が發見せられて佛國の希伯和教授が燉煌に獲たのに唐寫本切韻が有り、其は三種も並び存して王國維氏によりて飜印せられて居る。吾が西本願寺の大谷法主が其の考古圖譜に收められた零葉も希氏の第一種と相伯仲する古さと私は信ずる。此等によると音ばかり出して義を缺いて居る字も有る位で、例へば最も古かるべき王氏刊本第一種で一韻完全に存する左の兩韻で

潸　すべて十五字　音のみが四字

產　〃　廿二字　〃　四字

で有る。之を隋や唐初の作として更に三百餘年を泝つた聲類や韻集を想像したら眞に發音のみの字引で名詮自稱だつたかも知れぬ。故に其の本來の姿には字書と韻書とに內容の上より劃然たる別が有つたのだ。

さて支那の宋初に出た大廣益會玉篇には存せぬが、之に本づいて成れる元時代の玉篇には玉篇廣韻指南が附錄となつて居り、其の中の若干が矢張宋初に出た大宋重修廣韻に收められて居るのを見ると、玉篇と廣韻とを連合して考へることが元代まで泝られるは勿論、北宋の初

あたりかと思はれる。私は一應玉篇を研究し畢へたから今度は廣韻に向つてよい譯だが、廣韻には原本玉篇に比すべき程の物も存せず大した收穫は無からうと思つて之に深入りしない。けれど關心は毎に向けて居るので嘗ては「四庫全書總目の廣韻の提要について」の一篇を物して、提要に「廣韻」と標せる一種を重修前の物とし、之によりて「重修廣韻」成れりとせるは本末顚倒の言だと斥けた事も有る。

四庫全書總目には廣韻としてに「廣韻」と稱せるものと「重修廣韻」との二を收めて居る。其は註文に繁と簡との相違が有るからだが、此く二種と見たのは明の永樂大典に廣韻を引く時に陸法言廣韻と稱しては其の「廣韻」と標せる物（此うは明言してないが、淸朝には翰林院庫に大典二千四百冊は藏せられたのだから必ず突合せて見た結果だと信ずる）を、又「宋重修廣韻」としては其よりも註の詳備な物を出して居るのに據つたので有る。此く二種有りと信受したから其の廣韻と稱せる一種を

彭年等所レ定之本不レ曰二新修一而曰二重修一。明先有二此廣韻一。

と見極め、又景德四年の牒に「舊本註解未レ備。」と稱せるによりて

明先有二此註文簡約之廣韻一也。

と結論して居る。今日の如く唐代の切韻や唐韻が數種手にせられては

陸法言の切韻　某の切韻　某の唐韻　宋の重修廣韻

と考へるに何の困難も無いが、切韻とし云へば陸法言のの一種を考へ、其の陸氏が又廣韻の著

者らしくさへ誤傳せられた當時にありては、註文簡約にして前出らしき物存すれば之を陸氏のと考へたも無理は無い(新舊唐書の志に切韻を幾種も著錄して居るを戴東原や紀曉嵐が何故看過したかと責めれば責められるが)。特に重修廣韻と曰つたからには其の前に新修廣韻が存在して可いとの言は傾聽するに足る。 この爲にいはゆる「廣韻」を重修以前の物としたは全くの誤解で齒牙に掛くるに足らぬが(この誤解は永樂大典に始まるは勿論)其とともに廣韻の正しい見解を有つに至つたは左の文獻に啓發せられたと思ふ。

王應麟玉海曰。太平興國二年六月詔太子中舍陳鄂等五人。同詳定玉篇切韻。志云。雍熙中云云。考古今同異。究篆隸根原。補缺刊謬。爲新定雍熙廣韻一百卷。端拱二年六月上之。

李燾說文解字五音韻譜叙曰。在本朝(愼吾いふ卽ち宋)太平興國及雍熙景德。皆嘗命官討論、大中祥符元年改賜新名曰廣韻。

蓋し太平興國元年は大中祥符元年に前だつ三十三年、端拱二年は二十一年、雍熙元年は二十四年だから太平興國に詳定せしめられたのが雍熙中に成りて端拱に及んで上つたので有つたとしても、其は景德に成りて大中祥符に新名を賜はつたものとは別途の物でなくてはならぬ。こゝに四庫の諸臣は註文の簡な一種を見て遽にいはゆる「廣韻」を立てたのだと信ずる。

重修廣韻の前の廣韻といふに一道の光明を投じたは王國維氏の唐寫本唐韻校勘記の一節だらう。 繖字の條に於て

遼僧希麟續一切經音義八引「廣韻云傘蓋也。陸氏本作繖」。按希麟書成於遼統和五年丁亥。而在

宋重修廣韻前。是唐時已有廣韻。慧琳音義八十已引廣切韻。其卷三復引孫愐廣韻。知唐韻亦名

廣切韻亦名廣韻。故和名類聚抄或稱唐韻或稱孫愐切韻。而希麟乃云孫愐廣韻。

と云つたもので、王氏は續音義卷三に

新花嚴經卷第四十燈炷　下朱遇反近代字也。案陸氏釋文切韻許愼說文玉篇字林古今正字並無。唯孫愐廣韻收在注字內。

と見ゆるによりて、卷八の廣韻をも孫氏のと片附け、重修前の廣韻とは孫氏の唐韻と同物異名だと認められたのである。

私は「玉篇の研究」に於て今の宋本玉篇の前に一種の玉篇が存したことを新集藏經音義隨函錄、龍龕手鑑、廣韻などの引文より推定したことも有り、王氏のこの種の考方には共鳴する一人だが此の場合に限りてたじろがざるを得ぬは、此の卷三に有る孤證によりて孫愐の唐韻に同時に廣韻の名も有りとするは、唐韻の序文に

勒成一書。名曰唐韻。蓋取周易周禮之義也。

と云つた誇らしげな命名法にふさはしくないと思ふからだ。借問す此の孤證によりて孫氏のを卽ち廣韻なりとすると、唐韻の後に唐韻正義といふ該備したるべき名稱の物、釋弘演の切韻十卷といふ如き分量の大なる物(俱に日本見在書目錄に見ゆ)も存するのだから、孫氏の唐韻の後に廣韻といふが新に出たと考へると何れが穩かな見方なるかを。さはあれ四庫全書提要などの空疎な見解に比して、たとへ孤證にても實質的に提供せられた王氏の炯眼は敬服す

べきものだ。

さて王氏は續音義に孫愐廣韻と有るのをのみ此く引出されたが、實際同書には九處まで廣韻を引用して居る。今之を重修廣韻の文に比べて見るに

音義	今の重修廣韻
傘　蓋也八、三ウ	蓋上廿六ウ
娶　納婦也九、一ウ	說文曰取也去十四ウ
殉　以生人送葬也九、八ウ	以人送死去廿九オ
敗　自破曰—也九、十二オ	自破曰—說文毀也去、廿四ウ
鞾　吳人謂靴靿曰—九、十四ウ	吳人靴靿曰—上平十二オ
譚　又作談　言論戲調也與譚稍異十、三オ	(談)—話又言論也戲調—也云々下平四七オ
訓　男曰教女曰—十、六オ	誡也男曰教女曰—云々去、廿九ウ
淳　朴也十、九ウ	清也朴也云々上平五十オ
賸　益也或作媵又音孕說文云送也十、十三オ	增益一曰送也又物相贈去四七ウ

の類で兩者の間に關係あるを否まれぬ、卽ち音義に引いた物に若干の手を加へれば今の廣韻となり得るといふ程度で(王氏はこの九例を唐韻佚文に收めて居られる、卽ち廣韻は孫氏の唐韻だとせられる立前から)。

因に云ふが續一切經音義は支那の佚書だと松澤老泉の經籍答問に云つて居る。つまり

玄應の一切經音義は彼にも存して、淸の嘉慶中に孫星衍等の手で學界に紹介せられたのだが、慧琳の一切經音義と希麟の續音義とは明治以後我から渡つたのだ。慧琳の一切經音義をいかに貪るやうに手に入れて彼に送つたかは揚守敬の訪書志に有る。その訪書志に續音義が丸で見えぬのは私も訝しく思ふ所だが、新刊の佚存書目にも亦彼に佚せる者として有る。其より得る屈竟の材料を王氏に見附けられたは私の狹い量見には極めて心外に思はれる。其の報復やいかに、看客請ふ瞠目して次項を

私は續音義の外に今二種のものを材料とする。吾が釋信瑞に淨土三部經音義集四卷が有る。此は嘉禎二年の自序が有るから南宋の後半の物で重修廣韻よりは三百三十年も後の作だが怪しい事には廣韻の引方が兩様になつて居る。例へば

佛　廣韻曰。佛符佛切。牟子曰。漢明帝夢神人身有日光。飛在殿前。以問群臣。傅毅對曰。天竺有佛將其神也。學記曰。其施之也悖。其求之也佛。

說　廣韻曰。說告也。釋名曰。說述也。宣述人意也。失熱反。又稅悅二音。

の類で、之を今の廣韻に比すると佛入十五ゥでは全同で有り、說入廿七ォでは殆ど同じいが失熱反が失熱切となつて居る。そも／＼古くは反と云つたを唐末から切に代へたといふに廣韻で有り乍ら何故に反と有るか。反切俱に存するのだから引用者の好古癖なり不注意なりで切が反になつたとも考へられぬ。況や續音義によつて今の廣韻と極めて近いが而も古い廣韻が存在したのかと考へしめられた者には佛の下のは重修廣韻に、說の下のは其の古い廣

韻に據つた爲に反と切との異同が有るのだと考へたくなる。因りて音義集を通覽すると今の廣韻と同じからぬも亦存在する。例へば註文の順序の違ふは

音義集	今の廣韻
算　｜計也數也蘇貫反世本曰黄帝時隷首作	(筭)計也數也說文曰｜長……………者
數說文曰筭長六寸計歷數者也又有九章	也又有九章…………………
｜術漢許商杜忠吳陳熾魏王粲並善之一、	………善之世本………………作
三ゥ	數蘇貫切去三三ゥ

詳略の違ふは

誓　｜約束謂以言折衆也時制反一、十ォ	約時制切去二〇ォ

註文殆ど同じきに音切の違ふは

室　房也易曰上古穴居野處後世聖人易之以	房也易曰曰穴居…………………
宮｜釋名曰｜實也人物實滿其中周書曰	……宮室釋名……………………其中
黄帝作宮｜呂氏春秋曰高元作私栗反	也周書…………………………呂氏………
二、二五ゥ	……作宮｜式質切入一二ゥ

音義集にも切と有り乍ら註文も音切も異なるは、

淸　釋名云｜青也去濁遠穢色如青也又靜也	山海經曰太時之山｜時水出焉釋名曰…
澄也潔也七政切四、三ゥ	・青也又靜也……潔也七情切下平三〇ゥ

の類。尤も今は相異なるを探り出でたので、全同若しくは略同の之よりも多數なるは言を待たぬ所で有る。

又吾が丹波康賴の醫心方の頭註又は旁記にも宋韻として九條を引いて居る。醫心方の撰進は永觀二年だから音義集よりも前だがこの頭註等は音義集と先後何れかを知らぬ。其の宋韻の文を廣韻に比較すると略同じきが、是も亦反とあると、鑒の字(古典全集本二九一頁)で本字の立て方が反對になつて居るのと、痏の字(同上)の有るとが今の廣韻と一致せぬ。此く有る上は今の廣韻の前に今一種の物が存在したとの考はいよ〳〵確固となるで無からうか。而も其が二は吾が朝で一は彼土で時をも處をも異にした材料から導かれたのだから信憑するに足らう。この故に吾人は四庫全書總目に重修廣韻の前に一種の廣韻を出したは歷史的の見方として正しかつたと敬服するもので有る。且つ上來述べて來た者では切と云はずに反と有る點よりして唐の末までに成つたとすべきことを明かにしておく。

廣韻といふものに版種の多いは楊守敬の日本訪書志を見ても明かだが、更に〳〵驚くべきは切韻と稱したものが隋唐の間に簇出した事である。この事を明かにするは重修廣韻の前に更に廣韻あるを認容し易からしめる者と信ずるから其を略述する。切韻を著錄したのは新舊兩唐書よりも吾が日本現在書目錄が豐富ですべて十七種に上つて居るが、これ以外の物で唐志に有るものや其等に見えなくて他に引用して有るのも加へると二十種にも餘らう。何故其の多數が存するかと云ふに各地で相謀らずして出たといふことも有らうが、最大の原因は吾人の想像し得られぬやうな僅少な相違で別途の物となつて居ることで有る。例へば、今王國維龢印切韻の第三種と第二種とを比較するに、六脂の韻に於ては收字の總數

第三種　一一〇字　第二種　一二三字

卽ち僅に十三字の增廣で別種の物となつて居る。而も實は此の間に今一種の切韻が存在したことさへ否まれぬので有る。何となれば第二種は其の底本よりも新に字を加へると其の數を加へて書く例になつて居る。卽ち

	墀同音字	私〃	梨〃
第三種	六	二	七
第二種	六加一	二加一	七加三

の三字では第三種の物にそれ〳〵增廣して第二種が成ると云はれるのに、次の三字などは

	姨同音字	毗〃	邳〃
第三種	十一	十二	三
第二種	十二	十三	四加一

と有る。卽ち第二種の底本とした物が旣に姨同音字十二を收めて居つたので、さも無くは前の如く十一加一として十二字を出さねばならぬ。結局姨毗の二字に於ては底本に其のまゝ從つたのが十二若くは十三字で有り、邳の字では第三種よりも更に一字を增した四字のが底本となつたと考へねばならぬので有るから、一一〇字が一二三字になるのに二段階を踏んだ

ことになるので有る。此かる增廣で有つて見れば隋唐三百四十年間に三十餘種出ても尙其の少きを怪しまれるで無いか。

但しかゝる增廣も晩出の物ほど其の量を增したるべきは論を待たぬ。王仁煦撰、裴務齊正字と署した刊謬補缺切韻(現在書目錄には王仁煦撰、裴務齊撰と別々に出し、重修廣韻の卷首には王仁煦增加字、裴務齊增、加字とつぎ〳〵に增字したらしくなつて居る)の內府本に

凡六萬四千四百廿三言 舊二萬二千七百廿三言 新加二萬八千九百言

と有るは大字と註解との總字數を云つたものと考へられて來て居るが、卽ち

1、二萬二千七百廿三言

2、三萬五千五百廿三言 增一萬二千八百言

3、六萬四千四百廿三言 新加二萬八千九百言

の增字で、もはや中々每韻十三字(無論これには註が伴ふ)位のことでは無い。この刊謬補缺切韻で今回燉煌掇瑣に收めて公にせられたのは王の原本でまだ裴の增加字の無い物で有るが、是には

上聲 一萬二千一十六字

去聲 一萬二千一十四字

入聲 一萬二千七十七字

と有つて、惜しいかな平聲の數を缺いて居る。今其の平聲の數を臆測することは敢てせぬが、

三聲の計が三萬六千百七字だから平聲が加はつても前の內府本の六萬四千四百廿三言には達せざるべく、其の增廣は正に裴氏の手で加へられたのであらう。

さて此の刊謬補缺切韻は唐の貞觀年間に成つたものとせられる（方國瑜氏の同書の跋に據る）。其の貞觀の初より百二十年を經た天寶八載に孫愐の唐韻が出た。この書の序文に

起終五軍精成一部、前後總加四萬二千三百八十三言。

と有るのは註を除いた大字のみとしては宋の重修廣韻の二萬六千一百八十四言に比して多きに過ぎ、大字と註解との總字數としては王仁煦のに比して少きに過ぎる。この故に大字や註解の增益は著者の學識や態度によりていかにも有るもので、必ずしも前後の序を逐うてのみ加はるとは限らないが知られる。さは云へ唐の封演の聞見記に

陸法言韻（切韻か）凡一萬二千一百五十八字

とあるのを顧みる時に

1　一萬二千一百五十八字（陸法言）

2　二萬二千七百二十三言（以下三行刊謬補缺切韻より）

3　三萬五千五百二十三字

4　六萬四千四百二十三言

5　四萬二千三百八十言（孫愐）

の數が眼底に映ずれば次々にかはりゆく姿は明かに看守せられる。

吾人が此く文字の增廣せられゆく種々の場合を檢討したる目的はいよ〳〵孫愐の唐韻と重修廣韻との距りを見て以て其の間に少くとも今一種の物の介在を容すや否やを定めんとするのだが、孫愐の唐韻は今日完存せぬを以て直に之を材料とすることは遺憾ながら不可能で有る。この故に吾人は已むなく他の唐韻と名づけられた者を代用するに滿足せねばならぬ。今日唐韻と名づけた者は光緒三十四年(吾が明治四十一年)に吳縣の蔣氏によつて唐寫本唐韻が印行せられたのが存する。蔣氏はこの本を「實是陸氏切韻元本」と推稱せられたが、其の誤なるは私の夙に論定した所で有る。然るに其の後同書の入聲三十鐸の彉字の注に、

開元十三年置彉騎」

の解あるを見付けてからは曩日の饒舌を自ら愧ぢて居る。さて此の蔣氏の唐寫本は開元十三年以後の物だと、孫愐の唐韻には天寶十載の序が有るから此の兩書は三四十年の間に相前後して出たかも知れぬことゝなる。蓋しかゝる場合にさる程近い材料を用ひられるは勿怪の幸だが、特により晩いものを得て廣韻との距りを狹め、而も其の間に收字の多寡が異なることは此の稿に於て要求する結論には確實性を增すものとして學界の均しく承認せられる所だらう。此の唐寫本も完本では無くて去聲の八未前缺より十九代尾缺までと廿五願の尾より入聲の末までとの四十四葉で有る。此等の中にも缺損した部分が少くない。今最初の完存せる十五卦を檢するに

大字三十四字(重修廣韻六十五字)

音　十六(〃　十九)

註解文字二百二十六字(〃 四百七十二字)

入聲にて最初の完存せる二沃を檢するに

大字四十三字(重修廣韻七十八字)

音　十三(〃　十四)

註解文字二百八十九字(〃 五百四十字)

大まかな計算では有るが

	唐韻	廣韻
大字	七七が	一四三字
註解	五一五が	一〇一二字

で何れも略二倍に上つて居る。此の割合をあてはめれば廣韻の大字二萬六千一百九十四言、注十九萬一千六百九十二字の半分卽ち十萬八千九百二十が此の唐寫本唐韻の字數かも知れぬ。前に擧げた六萬四千から十萬八千に一足飛びになるのさへも心元なく思はれるに、十萬八千から其の倍數にとは殆ど受取れぬ程であらう。さて此く距りの大なるは倍々其の中間に他の介在するを許す故に、王氏の如く唐韻卽ち廣韻と考へずに唐韻は其の誇らしき命名法の如くに單に唐韻で有り、ついで廣韻が出で(其は切と云はずに反と云つた點よりして唐季で有らう)宋に至りて之を重修していはゆる重修廣韻が出たものとするのが事理に於ても愜ひ

又續音義や續名義集、醫心方の引文に徵しても妥當と信ぜられる。是重修廣韻以前の廣韻の存在を提言して正を大方に請ふ所以で有る。

刊謬補缺切韻について

岡井慎吾（1872—1945）

《立命館文學》3-1，1936

刊謬補缺切韻について

岡井愼吾

刊謬補缺切韻の名は切韻を幾種も記して居る新舊唐志にも吾が本朝見在書目錄にも見えぬ。然るに其の刊刊謬補缺切韻が兩種まで學人の手に上るとは聖代の奎運まことにありがたいことだ。

一は內府藏唐寫本刊謬補缺切韻と題するもので、秀水の唐蘭氏が行欵も字體も原本のまゝに仿寫して、もと三十八葉のを今四十八葉にして乙丑卽ち民國十四年(わが大正十四年)九月に印行せられたもので有る。清室の內府にこの本の有る事は石渠寶笈にも見えて居るさうだ。

一は民國の國立中央研究院歷史語言研究所專刊の二たる燉煌掇瑣の下輯として今回公刊せられたもの。抑〻この掇瑣は劉復半農氏が佛國に留學中、巴黎國家圖書館に藏せられる燉煌寫本の中から餘り嵩高ならぬものを抄出せられた百四種を小說、雜文、詩、藝術 以上 上輯 家宅田地、社會契約、訟訴、官事、婚事、敎育、宗敎、曆書、迷信、雜事 以上 中輯 語言文字下輯に分けて出さるゝもので之も亦民國十四年の末かと思ふに其の上輯が出た。私は此の下輯に切韻の收められるに釣られて餘り必要も無い上輯から購入して下輯の出づるを待つた。この間には劉半峯氏は物故せられたなど、聞いて果して下輯が公にせられるだらうかなど、も危惧したが、去月の京都彙文堂の冊府で其の發刊を知り、早速一部を購つて十年相思の人と相會する如き快に耽つた。因に云ふが此の下輯には切韻の外に小學關係の物五種を收め、且切韻には專冊の校勘記さへ附いて居る。字體にも古體や異體の少からぬを見ると亦本のまゝに仿寫したらしい。

十年待ち續けた間には名が同じいのだもの、內府本そのまゝが出て來るので無いかと思つたり、內府本には缺けた部分が有るから其まで同じい筈は無い、必ず待甲斐の有る物だらうと力瘤を入れ直したりしたことも有つたが、さて劉氏本（燉煌本とか掇瑣本とか云ふべきだが普通の活字で無いから此う呼ぶ）を手にすると、內府本とは全く別途の物といふべく名の同じきが怪しい位、それだけ學人の興味はますく高まる。以下少しく述べよう。

一

先づ內府本の概略を述べる。開卷には第一卷では

第一行　刊謬補缺切韻並序云々　朝議郎行衢州信安縣尉王仁昫撰

第二行　前德州司戶參軍長孫訥言注　承奉郎行江夏縣主簿裴務齊正字

第三・四行　右四聲五卷大韻總有一百九十五　小韻三千六百七十一　二千一百二十韻 一千五百五十一韻濁　已上都加二百六十五韻　凡六萬四千四百廿三言　舊二萬二千七百廿三言 新加二萬八千九百言

次　王仁昫序

次　長孫訥言序（廣韻の首にも有るが文章小異）

次　文字の形の近似したもの卽ち分毫字樣の如きもの

次　　平聲一（上平）の韻同

が有つて本文となり、第三・四・五卷（第二卷の首は缺く）は韻目より本文。第四・五卷では卷が換つても頁を改めぬが、第二卷の尾は僅に三行を餘すのみだから頁が改まつて居る。第一卷の七之の後半以下、第二卷の三十三肴の前半より前、第三卷の十八吻の後半より四十二有の前半より前までを缺く

廣韻の首には、王仁煦增加字、裴務齊增加字、と、又見在書目錄には、切韻五卷王仁煦撰、切韻五卷裴務齊撰、と出て居り、倶に煦に作るに今は下の連火が無い（劉氏本も又島田翰の吉光韻書にも昫に作つて居る）。處が玉篇にこの兩者を同字とあるから何れでもよいのか。第二行に據ると王能撰本に長孫が注を加へ裴が正字して此う成つたと見たいが、廣韻等の記載に從へば長孫の注や裴の正字を取入れた迄の樣で有る。但し長孫の序をわざ〳〵載せたからには長孫の影響がもつと大きからうとも考へられる、此う考へる時に下の如き事を念ふ。長孫は文字の形體に可なり敏感で有つたらしく、その序文に

弱冠常て顏公の字樣（顏師古の撰、貞觀中）を覽て炙の肉に從ふを見てその由を究むるなく（炙は肉が火上に在る會意字とは究めなかつた）、輒ち形聲ならば固に當に夕に從ふべしと意ひき。其の晤するに及んで（顏に面晤して聽いて見る意か、この序の成つた儀鳳二年は貞觀の末年より二十九年の後）彼乃ち斯に乖く（彼の考は斯の形聲字とするとは違つたの意か）云々、其の紕謬を楷し茲の得失を疇むるに銀鉤創めて閱すれば晉豕群を成し、湯櫛行く〳〵拔けば魯魚貫に盈つ。

と云つた位だから、彼の分毫字樣の風のものも長孫の手に成つたので、其を收めたから序文をも載せたので無からうかと。又序に

案と稱するは倶に舊說に非ず

とも有る。王國維氏は嘗て巴黎國民圖書館藏の唐寫本切韻殘卷を印行せられた時に按語あるを以て長孫訥言箋注本の證左とせられたが、この內府本にも東や童や箭や衷の條に連りに按云々の注が有るから之が長孫の注を取入れた痕迹だらうか。

二

劉氏本は卷第三・四・五（五は稍缺く）の卷首と卷二・三・四（四はその痕跡）の卷尾とを存する。卷首は

第一行　刊謬補缺切韻卷第、、聲、、韻、右卷云々（下に委しく）

第二行　朝議郎行衢州信安縣尉王仁昫字德溫新撰定

第三行以下　韻目

が有つて、本文となり、卷尾は

刊謬補缺切韻卷第二廿八韻　韻首先蘇前仙相然、、、、、

同　卷第（三缺く）上聲五十二韻（韻目を出さず）

（卷第四の分、上缺く）　聲五十七韻（同右）

の二樣になつて居る。卷第一の首を缺くからいかなる序などの有つたかゞ知られぬ。

右卷云々とは

卷第三　右卷一萬二千一十六字二千七十七舊韻四千一百廿一訓卌三或亦五文古二文俗一千三百卌補舊缺訓一千一百一十五新加韻二千八百一十二訓三百六十七亦或一十九正卌一通俗四文本

卷第四　右卷一萬二千一十四字、、、、、、

卷第五　右卷一萬二千七十七字、、、、、、、

とあるもので其の卷中の字を舉げて居る。第三の一萬二千十六字は

1、二千七十七は舊韻書に存したもの

四千一百二十一はその訓釋の字數

三十三は或亦の體

五は古文

二は俗字

2、一千三百三十は舊韻書に文字のみ有りて訓釋を缺いたを補へるもの

3、一千一百十五は新に加へた文字

二千八百十二はその訓釋の字數

三百六十七は或亦の體を加へたもの

一十九は正字

三十一は通俗字

四は本(この一字の義未だ明らめ得ず)

で有る如くに詳に其の數を算へて有る。內府本が五卷の總數を、劉氏本が各卷の數を出したは面白いに、劉氏本の卷第一二の首を存せぬ爲に其の比較の出來ぬは遺憾だ。今姑く

總數　$12016+12005+12077=36107$　$36107\times\frac{5}{3}=60180$　內府本凡64423

内府本の新舊の數の和は凡よりも少い　故に劉氏本の新舊との比較は無意義のことだらう。

として見ると劉氏本は王の素本らしく、內府本は長孫裴によりて潤色せられたらしく其の數は表れて居る。

三

劉氏本と內府本とに廣狹の差あるは左の如き事實にても證せられる。今兩本に俱に存する豪韻を見るに同音として收めた字數の注が

	豪	高	勞	蒿	毛	饕
劉	十一	缺	缺（十五字らしい）	五	八	十八
內	十	十九	十八	五	九	廿一

	刀	騷	袍	褒	陶	糟	爊
劉	五	八	三	二	十九	八	二
內	五	十	二	二	廿二	九	二

	曹	猱	尻	操	橐
劉	十一	五	一	二	一
內	九	四	一	二	一

の如く毛饕騷陶糟の五字では內府本が、豪袍曹猱では劉氏本が多くて一寸勝負にならぬが、解の文を見ると、

	高	羔	毛	陶
劉	ナシ—	羊	ナシ	徒刀反瓦器
內	上出	羊兒	膏豪	徒刀反姓又餘眼反器也

	敖	爊	謷
劉	五勞反遊	於刀反埋物灰中令熱	不省語
內	五勞反姓也遊也	於刀反埋灰中	不省語也一同哭不止也

の風で、各字について見れば劉氏本の詳かなるも有り、異體を載せることは劉氏本が行屆いて居るから、全量から云へば劉氏本が簡短とも云はれぬが先は劉氏本が前出と認むるは差支なからう、其は前段の末尾に云つたのとも符合する。但し前出とは同一系統の中でのでは無く、同じき祖本より各〻別に岐出した其の時期が劉氏本先たたうと云ふのだ。蓋し同一系統で前後すると云へば後者は前者の全部を襲つて最後の一二が附加へられて有るべきだが、この兩本ではさうまでの近似は認められない。

此くは云ふもの丶内府本を一種として取扱つてよいかの問題が實は横はつて居る。故にさきに内府本の公にせられるや王國維氏は其の巻一上平に於て五陽、六唐の兩韻のみ其の同音字の總數を示して

陽二七 楊……洋……

唐三十 糖……堂……

同巻の他の部分の

東二加二 涷……

鍾九加三 蚣……

と體裁を異にするを擧げて

今本葢し寫書者に亂されたるにて其の朔（はじめ）のまゝには非じ。何を以て之を言ふか、この書の平聲上にては凡そ毎紐（音切を附けた文字のこと）の下の字數に皆、加、と云ふ、上の、は陸韻の字數たり下の、は王氏加ふる所の數なり。然るに平聲下及び上去入三聲の毎紐の下にてはたゞ總數を記して復、原字數と加ふる所の數とを分別せぬに、惟平聲上の陽唐二韻の毎紐の下にはたゞ總數を記すこと平聲下及び上去入三聲と同じくして、前の東冬鍾江の四韻や後の支脂之の三韻や（原注、今平聲上に存する所は此に止まる）と同じからず、是この二韻は分明に王韻（王仁昫の韻書のこと）の平聲下より平聲上に移入したる者、もし王氏この書を艸せし時に陽唐二部が本、支脂の前に置かれしならば參差不治なるかくの如くなるべからじ

と考定せられた。私は之を讀んで、

一、内府本はなる程原字數と加ふる所の數とを分別せる部分とたゞ總數を記す部分との二種が有る。二種ある以上何れが王韻の眞の姿だらう。

二、王氏は多分多きに就いてゞあらう、事も無げに陽唐兩韻を寫書者が王韻平聲下より平聲上に移入したと云はれて總數を出すものを王韻とせられたが、果して然らば今の王韻は開卷第一には自分の眞の姿で無いものを取込んで居ると見ざるを得ぬ、之は普通は考へ兼ねる事で有らう。

三、內府本の第一卷の韻目には各韻について呂氏夏侯氏楊氏李氏などの韻の立て方が註して有るが第二卷以下には之が缺けて居るほど違つて居る。內府本の寫手が王韻の第一卷と別途（韻目の順が一致するを見ると同種では有る）の四卷とを無造作に併せて寫すことゝし（卷第三・四、第四・五は一紙の中に連書して有る）さて王韻の陽唐は平聲下に在つたらうが上去聲と一致させる爲に王氏の考の如く移したもので無からうか。隨て王韻の眞は平聲上に存するだらう。

四、王韻の第一卷が他と異なる證は注中に「按」とあるのが

東　二十三條　冬　三條　鍾　十九條　江　七條

支　三十八條　脂　二十八條　之（未完）一條

に上るに、第一卷の陽唐、第二卷の豪庚などの韻では一見もせぬことをも算へられる。

と感じたが、今や劉氏本によりて陽唐兩韻が下平に有るべきも分り、且つ兩種たる事について傍證ながら今一つを加へられる。

五、韻の出し方が二樣ありて、王氏刊本の新舊の形がこゝにあてはまる。

王氏刊本第三種　一先蘇前　刘氏本　一董多動反

同　　第二種　一德江東　　内府本　一德江東

この五證に心引かれる私は王韻の眞の姿は第一巻の陽唐兩韻を除いた部分のみと見たい。

四

人或は云はん「内府本が二種より成るとは尤らしい。之を劉氏本に比較して其の近似の度によりて王國維氏の見る所と子の言とを採否するを得ぬか」と。

この比較遺憾ながら的確な材料とならぬ。そも〳〵内府本平聲上は東冬鍾江(陽唐は數へぬ)支脂及び之の初數行を存するに劉氏本は支の後半より始まりて而も脂を缺きて之となり、この支之も倶に上半を佚して居る（この以後は有る）から、此の比較は僅に支と之の初數行との下半にて行はねばならぬのでは有るが、

一、支韻の現存字劉氏本八十二の中内府本になき三

　解釋の全同(寛容に見て)　二十六　　劉詳かなる　十二　　粗なる　十

二、之韻の現存字劉氏本四十三の中内府本になき三

　解…………　十五　　劉詳…………　四　　粗……　八

又平聲下に於て一韻完存するものを用ひると

一、咸韻の文字　劉氏本四十七の中内府本になき二

　解釋の全同　二十五　　劉詳かなる　七　　粗なる　四

二、銜…………　…………二十八　〃　二

解…………十二　劉詳…………五　粗……三
三、嚴…………六〃
解…………二　劉詳…………一　粗……○
四、凡…………九　全く内府本に有り
解…………二　劉詳…………二　粗……○

で、其結果は殆ど相似て居る、

	全同	無き文字
平聲上	$\frac{26+15}{82+43}=\frac{41}{125}=\cdot326$	$\frac{3+3}{125}=\frac{6}{125}=\cdot48$
同　下	$\frac{25+12+2+2}{47+28+6+9}=\frac{41}{90}=\cdot445$	$\frac{2+2}{90}=\frac{4}{90}=\cdot44$

人又云はん「内府本の巻三以下に王仁昫などの文字なき故に、内府本の寫手が別途の物を併せたのかと疑ふ程に其の署名を重ずるならば、立派に王仁昫新撰定と有る劉氏本を王韻の素本らしくと疑を存するは何故ぞ」と内府本の平聲上とその他と劉氏本との三種を並観するに最も前だてる形が内府本の平聲上たるべきは各字の下に、加ヽと注せるにても明かで有り、劉氏本や内府本のその他の部分やの如く新舊を分たぬ總數を出すは晩出と見ざるを得ぬ。

さて劉氏本は寫手がヽ加ヽを改めて總數を出したまでヽ其の他は王韻の眞とするならば劉氏本は内府本の古い部分と文字を出す次序や注文が一致すべきで有るが、僅に支之の一部分では有るがさうなつて居らぬ。特に注文では劉氏本は

內　此の下に虫の字　鼠鳥狀如鷄而鼠尾又×(此の下に鼠)出山海經
劉　此の下に鼠の字　鼠似雞
內　說文―蟾蠩也許日得此䶂―言其行―
劉　爾の下に●の字　蟾蠩
內　逯
劉　竹の下に麗の字　逯亦簁又所佳反亦作□
內　圯　―橋名無水有橋曰圯
劉　―橋名
內　●之無角曰―又鳥名
劉　騏　如馬不角
內　說文柩車
劉　轜　柩車又作×(車に而)

の如く簡短なるを常とするから餘程手を加へたもの、随て劉氏本を王韻の素本らしと見るさへも巻首の署名に面じて高く之を買つたものと私は内心に考へて居るので有る。さは云へ私も縁日の商賣の如き心理のみでは無い、私は王仁昫の切韻の遺文として駒、序、水、谿、潛の五條を知つて居るが、駒は劉氏本になく序水潛は全く一致し、谿は草莖也と有るべきが草とのみ(五〇三行)といふ如くで頗る王韻の面目を傳へたものらしく、支之兩韻の場合とは頗る異なるをも看過し得ないので有る。

因にいふが長孫言訥言の切韻の遺文として私は倭、趖、滷、狂、宮、謙、努力、奪の八條を知つて居るが、劉氏本合とふのは宮の一字、合はぬは倭狂趖努力の五條、滷謙の二字は今之に存せぬ、この合はぬことは私が上に王韻が長孫の注を取入れた迄と考へたことに符合する。

以上二種の刊謬補缺切韻の三種に分ちて王國維氏の内府本に對する認識を是正し、且つ劉氏本のいかなるものなるかを明にしたので有る。

五

王仁昫の年代は從來分らなかつたが、劉氏本第六七五行に

治　理大帝諱

と有る。治は唐の高宗の諱，その高宗を大帝と云つた王は中宗の頃の人、少くとも其の切韻を新撰定したは中宗の御代と云はれよう。隨て儀鳳(高宗の年號)中に序文を書いた長孫訥言の書は先出だ、これは又上に「王の撰本に長孫が注を加へ」では無いと云つたことを支持する。

王國維氏は其の刊本切韻に於て按とあるを以て長孫訥言箋注本の證とせられたは上にも引いた。而も按と用ふるは長孫の特權では無いから劉氏本にも第七一一行の足、第一〇六二行の潔、第一一二五行の凹の字の注に案語を下して有る。然るに内府本平聲上になると按とあるもの極めて多く、東韻に二十三、冬に三、鍾に十九、江に七、支に三十八、脂に二十八、之に一すべて百十九の多きに及んで居るが、王氏刊本切韻の第二種でも東韻に十八見するからは案語を下すは當時の風氣であり、今やその少きは長孫よりも後出たるにふさはしい。

劉氏本の注を見て感ぜらるゝことは陸氏に喰つてかゝつて居ることだ。例へば

第二〇六行　韡—鞋無反語　火戈反又布波反陸無反語何□誣於今古

の類で有る、この類すべて七見するはよりて以て陸韻をしのぶもの丶好資料で有る。内府本では直に希波反と出して有るが希は又布を見誤つたので無からうか。王氏刊本第三種に無反語と注せるは陸韻を襲つたものだと確められるも其の恩恵だ。

六

劉氏本に於て最も珍重すべきは上去入三聲の韻目の下に陽、呂、夏候、李、杜の五家との異同を注して有る事だ。内府本には平聲上にのみ存して他には缺けて居たが、王國維氏は之につきて、六朝人韻書分部說、の一篇を成して

此の五家と切韻との異同を著すは必ずや陸法言の切韻の目錄の下の原注ならん

と考へ、而も内府本では平聲上のみに止まるから

此五家と陸韻との部目の異同は遂に全くは知るに由なし

と痛歎せられた所、今もなほ平聲下を缺くもの丶三聲のを傳へるは有難い。

梁の沈約が四聲譜を選んで「在昔の詞人千載を累ねて寤らざりしに獨り胸衿に得て其の妙旨を窮めたり」と云つたことが餘りに有名な爲に氣早な連中は沈約が自ら四聲を定めてこの字は平聲、その字は上聲、ある字は入聲と分類したかに考へた。

其處まで狼狽へぬ連中でも從來世人に注意せられなかつた四聲の別を沈氏が發見して、恰もハシといふ發音でも橋と箸と端とは區別が有ると指摘せられて吾人が「なる程然う云はるれば異なつて居るネ」と首肯するやうに、之を明確にしたと考へた。但し私は沈約の功は四聲譜を作つたに有つて、その四聲譜は同音の四聲を聯比して彼の千字文の

天地玄黃や宇宙洪荒の句の如き形で、强記の人は之を暗誦することさへ出來たものだと古今著聞集の隆頼の例によりて立證したので有つた。又韻の字についても從來は淸の顧炎武の晋宋以下に起つたといふ說が信受せられたのを、私は原本玉篇に聲類（魏の李登の作）の韻の字の解を引けるを發見して其の誤を正した。今や五家の中の呂が晋の呂靜（韻集五卷の著あり）たるべきは王國維氏も述べられた所で、呂靜の時に既に分韻が行はれて居るのだから、其の少し前の李登の時代には韻の字は著錄せらるべく大きな存在を有したは信ぜられねばならぬ。又分韻が行はれる程ならば四聲の別は夙に認識せられて居つたので、沈氏が自ら四聲を定めたり、世人の不注意であつた四聲を發見するなどの餘地は決して存せず、すべて私の嘗て述べた通なのも愉快だ。

分類に關する六種の意見が知られたのだから之を考察するも極めて意義有ることだが專門になり過ぎる虞が有るから其の筆は擱くことゝする。但し是非言擧げせねばならぬ事は去聲に於て、泰祭廢　の三韻には　無平上聲　と注した事で有る。

劉氏、內府兩本では倶に上聲五十二、去聲五十七、廣韻では上聲五十五、去聲六十といふ如く韻數が違ふ、よりて上去聲を同性質のもので結び附けると無配偶者が四人（五人だが一人はこゝに關係せぬから）のこる。この四人を顧炎武は　祭、隊、代、廢と認定した。然るに江永は四聲切韻表に於て

> 去聲に獨り六十有るは（廣韻によりて立論）云々祭泰夬發には平上なければ四部多きなり云々也　顧寧人の古音表には隊代に皆平上なし云云、蓋し顧氏　の學甚だ疎なるが故に此に至りて茫然として亂絲の如し

と之に反對したので有る。今劉氏本で夬韻の處が丁度損して居るから、其處に無平上聲と有つたものならば江氏の考

定は眞に入神の致あるものと敬服せざるを得ず、坐ろに顧氏の此の本を手にせぬ不幸を傷まねばならぬで無いか。

七

劉氏本に校勘記の專冊を附せられたは國立中央研究所の出版物だけ有ると敬服するが、劉氏の物故せられた今日は無理の註文かも知れないが、私は原本の樣子が記述してほしい。劉氏本は多きは三十七行少きは十五行を一頁として居るほど不揃で有る。第三十一頁の末や第四頁の始に白行の有るのは前と直には相接せぬの意か原本が白行になつて居るのか。直に相接せぬ事を云へば第一頁と第二頁との間には脂類全部さへ脫して居るに白行を存せぬ。原本が白行になつて居ると見れば第四頁の虞韻は王氏刊本切韻より推すにこの前數行あるべきで空白たる筈が無い。又第三頁は前に佚字なく後に數行を脫したりと見ても、その數行と虞韻の初の數行(卽ち第四頁、これの後には缺行は無い)とを第三・四頁にふり分ければ五六行に止まりて二十數行の頁でなくてならぬから三十七行(三十行以上が二十頁)のとは餘り短い。長短不揃の紙を繼ぎ合はせたのがバラ〱になつたのだらうか。

其の校勘も餘り器械的だ、第三三六行の妗の注に善美とあるは說文の一日善笑貌を引いて誤つたものだに其さへ觸れて居らぬは齒痛い。イヤ之は求全に過ぎた。善本を貽られたことを感謝して筆を擱かう。

再び刊謬補缺切韻について

岡井愼吾（1872—1945）

《立命館文學》3-7，1936

再び刊繆補缺切韻につきて

岡井愼吾

一

私は昨年十月巴里本刊繆補缺切韻（前稿には劉氏本と稱したが、支那の雜誌には巴黎本と云つたのが有る。此の方が内府と相並んで其の所在を示すので適切なから之に從ふ、但し黎を里に改めて）を入手して、其内容の極めて貴重なのに驚いて、取敢へず「刊繆補缺切韻について」の一篇を艸して、巴里本内府本兩種の大要を紹介し、且つ一二の私見をも陳べたが、本誌本年の一月號に採錄せられた。

ついで支那の國立北京大學の國學季刊第四卷民國二十三年第三號に

讀故宮本王仁煦刊繆補闕切韻書後　厲鼎×(火に奎)

敦煌本王仁煦刊繆補缺切韻跋　蔣經邦

の二篇あるを知り、又之によりて國立中央大學の文藝叢刊第一卷同二十二年第一期に

書王仁煦切韻兩本後　方竑

あるを知りて各之を購讀した。海西にも同調の友あるを悦んで其の所説を玩味すると、誠に敬服すべき意見の多き陰には私として如何にぞやと打傾かるゝ部分も無きにしもあらずだ。又此等の意見を聽いて見ると私の考も若干修正したくなつたから、其等の點を述べて再び大方の正を請ふ。

二

方氏の書後は主として兩本韻部の次第の優劣を論ぜられたものだが、

以二廣韻一爲二權輿一、參二校其(內府巴里の兩本)異同、及諸家(呂靜、夏侯詠、李季節、杜臺卿、陽休之)分合精粗之故一

の副産物として兩本の關係にも言及せられて

要レ之內府本在レ前巴里本在レ後。後者韻目次序視(クラフレバ)二前者一多異而較爲二精審一云々。內府本韻目所レ用字多與二廣韻一異、而巴里本則大抵與レ之(廣韻)相同

と結んで有る。卽ち精審なものは後に出た筈だといふのと韻目に用ひた文字が後の廣韻と同じいが多いといふのとの二の理由から。

方氏は此の切韻にも興味を有たるゝ程の人だから、何れは王氏刊の切韻三種についても注意せられたらうと思ふ。王氏刊の切韻第二には平聲上の二十六韻、同第三には平聲下の二十八韻、上聲五十一韻、入聲三十二韻の韻目が出て居る。此等の韻目に用ひられた文字は巴里本と內府本との何れに近いかと云ふに

王	哈	蟹	海	隱	巧	敢	靜	廻	迄	麥
巴	同	同	同	同	同	同	同	同	同	同
內	臺	解	待	謹	絞	淡	請	茗	訖	隔

　　廣　哈　蟹　海　隱　巧　敢　靜　廻　迄　麥

　　なほ七韻あるが普通の字體で無いから出さぬ。但し　王巴廣　の一致するは同然で有る。この故に巴里本の用字が廣韻と同じいは方氏の指摘せられた通だが、何ぞ知らむ其は又今日知られて居る切韻中の古いものとせられる王氏刊の第二若くは第三とも同じい。して見れば此の韻目の文字は古くから弘く用ひられた爲に王氏刊本にも巴里本にも廣韻にも出されたとすべく、決して晩出の物では無いので有る。蓋し王氏刊の切韻第三の上聲は五十一韻で終つて居るが、其は巴里本内府本などに有る　广韻　が無い爲で有る。而も此の　广韻　については巴里本に

　　五十一广　陸（…法言）無二此韻目一

と註して居るのを見ると、切韻第三に用ひた韻目の其の他の文字も亦頗る古いらしきに、此の顯著な事實に一瞥を與へずして、廣韻と同じい一點から晩出と斷ぜられたは精審を缺くものと云はざるを得ぬ。

三

　厲氏の書後は内府本が前七葉と後三十一葉とに分れて有るに據りて、後半非三王仁煦切韻一として三證を擧げて居られる。

　第一證の前半では明の項元汴の題跋を引いて

　　是項氏固以二此書乃吳仙（仙人の吳彩鸞）所レ寫唐韻、而非三王氏切韻一

と云ひ、後半では

今本三十八葉、其前(即ち七葉を指す)當レ出下之後人牽扯二王氏切韻一以與二彩鸞唐韻一相合上

と考へて、黄山谷が張特義の藏した彩鸞小楷書切韻の題記に於て、此本二十九葉彩鸞書、其八葉後人所レ補と云つた類例をも出して有る。

蓋し明代韻學の疎なる、陸法言の切韻、孫愐の唐韻、宋の重修廣韻 について明確なる知識を有せず、動もすれば重修廣韻を以て沈約分韻の元本の如くに考へたは洪武正韻の宋濂の序にも明かで有る。萬曆中の項氏は收藏の富こそ大で有つたが、識見に於て之より蟬蛻する程の人でも無いから其の題跋を此う證左に取る價値は無からう。枯木も山の賑ひといふ諺も有るが，此の前半の引證は問題にするに足らぬ。

書後後半の前七葉は後人が王氏切韻(王仁煦の切韻で、「王氏刊の切韻では無い)を牽扯したものと見られたは、私が前稿に於て「王韻の其の姿は第一卷の、陽唐兩韻を除いた部分と見たい」と述べたのと一致する。厲氏のこの書後は二十二年十一月に艸せられたと記されて有るが巴里本を見られての後なりや否や。燉煌掇瑣の上輯は民國十四年に版行されたから、厲氏にして掇瑣の編者劉半農氏に緣故ある人ならば既に之を見られるべきだが、第二證の處に

方君謂「巴黎所レ藏敦煌唐寫本王仁煦切韻平聲闕、上聲以下韻目有下記注二同異一之語上」是此書前數葉與二敦煌本一原爲二一書一

と云はれて、巴里本では每紐の總數を記し、內府本では×加×と出して居る相違に氣附かれぬらしきを見ると、多分巴里本を知られぬのだらう。隨て此く見られるも是非ない。さて私は巴里本を見てから艸した前稿に於て、前年に思ひ込んだ「王韻の眞は內府本の平聲上に存するだらう」の考を棄てなかつたは返す〲も愚で有つた。今單に

朝議郎行衢州信安尉王仁煦字德溫新撰定

と署した巴里本を得たのだから、更に

前德州司戶參軍長孫訥言注

承奉郎行江夏縣主簿裴務齊正字

とも署した內府本よりも王仁煦の眞とすべきは理の當然で有る。然らば前者卽ち巴里本の毎紐に總數のみを出す體裁に合はぬものは之を斥けねばならぬ譯で、內府本の前七葉を眞の姿とする事は許されぬ。私は前に×加×と出す者が總數を出すのよりも古いといふ點に囚へられて內府本を王仁煦の眞と見たので有つたが、再考の上こゝに自分の愚さを懺悔しつゝ前說の取消をお願する。

然らば前に抱いた「內府本は王仁煦の眞の姿でない物から始まるの不合理」はどう處理すべきか。是には私も困惑の外はない。抑々兩本の俱に存する僅かの部分の中で

	羈	斯	摛	知	危	劑	思	其
巴里本	7	22	7	4	3	3	11	21
內府本	5+2	12+13	5+2	2+2	3+1	1+2	9	14+7

の八字が得られて、斯危の二字では內府本が多く其の他では同數（思の一字だけ番狂はせ）なるは巴里本を本にして內府本が出來たかにも見えるが、又左の例の如く

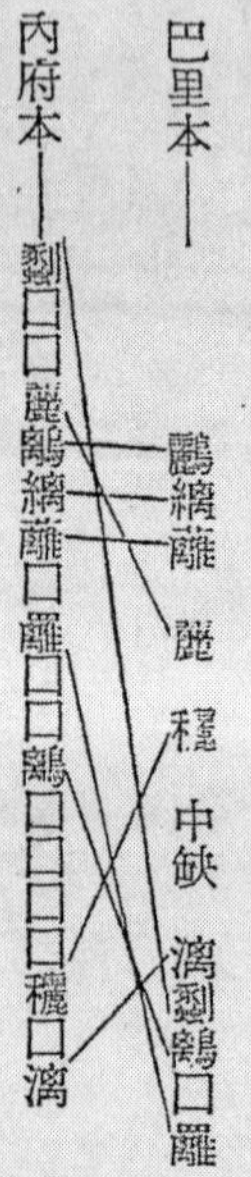

巴里本——鸝縭蘺　麗　穲　中缺　漓劙鵹口離

內府本——劙口口麗鸝縭蘺口離口口鵹口口口口穲口漓

文字を出す順序からも此の想定を許さないものが存する。蓋しいかに多く長孫の注を取入れ裴の正字を採用しても文字の順序には何の影響も及ぼす可からずだから其の順序が違へば本を同じうするとは考へられぬ。殊に内府本で鸕を鶿に訛つてあるのは正字を採用した如き甲斐も無い卽ち反對の結果となつて居る。

此くも異なる二種が何故に倶に刊繆補缺切韻の名を有つかは私には闕疑の外は無い。蔣氏は或曰裴氏有二二書一の説を引いて(無論否定して居られる)

一爲二裴氏切韻一有レ序。一爲二裴氏正字切韻一卽故宮本刊抄補缺切韻也

と云はれたが、私の狹隘な頭腦にはかゝる想像の翼の翺翔するを容さぬ。

四

厲氏の第二證は平聲の首には　切韻平聲一　と標し、上去入聲には×聲巻弟×と標した不一致を指摘して、上去入聲の部分が別種なるを、又巻尾に　切韻一部　と題せる切の字が七に從はずして士に從ふのによりて、この四字は牽合した者の妄增なるを論定し、且つ平聲五十四韻、上聲五十二韻、去聲五十七韻、入聲三十二韻は卞永譽の書畫彙考に錄して居る項氏所藏の孫愐が開元間に撰んだ唐韻の部目韻數と全く同じいから、後三十一葉は唐韻系の物だと述べて有る。

私は未だ書畫彙考を手にするの機會を得ぬが、王國維氏の唐時韻書部次先後表に「孫一注孫者唐韻、一爲二卞氏書畫錄所載一」として出したのによりて云へば其の韻次は巴里本の現存せるものと全く同じい。抑々唐韻系統の物といふ語の中には自ら切韻よりも晩出の物とする考を含み易いが、其の韻次が巴里本と同じき以上決して晩出とは考ふべきで無い。勿論各字の數で云へば内府本第二巻の初の豪韻で

巴 豪 胡刀反—狹亦作×（高に豕）通俗作×十一　蒿 呼高反蓬—五　毛 莫袍反膚毫八　饕 吐高反貪十八
內 豪 胡刀反—俠十　蒿 呼高反蓬也五　毛 莫袍反九　饕 土高反貪也廿一

の如く內府本は巴里本よりも晚出らしい。けれども彙考に項氏藏の唐韻の一部でも出して居り、其に比較して內府本の新しいことを立證するのならば兎に角、單に其の韻次によりてのみ厲氏が唐韻系に押下げようとせられるのならば其は武斷に過ぎよう。

五

厲氏の第三證は注語の體裁の異なるを指摘して有る。此は私も前稿で述べたものだ。さて氏は進んで

就二此書上去入三聲部次一觀レ之、則陽唐固應ニ緊接ニ東多鍾江之後一。然今本注語參差顯有ニ移掇之迹一。盍即出下牽合ニ王氏切韻與ニ項氏所レ藏唐韻一爲レ一者之手上。王氏切韻原書初不レ如レ是、觀下於巴黎敦煌本（愼吾云ふ上のは王國維刊本、下のは本稿で云ふ巴里本らしい）上去入三聲合ニ於陽唐二韻一者（即養蕩、樣宕、藥鐸）仍居ニ於後一、而不ニ緊接合ニ於東多鍾江之後一者、與ニ今廣韻一相似上、從可レ知矣

と云はれたが、果してさうだらうか。內府本の韻次は前後に類の無い者では有るが、私は切韻唐韻にわたりて第一類（百九十三韻）第二類（百九十五韻）第三類（去入九十三韻「第二類では八十九韻」）第四類（二百三韻）第五類（二百四韻）第六類（二百六韻）の如く區々になつて居るを知る故に、內府本も强ひて既に知られた者に牽合する必要は無いと思ふので有る。隨て內府本の上去入三聲の部次の如く平聲も序でられた一種の切韻も存在したこと丶信じ、其の切韻は平聲の首に於て陽唐兩韻の前と後とを缺いて居た處、同種の切韻では有るが一音紐の字數を×加×と出す異類の物を以て補つたのが今の內府本だと見たいので有る。

此の見方は王國維氏の

此二韻(陽唐)分明由二王韻(内府本)平聲下一移入二平聲上一者とは正反對になる。何故其をしも敢て想像するか。王氏の如く見る時には此二韻を平聲下より平聲上に移入すると同時に上聲も去聲も或は入聲も同樣の移入が行はれ、又内府本の部次が他の切韻と異なる各々の個所にも同樣の移動が行はれてこそ今の内府本の如き形となりて傳はるべきで、其は切韻一部に亙りての甚だしき切換と云はねばならぬ。然るに私見によれば「同種の切韻で一音紐の字數を×加×と出す物」より東冬鍾江の四韻を、次に陽唐兩韻を措きて後支脂韻以下を取り來れるに止まりて何等の全體に對する切換を要しない譯で有るから僭越ながら此の見方が實際に近いものと信じ、隨て又厲氏の王氏切韻原書初不レ如レ是の言に對しては内府本の基礎となつた切韻（其は勿論王氏のでは無いらしいが、韻次は全く同じかつた）の原書は初より今の韻次で有つたので決して陽唐兩韻を篏入したのでは無いと云ひたい。

但し此の見方にも下の反對が伴ふ。巴里本の上去入聲の韻目の養や漾や藥の下に註が有るを見ると平聲の陽の下にも何か註が有るべきだのに、内府本の陽の下に一字をも下さぬは内府本の平聲下(卽ち註の無い本)より移した證左ならずやとて、四江以前を他の切韻より其のまゝ取り來れりとの私見を難ずるもので有る。按ずるに巴里本の

養　夏侯在二平聲陽唐入聲藥鐸一別、上聲—蕩爲レ疑、呂與レ蕩同、今別

漾　夏侯在二平聲陽唐入聲□□一並別、去聲—宕爲レ疑、呂與レ宕同、今(以下ナシ)

藥　呂杜與レ鐸同、夏侯別、今依夏侯

より推せば、陽の下にも呂杜與レ唐同、夏侯別、今別の註が有つたらうから、内府本に之を缺くは全く註を下さぬ體

裁で有る巻二より移したものと見るは一應尤なことで有る。さりながら此の註は必ずしも畫一になつて居らぬのは

宋　陽與用絳同、夏侯別　用　絳

沃　陽與燭同、夏侯別　燭　覺　以上巴里本

冬　陽與鍾江同、呂夏侯別　鍾　江　內府本

より推せば上聲の腫講に於ても陽氏は必ず同としたらうに巴里本に一字を下さぬ例によりて炳乎として居るで無からうか。又

脂　呂夏與微(之か)韻大亂雜　之

旨　夏侯與止爲疑、呂別　止

至　夏侯與志同　志

では同じ關係で有るべき三の場合に於て呂氏の態度は一貫せぬのだから、今日の整つた考を以て律せられぬので、陽唐の註の有無も有力な反對材料にはなるまい。

六

蔣氏の跋は十二頁に亙る長篇で、前二者よりも翔實だが氏は第一條に於て

其(巴里本)韻目次第與切三(王氏刊本切韻第三のこと、切二とあるも同様の用法)悉同

と云はれたれど、上聲に於て切三は五十一韻、巴里本は五十二韻(卽ち廣韻を增て有る)であるから悉同では無い。又第二條に於て

巴里本韻次爲ニ法言之舊一殆無レ可レ疑

と云はれたが、巴里本は上聲に廣韻を立てたのの外に去聲にも嚴韻を立て、此の兩韻にはわざ〳〵韻目の條で

陸　無ニ此韻目一失

と註して有るでは無いか。蔣氏の言は韻次のみが舊のまゝで韻目は必ずしも然らずと云ふのか。

又巴里本中に陸書を釐訂する語が多いとて九條を擧げられた。是は私の前稿でも指摘した所で、私が例に出した韓の外に七見と云つたは蔣氏よりも一條多い（蔣氏は目錄をも引かれたが私は之を數へなかつた）。即ち蔣氏は、（蒸の連火を豆にした字四八二行に在り）を見落されて居る。

又第三條で

汗簡卷上引ニ裴務齊切韻序「左回右轉」之說一

倭人引ニ中國書籍一每多ニ刪節書名一汗簡引ニ裴務齊正字切韻一而曰ニ裴務齊切韻一蓋亦此類也

とくり返された。私の知る所では汗簡には裴務齊を引用せず、鄭珍の補正した引用書目にも載せて居らぬ。たゞ佩觿には

考字左回老字右轉謹案云々裴務齊切韻序云回右轉非也

と引いて有る。儻し蔣氏にして同じく郭忠恕の著だから佩觿を汗簡と誤られたとしても、裴務齊の正字切韻の論據は薄弱だらう。佩觿倭名鈔ともに裴務齊切韻と云ひ、廣韻卷首に裴務齊增加字とあるの外には舊來の文獻には正字切韻の呼び方は見えぬ筈だ（裴務齊正字とは內府本によりて始めて知られたものだが、正字切韻と定名するは專斷だ）。又

倭名類聚鈔巻七引二裴務齊切韻一曰鶻呼骨反亦作レ骨斑鳩鷹屬也、鵻思尹反亦作レ隼鷙鳥也一名祝鳩

と引いて有るが、倭名鈔は道圓本でも箋注本でも

鶻　音骨和名八夜布佐（箋注本は和名の二字無く八を波に作る）鷹屬也

隼　音笋訓同上（箋注本は訓を和名に作る）鷙鳥也大名祝鳩

に作つて此とは頗る違ふ。箋注に大名を下總本に一名に作るとは有るが、其の他は何に據られたのだらう。

第四條に於てと書き出すといかにもアラ探しの如きが、蔣氏は

巴里本微韻與二切二微韻一完全契合

切二之微韻與二巴里本一同一之抄本也

とも云はれたが、果して然るか。私の知る所では

巴里本三十三行の首に　×（エに圍に又を重ねた字）×（衣の中に牙を入れた字）とあるに切二には之を收めぬ。但し切二幃の同音字十三と註しながら十二字を出すに止まれば此の一字を脱したのかも知れぬ。

同三十七行の尾に　沂魚衣反　とあるに、切二に魚機反水名　の解が有る。魚機反は切三にも見えるから由ある音なるべきが、魚衣切も亦廣韻に承け繼がれて居るから筆誤とも云はれぬ。

の二ケ所が違ひ、殊に後者は前者の如き酌量の餘地も無いのだから之を完全契合と片附けるのは輕卒だらう。

又左の如くも云はれた

切韻第三種、王壽安考定爲二長孫箋注之節本一、董作賓先生疑レ之。方君斷定二切三之年代當レ在二切二之前一、此説甚允

切三が切二よりも前出とは私の夙に論定した所（大正十三年十二月）だが、方君の說と前後如何やら。

七

蔣氏は方國瑜氏の故宮本刊謬補缺切韻跋（これを私百方物色中だが未だ入手せぬ）に王仁煦の作書は貞觀年間に在りと考定したのを是認し、猶この證據固めとし避諱の字を利用せられた。

巴里本が治の字に大帝諱と出して居るは私の前稿で指摘した所で、私は近時行はるゝ今上不闕筆の説に從つて治を諱むからには其の次の中宗の代に巴里本は成つたかのと云つて置いた。但し再び考ふるに今の場合は闕筆をせずに大帝諱と註したのみだから、不闕筆の説は適用せられぬかも知れぬ。

蔣氏が治の字は勿論、淵世民の三字についても注意せられたは其の周到なるに敬服する。淵世民の三字は各々闕筆して有る上に世と治との字について兩本で

世　內府本　舒制反又廿（二十に非ず、世の闕畫）今國也
　　巴里本　舒制反三十年太宗諱

治　內府本　理
　　巴里本　理大帝諱

の相違が有る。蔣氏は之に本づきて

若依巴里本治字避諱而言則仁煦作書當在高宗之世故稱高宗爲大帝
內府本治字不諱而世字下云「今國也」則仁煦作書似又當在太宗之世
以理揆之仁煦書作在太宗之世較爲可信

と考へて四證を舉げられた。私は四證に入る前に此の考定を檢討しよう。內府本は治に帝諱たるを云はず、又世に今

國也と云ひ、巴里本は治を帝諱とし、世を太宗諱とした此の事實はいかにも內府本が巴里本より前出たるを示して居る。然らば私が前に巴里本を前出としたのは誤つたらうか、この事實によりて全く覆されるだらうか。私は先づ內府本と云ふものの世も治も後の三十一葉中に存することを指摘したい。この後三十一葉は天寶年間に成りし唐韻系とまで考へられる程だから、其の中に假令古い部分を存しても其は底本のまゝを襲つたに過ぎぬから、之によりて其の成立の時代を跡づける價値は無いとせねばならぬ。此く內府本より得べきものを古しと認めぬ以上、巴里本の理大帝諱の四字だけが屈竟の材料として殘るから、私の前に述べた如く次代の中宗にかけるか、又は上に述べた如く高宗の代にかけるの外は無い。

蔣氏が王仁煦の書が太宗の世に作られたとせられる四證の

第一は內府本は長孫の序を引いて居るから、其の序に署して有る高宗の儀鳳年より後の書寫だらうに、高宗の諱を避けぬは避諱の字は王の舊によりて改めないのだ。

第二に巴里本で治の下に大帝諱と加へ、世字の今國也を改めて太宗諱としたは高宗の世に寫されたから鈔書者が改めたのだ。

と有る。成程內府本と巴里本は鈔手を異にしたらう。但し內府本では改めないのだ、巴里本では改めたのだと傍で觀て居た樣に斷言出來るものだらうか。此は現れた事實とは逆に巴里本を前出としたい爲に案出せられた苦しい說明に過ぎぬ。

內府本乃後人修改之書、已非㆓王氏之舊㆒

とは蔣氏も既に明言して居られる所、內府本の一切の葛藤は無意識に底本に依つたと看做されたら、かゝる苦しい說明は要すまい。

第三は仁煦の序に　苦ニ字少復闕ニ字義一、可レ爲ニ刊謬補缺切韻一とあるから、王はまだ長孫の箋注本など見て居ないのだ。王國維氏が　仁煦用ニ長孫氏裴氏二氏注陸法言切韻一重修者と云つたは先後を顚倒した。

と有る。蓋し長孫の序には儀鳳二年とあるから高宗の末で、若し私の前に考へた王仁煦の書が中宗の代に成つたといふのを用ひると亦衝突することゝなる。私は勿論其の先後如何を爭はうとは云はぬが、蔣氏の見は一書成る毎に天下に風行する今を以て古に推した言だと思ふ。王が字少と闕義とに苦しんで一書を成さんとする中に長孫の箋注を得てこれにより補修したとは想像し得ることで、王國維氏も正にさう考へたのだらう。

第四は韻目に五家の異同を註せるについて　此註不レ存ニ於切韻殘卷一(即ち王氏刊本)而存ニ於王氏之書一(即ち王仁煦の切韻)者蓋較早修訂ニ陸韻一(即ち陸法言の切韻)之書多照抄ニ其註一。迨ニ年代稍遠更革日多一不ニ復註一此耳

と云はれたが、王氏刊本が王仁煦のよりも同じき程度か寧ろ古い內容たる事は十目の視る所だから、之を年代稍遠と片附けるは無理だらう。畢竟は書を成す人の用意如何に有るのだ。

八

蔣氏は次に巴里本爲ニ王氏原書一として

韻次が王氏刊本切韻に同じ

刊謬と名づくる程だから釐訂ニ陸書一之語が多い

上去入の卷首に出した字數の註に見ゆる如く統計の嚴密なるは其の序文に新加朱書兼(原)本闕訓亦レ用朱寫といつたのに吻合する

の三證を擧げられた。私は前稿に於て毎紐の字數の比較と解釋の繁簡とによりて巴里本が前出たるを認めた上に本稿

に於て巴里本を王仁煦のの眞と云ひ直したのだから此の結論には異存が無い。但その着眼の點を異にするに興味を感ずるので有る。氏は更に筆を進めて內府本の卷首に

右四聲五卷大韻總有二一百九十五一　小韻三千六百七十一（二千一百廿韻淸　一千五百五十一韻濁）——已上都加二百六十五韻　凡六萬四千四百廿三言
舊二萬二千七百廿三言
新加二萬八千九百言

とあるのにつきて

巴里本上聲總數爲二一萬二千一十六字一、去聲總數爲二一萬二千一十四字一、入聲總數爲二一萬二千七十七字一。三聲合計共三萬六千一百零七字（此等の數は巴里本に出て居る）。設平聲二卷每卷字數與二上去入一相埒則全書應レ有二六萬餘字一、正與二故宮本（卽ち內府本）之總數一相近。但今之故宮本非下但韻字較二敦煌本一增多上、注訓亦復較詳。理應下故宮本所レ有字數當二遠在二巴里本之上一、必不上レ止二六萬餘字一也。竊疑「右四聲五卷……凡六萬四千四百廿三言」一疑蓋是王書原文

と云はれたが、上に考へた如く今の內府本は二種の接ぎ合せられた物で卷首の記述などは初七葉の中より陽唐兩韻を除いた部分にのみ當て篏るべしとするならば、今の內府本の實數は凡六萬四千云々よりも多いからとて、之をわざわざ巴里本に移して考へるなど無用の苦勞と云ふべきだ。因にいふが此の大韻とは後の二百六韻に當り、小韻とは各韻中の音紐を有つ字だと考へる。韻鏡は大體に於て廣韻の音紐を有つ文字を圖面に出して居るが、私の計算では三千八百九十字を收めるのだから、其より二百餘を減じたものが切韻の其の文字と見るは不當で無からう。此の考にして許さるれば大韻は所謂韻部の數で無くてならぬ。然るに韻部は巴里本で

平聲下廿八韻　上聲五十二韻　去聲五十七韻
入聲□□二韻（□□は必ずや三十の二字）

だとは明に書中に載せられて居り、平聲上は蔣氏が「完全契合」の部分ありと許された王氏刊本切韻二に 廿六韻と有る。この總計は正しく百九十五。この本も韻部は勿論巴里本と同じかつたらう。都加二百六十五韻は恐らくは小韻として新にこの數を加へたの意ならん。王氏刊本切韻第三の五支の尾に闕あるを同第二に收めぬ（第二の第五葉表三行に闕字あるから、其處に書き落したのを韻末に出したとも思はれるが音切が違ふから本文の如くに考へる）如くに文字のみならず音切にも增廣あるは韻書の常だから。

九

蔣氏は更に內府本に言及して

書首之「前德州司戶參軍長孫訥言箋注」、「承奉郎行江夏縣主簿裴齊正字」二欵當下與二此書一有上レ關

とて其の關係を

巴里本には「案」と註したり說文を引いたりせぬのに內府本には其が多い。然るに長孫訥言の序に稱レ案者皆非二舊說一とも有るから、此等は仁煦の書を重修せる者が長孫の箋注を採用したから

裴氏は文字に精しく、其の著せる切韻は文字の形體に於て發明する所多かつたから、仁煦の書を修訂せる者が裴氏の書を採用したから

と推定せられ、更にさりとて今の本が裴氏の書では無いとて

裴氏について有名な考字左回老字右轉の文を載せた序が無い

倭名類聚抄に存する遺文が內府本と合はぬ

と指摘せられた。そもそも內府本について私は前後二種と見て居るが、蔣氏はこの問題に觸れられぬから誠に言を爲

し難い。尤も氏も

此書(內府本)毎巻訓解詳略既異、卽全書體例亦多二乖牾一、下平與二上聲一二巻大體相近自成二一類一、上平與二去入一三巻又爲二一類一、前後錯落幾如二二書一

と云はれたが、其は私の二種の論とは餘りに懸隔が有る。さて內府本に案とか案說文とか引いたものは一東韻の百二十五字に於てすべて十九字で（一五／一〇〇）に當るが、いはゆる後三十一葉になると

豪庚耕の三韻　　按も說文も一見せず

董腫講養の四韻　　同上

凍宋種絳樣の五韻　　說文を引く六回

屋沃燭覺の四韻　　同　　四回

の如く寥々たるものだから、一概に內府本に「案」が多いとも斷言出來ぬ。

裴氏の書を採用して居るが裴氏の書その物で無いと云はれたのは、私が上に裴氏の正字を依用したのとは反對の結果となつて居ると云つたのと相通ずる。

次に內府本の韻次について

配合多得二其理一、決非二淺陋之徒所一レ可二創作一。竊疑此必襲取二裴氏書一也

と云つて渇仰して居られる。其の歌佳麻と序でられたについては我が國で蝸蛙釵娃(クワアサエ)(何れも佳韻の字)などゝイを棄てて讀むのに關係が有らうかと考へた事も有つたが、等ngを謹旱(ともにn)の間に、寢mを拯ng有(無尾韻)の間に厠へたなどは徵二之古音一揆二之音理一無下不二相合一者上とまでに推稱すべき否や猝に定め難からう。

十

本題にて述ぶべき事は以上で終つたが、餘事ながら附け加へたい事が有る。

國立中央大學の文藝叢刊に評傅斯年君東北史綱卷首の一篇も有る。傅氏の東北史綱首卷に隋以前の東北を叙したのに遺漏が多かつたり、不明文理不通句讀の引用が有つたりするを指摘した揚句に

日人之研究東北史則遠在二十餘年之前。時當日俄戰役結局、白鳥庫吉氏已提倡對於東北朝鮮作學術上根本的研究、以爲侵略東北及統治朝鮮之助（この批點も原文のまゝ）、嗣得南滿洲鐵道公司總裁後藤氏之贊助、光緒三十四年一月於公司中設立歷史調査室、專以研究東北朝鮮史爲務云々

とて滿洲歷史地理、朝鮮歷史地理、滿洲地理歷史研究報告などに言及し、皆日人東北史之名著也と推稱した後に

傅君此書之體裁略與「滿洲歷史地理」同、然白鳥等之書出版在二十年前。雖亦間有缺誤、而其可供吾人指斥者實遠不如「東北史綱」之多。此則吾人所認爲史學界之不幸者也。吾民族今已與日人立於永久鬪爭之地位、欲鬪爭之成功必求全民族活動之任何方面皆能與日人之相當方面相抗衡。往者已矣來者可追、竊願後之治東北史者愼重立言、民族前途學術榮譽兩利賴之矣（圏も點も原のまゝ）

と結論して有る。私は此の文を書いた人の學界の位地如何を知らぬ、或は中央大學の學生か助手ぐらゐで大して問題にするに足らぬのだらうか。抗日とか排日とかはミッションスクール邊の學生が誰かに踊らされて居るのが誇張して傳へられる位に考へて居る私には此の一節は心外でたまらぬ。政治的には一時の葛藤も有らうが其は行雲流水の隨時の狀態。精神的には倶に東方文化の顯揚に勉めるべく相切磋し相琢磨しようといふが我々學徒の念願だらう。然るに鮮滿の地理歷史を研究すれば侵略之助だと邪推し、相切磋し相琢磨しようと云へばよいのに立於永久鬪爭之地位と

怒號する。言行君子之樞機也、此ういふ矯激な言辭を弄するのは青年血氣にはやり易い學生に有り勝にしても、大學の名で出す叢刊には編輯主任も有らうにと思はれる。此の筆法で云へば私など刊謬補缺切韻について云々するのも嗤呪はれる事だらうと空畏しい。此の空氣は吾が國の何れの方面の人にも注意して貰ひたい事だと信ずるから盡言するので有る。

丙子四月八日

本誌一月號　拙稿の訂正（主なるもののみ）

四〇頁　初行　韻同　ハ　韻目　ノ誤

同　七　王能撰本　ハ　王の撰本　同

四八　四　●の字　ハ　龍の字　同

同　九　●之無角者　ハ　嶲之無角者　同

同　十三　常とするから　ノ下ニ　内府本は

同　同　手を加へたもの　ノ下ニ　又僅に一條なりとも內府本よりも詳密なるが有る以上王韻の素本で無い（素本は兩種に共通せらるべきもの）道理だから　ヲ補フ

武内教授の「唐鈔本韻書と印本切韻の断片」を讀む

岡井愼吾（1872—1945）

《漢文學》4，1955

武内教授の「唐鈔本韻書と印本切韻の斷片」を讀む（遺稿）

岡　井　愼　吾

（一）

私はかねて切韻には注意を怠らぬ一人だが，南裔に越在するのと最近は病氣で牀中の人たる爲に見聞ますます荒陋で，教授のこの發表をも知らなかつた。近頃ある雜誌で之あるを知りて直に教授にお强請してその抜刷一冊を頂戴して病の身に在るをも忘れて讀み耽り且氣を作して再讀した。精博翔實なる教授の學風をそのままの大作で深く深く感服したが，一二讀後の思附きが有る。

教授は唐鈔本の方を「それが郭知玄や孫愐より以前の物とすれば陸法言切韻の原本か或は長孫訥言の箋注本かでなければならぬ。」と論定せられたが，私は今少し突込んだ事が云はれると思ふ。

唐鈔本第一葉の表面は廣韻の　六止（始五行）　七尾（中三行）　八語（末一行），裏面は十姥（始二行）　十一薺（中四行，この次一行空白なのは行の上半で畢つたのだらう）　十二蟹（末二行）たる事教授の述べられた通だ。然るに廣韻で云へば

七尾六十九字　　八語百六十三字　　九麌百七十一字　　十姥百四十三字

で有るから，七尾が三行を占むるより推せば

八語七行　　九麌八行　　十姥六行　の二十一行

を要し，之より今存する語と姥との三行を減ずれば十八行を殘して第一葉は此の次に九行あるべく畢竟一面十八行のゝ前半を見ねばならぬ。知らず教授の御記憶やいかに。

この部分は教授の云はれた通ペリオ博士が獲た敦煌古鈔本中の唐寫本切韻三種の中の第三種に存する。さて今私の遺憾に思ふ事はこの唐寫本三種を王國維氏は

第一種を陸氏原本か

第二種を長孫訥言箋注本

第三種を第二種から陸氏の注だけを鈔出したもの

と考定して此く順序づけたので有るが，私は第三種を以て第二種よりも先出とし，王氏の如く第二種ありて而る後に第三種ありとするは前後を轉倒せるものと論じたので有るに，愚見が信を教授に取るに足らずして一顧だに與へられなかつた事である。但し私は今尚私見によりて筆を進める事だけは教授の寛容を乞ひたい。

（二）

唐鈔本第一葉は左の如く字子の數を註して居る。

紀二加一　里八加一　滓三加二　禰四加三　泚二加一　啓五加一
買四加一

こは先づ紀二 里八 …… の切韻が存して之に増補したものたるを示す。然るに陸氏のには先だつ物が有り得ぬのだから此点よりして之を陸本とは見られぬ。

又この邊は上聲だから唐寫本切韻第三種に存する。第三種は加ゝを云はぬ例だから紀二 里八 のを底本としたや否やは分りかねる。けれども滓字から推すと源を別にすると云はねばならぬ。

唐鈔本	滓測李反三加二	笫牀板反 側几反	胏脯		莘羹菜
第三種	滓側李反四	茦草或作莘	笫版又牀 側几反	胏脯易曰食乾一	
廣韻	滓澱也阻史切五	笫牀簀又 側几切	胏脯有骨曰一 易曰食乾一		莘説文云羹菜也

而も唐鈔本の順序も莘の字に對する考も其のまゝに廣韻にうけ繼がれたことを紀里……七字に對する總字數の唐鈔本三十八字，第三種三十一字たるとに併せ考へると唐鈔本は第三種よりも晩出だらう。この故に王氏の第三種を以て最も晩しとする説を用ひると，之を長孫訥言の箋注本とすることも動揺するが，私はさう思はぬから長孫訥言あたりの物かと想像するものゝ，長孫本に止めるには躊躇する。

（三）

唐鈔本第二葉は表六行裏五行を存する。其の文字は二十一震六行，二十二問二行，二十三焮一行（問の上には數を，焮の處は數と本字と倶に逸して居るが）二十四願二行。そもそも廣韻によると

二十一震二十二稕合二百字　二十三問五十八字　二十四焮二十一字

で有るが，焮韻が一行たるよりして問題が二行，震韻が七行だつたとすれば震韻が今一行有つたもので半面六行だつたのだらう。（廣韻では燼から三十五字目に櫬——空棺の本字——が有るから，一行三十字と見たのは大過なからう。）第一葉の

半面十八行とは格段の違ひだが，教授も「其の筆蹟も第一の斷片から區別される樣に見える。」と云はれるから彼此別途の物らしい。

第二葉は去聲字だから敦煌本古鈔本には缺けて居る。去聲字で吾人の手にし得る最古のは唐寫本刊謬補缺切韻だらうから，字子の數を復之と比較する。

唐鈔本刊謬	震$^{五}_{七}$（補）	遴$^{九}_{十二}$（補•刋の末三字なし）	胤$^{五}_{六}$（補•刋の末一字なし）	憗$^{一}_{二}$（同上）
	訓$^{三}_{四}$（同上）			
唐刊	焮$^{二}_{三}$	近$^{一}_{二}$	顒$^{二}_{三}$	販$^{一}_{二}$
	劵$^{二}_{三}$ $^{31}_{44}$			

この刊謬補缺切韻を敦煌本化するには兩者に存するものゝ率をあてはめる外は無い。今兩者に存する上聲董を把ると

第三種刊謬	董$^{2}_{3}$	蠓$^{2}_{4}$	孔$^{1}_{1}$	敢$^{1}_{2}$	侗$^{3}_{3}$	總$^{6}_{9}$	澒$^{1}_{1}$	蓊$^{4}_{5}$
第三刊	琫$^{3}_{5}$	朧$^{5}_{5}$	動$^{4}_{5}$	貜$^{1}_{1}$		尚二字あり $^{33}_{43}$		

だから，刊謬の字數の$\frac{33}{43}$が第三種の數と云はれる。今第二葉の字子が刊謬では44だから之に$\frac{33}{43}$を乘けると34となりて唐鈔本の31よりも多い，即ち鈔本は第三種よりも古い姿となりて第一葉の場合とは反對になるが，第一葉と別途の物たるべきは前項にも認めた所だから驚くに足らぬ。

（四）

印本切韻についてはあゝいふ記述だから何事も附け加へられぬが，二種の廣韻について

先づ反切を擧げる第一種本が古に近いことは言ふまでも無い。

と斷言せられたのは如何だらう。今日に存する切韻を見ると

王氏第一種	倍々多薄亥反	愍悲眉殞反	殞没于閔反
同　第二種	東德紅反按說文云々	中按說文和也陟隆反又陟仲反	
	蟲按說文有足虫直隆反	忡憂也初中反	
同　第三種	縱々橫即容反又子用反	瀧南人湍名呂江反	
唐鈔唐韻（西域考古圖譜所收）		綏安息遺反	
刊謬補缺切韻	東按說文春主一方也德紅反	同和也徒紅反	
唐寫本唐韻	既已也盡也又姓云々居未反	氣々息去既反	
廣韻	東春方也說文曰動也云々德紅反	同齊也共也云々徒紅切	

の如く殆ど悉く音切は末にして居る。たゞ王氏第二種本は開卷四字では右の如くだが此の次に來る　嵩　弓　融　などは音を先にして居るものゝ全部がさうでは無いから，教授の精詳なる意見としては聊か事實に合はぬ。廣韻兩種の第一種本がいはゆる第二種本より出たるものなるは曩に私の論定した所で有るを思ふ時私はまた

また苦笑するあるのみだ。尤も今の重修廣韻の前に今一種の廣韻ありたるべきは私も信ずる所で，その詳細は明年世に出るべき服部博士古稀祝賀記念論文集に拙稿を收めて貰ふことゝなつて居るから其を以て正に就きたい。

（五）

以上は教授の大作に罅漏ありといふでは無いが何かの補苴にもと述べたまでで有る。去聲に二十二稕なきを明された如きは小學上永く教授の名譽として傳へらるべきことであり，廣韻よりも收字の多い切韻（論艮翰岸などの場合）を紹介せられたことも亦私どもの深く感銘する所であるが，其等を述べるは本篇の目的で無いから具言しない。（昭和10.8.28）

燉煌本仁王般若實相論に就て

妻木直良（1873—1934）

《宗教研究》3-2，1926

燉煌本仁王般若實相論に就て

妻木直良

一

中村不折畫伯所藏の多くの燉煌經卷に就て、嘗て一の清覽を許され、其の無價寶たるに驚きたりしが、中に就て最も予輩の心を引付たものは、『仁王般若實相論』の一卷であつた。遂に請て其の經卷を寫し取り聊か其內容の研究を試みたので、予輩の知り及んだ點を記し、敢て大方の是正を仰がんとする次第である。

是の一卷は勿論殘卷であつて、完本ではないけれど、六朝時代に於ける仁王經註疏の最古のものとして世に紹介し得ると共に、典籍の乏しき同時代の佛典中、新に是の一書を加へ得ることは、學界の慶幸と云はねばならぬ。是の殘卷は、始めの部分が欠けて居るが、終りの方が完いので、註疏の名が明瞭に知られる。卽ち全卷の長は一丈八尺で、美事なる六朝の書風であるが、終りの所に、

仁王般若實相論卷第二　　比丘顯秀寫流　　通後代化不絕

とありて寫經人の名と其志願とが、記されて居るが、是書の著者の名が記されて居ない。中程の

品のかはり目に、

　囑累品　　釋秀許

といふ文字があるけれど、是とても寫經を助けた人名らしく、菩薩の名ではないやうである。そして卷數も、玆處に第二とあるから十卷許りもあるやうに想像せらるゝのであるが、經文の内容から判斷すると、是れが終りで、全部二卷の註疏であつたやうである。卽ち是の『仁王經』は姚秦三藏鳩摩羅什の譯する所であつて、現在流行の本は、上下二卷八品である。

　今是の殘卷は最初の部分が缺けて居るが、下卷四品の中、第六の散華品の終りから存して第七の受持品と第八の囑累品とが完全に存して居るゆへ、是の第二卷の中には、恐らく經の下卷全部、卽ち第五の護國品已下恐く存在したもので、第一卷には上卷四品、卽ち第一序品、第二觀空品、第三菩薩教化品、第四二諦品の四品の註釋があつたものであらう。二卷の『仁王經註疏』を作つた人が果して何人であらうか、たとひ其人は分らずとも、其の學派の系統は何如、年代は何如といふやうなことが、是の研究の主題である。

二

『仁王經』は、現存のものに新舊二譯あり、舊譯の外に唐代不空三藏譯の二卷經が、秘密部の中に收められて居ることは、人の知る所であるが、一般に世に持てはやさるゝ『仁王經』は、是の羅什譯であつて、同じく羅什譯の『法華經』と、外に『金光明經』とを加へて、護國の三部經として、我が國に尊崇せられ、仁王講千僧會なんど〻稱して『榮華物語』などに傳へらる〻所から見ると、實際的應用を主義とする我が國の佛教界では、早くから講讃鑽仰せられし經典であるゆへ、大抵の註釋書は、既に早くから渡來したものである。今試みに、正倉院等の古文書で知らる〻奈良朝の寫經を見ると、

仁王般若經疏上卷　天平十五年寫　（吉藏）　二仁王經疏一卷　天平勝寶五年寫

仁王經疏三卷　天平勝寶三年寫　（圓測）　仁王經疏二卷　天平勝寶三年寫　（惠淨）

仁王經讃述二卷　天平勝寶四年寫　（惠淨）　仁王經疏二卷　天平十二年寫

仁王經疏二卷　天平十九年　（玄範）　仁王經義疏二卷　天平十五年寫

以上八部の註疏は、既に奈良朝に行はれて居たものである。しかして是の中、嘉祥大師吉藏の三卷疏と、玄奘門下の異端として知らる〻圓測法師の六卷疏とは、世に現存して續藏經にも編入せられて居るが、他の惠淨法師の讃述や、法相宗玄範法師の二卷疏の如きは、既に亡佚して傳はらぬ。更に嘉保元年（西紀千九十四年）に法相宗の永超法師が撰述した『東域錄』に依ると、

仁王般若疏六卷　眞諦三藏　不見行　仁王般若疏三卷　吉藏

同　疏一卷　天台智顗　同　經疏十卷　羅什三藏　僞

同　經疏二卷　惠淨　同　經疏二卷　法相玄範

同　經疏三卷　圓測

新翻仁王經註疏三卷　眞貴

同　略贊三卷　興福寺行賀於唐土撰

同　鈔三卷　釋信行抄

同　古經疏三卷　道液

等と列し、唐代までに十一種を數へて居るが、是中で現存するのは、前述の如く、吉藏、圓測二法師の註疏が續藏に收まり、釋信行抄の『經疏鈔』三卷といふのは日本僧行信のことで、現に『大日本佛教全書』の中に收められて居る。但し其内容から云ふと、題目の示す如く全くの抄出本で、圓測の經疏を抄略したものに過ぎない。是外に良賁の註疏は不空譯の新經註疏であるが、道液法師の『古經疏』三卷は亡佚の中に屬し、日本僧行賀の『略贊』は、『大日本佛教全書』の中に收錄されて居る。是の『東域錄』の書目中、今の研究に於て最も必要であるのは、眞諦の六卷疏と、羅什の十卷疏とであるが、倶に見行しないから之を見ることが出來ぬ。而も羅什三藏の十卷疏は、今の『佛教全書』收錄本は、淨土宗戀宿の手入れ本であるが、僞といふ書き入れがあるのは、恐らく戀宿師の記入であらふ、予輩の見たる長谷快道法師の手入れ本には、是の一行丈けは朱書して前後の書目に區別して居る、別に僞といふ細註は加へてないけれど、疑僞の意味を示して居ることは明らかである。既に羅什法師には『實相論』一卷の著述ありしことは、『出三藏記』を始め、各經錄に傳ふる所であるから、若し是の十卷疏が存在すれば、たとひ僞作にせよ、何等の類似點を求むることが出來たかも知れぬ、併し是の十卷疏の事は、何れの經錄にも見へて居らぬからズット後代の僞作であるかも知れぬ、たとひ『寶相論』一卷が、今日に存在して居たとしても、それは恐らく『釋論』中の一篇に類した極めて簡短なものであつて、今の二卷の『寶相論』とは、全く別異なものであつたであらふ、而も他の種々の點から見て、羅什以後の製作である憑據があるから、先づ羅什自著でないといふ事丈けは斷言し得るであらう。

次に元祐五年(西紀千九十年)に、高麗義天法師の編した『諸宗教藏總錄』(通稱義天錄)に依ると、天台大師の一卷疏を始めとし、吉藏、圓測等十二部の註疏を擧て居るが、唐以前と云ふのは、天台、吉藏(嘉祥)の二書のみで、他の八部は唐人、終りの淨源法師の注科五卷本は宋人のである。しかも唐人の八部中、良賁は新譯經の註であり、他の七部は、今悉く亡佚して居る。

弘經書院本の『縮刷藏經』の中には、天台大師說、門人灌頂記といふ五卷本の『仁王經疏』と、宋代善月法師の『仁王經疏神寶記』四卷を收めて居るが、何れも天台一流の解釋を標準としたもので、六朝時代の精粹とも云ふべき梁朝や北魏の佛教を彷彿たらしむべき本書とは、何等の交涉が認められない。更に時代がズット下るけれども、現存の諸本と卷數形式等が一致する『諸宗章疏錄』(寬政二年(西紀千七百九十年)謙順撰)に依ると、天台宗の下に、

仁王註釋三卷 傳教述○按此恐誤也、敎觀智者撰述下、仁王般若疏二卷、今在日本國續紀・東域並云智者說、一本無撰名、恐之。

仁王私記三卷 灌頂述○按「東域」同此「致觀」、「續記」並不出

仁王疏四卷 灌頂述○按此恐誤也、「東域」云、合疏私記可爲四卷、如合光明玄義並文句云疏四卷二本無撰名思之。

仁王疏二卷 道液述

現存の續藏第四十套に收められたる智者と灌頂の合疏は三卷となつて居るから、細註に云ふ如く「致觀」に二卷ありて今日本國に在りといふのは、是の三卷本のことで、次の私記三卷、疏四卷とあるのは、何れも同一のものを別名で傳へたものであらふ。前に引用した正倉院の古文書中にある天平勝寶五年寫一卷本のでは撰名が無いけれど、恐らく智者大師の撰であらふ。恰も「東域」に一卷本天台智顗と記されて居るのと一致する。後にある天平十二年寫の二卷本は、何人のか不明であるが、灌頂の私記に當るものであつたかも知れぬ。我が國に傳はりて居る點から考へて見ると、後世にこの兩疏を合せて三卷本の合疏を作つたものと見らるゝであらう、道液の二卷本は今傳りて居らぬ。

次に『諸宗章疏錄』の三論宗の下には、

仁王經疏二卷 吉藏述○按「東域」云、諸錄云二卷、而見行本有上中下三卷」

とありて、現存の續藏編入本は六卷であるが、三卷に各々本末を分つたものであらう、法相宗の下に

仁王般若疏三卷 圓測述

仁王般若疏二卷 慧淨述

仁王般若疏二卷 玄範述

仁王般若疏三卷 新羅 眞實述○按亦云「青龍疏」

とありて、良賁を除きて他の三疏は、何れも天平時代から傳はりて居るもので、圓測の三卷本は從來亡佚と稱せられて居たが、謙順自筆書入れの『章疏錄』には、在智山藏四卷也と書入れてある、續藏編入本は何處の本に依りたるかを知らないが六卷本となつて居る、是も後世に分卷したものであらふ、是の圓測、惠淨、玄範三師の疏中、今存するのは、圓測疏のみである、良賁疏は新譯經の註疏であるが續藏中に編入せられて七卷本となつて居る。更に華嚴宗の下には、宋代の淨源法師の四卷疏を出すのみであるが、中卷の三論宗の下には、更に

仁王略疏一卷　吉藏述　出古錄」

と掲げて居る。現存續藏編入の分は、六卷本であるから、是の略疏は、恐らく六卷本の抄略であらふ、而も吉藏法師の疏は上揭諸錄の文を綜合して見ると、左の如き結果となり、現存本は、三卷本に本末を分ちて更にそれを分卷したことが明らかで、古註疏が、後になるほど卷數が增してくることを認めらるゝのである。

仁王般若經疏上卷　天平十五年寫（正倉院文書）私云これは吉藏法師者述が上下二卷か又は三卷に分れて居たのを、上卷丈け保存せられたものである、上、中、下三卷の分卷は、『東域錄』註と一致す、

仁王般若疏三卷　吉藏　（『東域錄』）

仁王經疏三卷　吉藏述　（『義天錄』）

仁王經疏三卷　嘉祥寺吉藏述　（徳川時代寶嚴興隆著佛典疏鈔）

仁王經疏二卷　吉藏述〇按東域云、諸錄云二卷、而見行本有上中下三卷。（『東域錄』）

（私云是は『東域錄』卷上の三論宗經疏の題下に記されたもので、二卷さあるのは、何れに依るや明かならざれども、古寫本中には證顯所覧の二卷本があつたものさ見ゆる、天平寫經の上卷丈け存して居るのは、或は上下二卷本であつたかも知れぬ）

尙ほ『諸宗章疏錄』の中卷、法相宗經疏部の所に、

仁王般若疏六卷　眞諦三藏述、未見行、諸疏云未記

仁王般若疏三卷　圓暉述

仁王般若疏三卷　西大寺常騰述

仁王般若略贊三卷　行賀於居士撰

仁王般若疏一卷　惠沼述　未見行、此師最勝疏第一云、可此五分、如仁王般若疏中具明

仁王般若疏三卷　崇俊述

仁王般若略鈔三卷　信行述　集諸疏

仁王般若鈔三卷　法隆寺行信述、多著測疏少加餘師、按東域作信行恐倒、今依僧錄及本傳

以上八部の書目を揭て居るけれど、是中に支那撰述に屬するものは、眞諦の六卷疏以下四部であつて、惠沼の一卷疏は未見行とあるけれど、法隆寺寶藏中に其の殘卷が存して大正大藏經中に編入せらるゝ筈である。圓暉の三卷疏といふのは、恐らく圓測の誤りであらふ、然れば四部の疏中、二部丈けは現存すと云ふべきである。西大寺常騰の三卷疏以下四部は、日本撰述であるが、信行とあるのが行信の倒置であるとすれば、其實三部であつて、行信の三卷本は『大日本佛教全書』（大正四年八月發行）に收錄せられて居る。今その『日本佛教全書』に收錄せられて居る目次を揭ぐると左の如くである。

仁王護國經疏 内一卷欠（私云中卷欠）　行信撰

仁王經問答一卷　撰者未詳（私云行信門下ならん）

同　護國鈔三卷　覺超撰

釋尊影響仁王經祕法 八卷合一本　良助親王撰

仁王護國疏三卷　撰者未詳

（私云、護國疏は撰者未詳とあれど叡山學徒の手に成れることは明らかなり、鎌倉時代か）

仁王般若合疏講錄三卷　光謙撰

以上の調查は、專ら日本撰述の典籍目錄に依て記したのであるが、日本の講義は、大體に於て二潮流に分類することが出來る、卽ち天台宗と法相宗との註疏である、三論系のは吉藏の三卷本が存するけれど、之を發揮し相傳したものが見當らぬ。天台宗のは智者大師より來つたことは勿論であるが、法相宗のは、全く圓測法師の系統を相承したものである。若し羅什三藏の實相論や、眞諦三藏の六卷疏が渡來見行して居たならば、變つた系統の仁王學派が起るべきであるが、眞諦疏は最古の「永超錄」に既に不見行と云ひ、天平寫經目の中にも見出すことが出來ぬから、唐初には存して其後に亡佚したものであらふ、隋代費長房の「歷代三寶記」（開皇十七年、西紀五百九十七年撰）には、

（縮刷藏經致六の七十六丁左）

仁王般若疏六卷太清三年出（西紀五百四十九年）

とあり、『大唐內典錄』にも、（結二の七十二丁左）

仁王般若經疏六卷太清三年出

とある。是の經疏六卷は、たとひ亡びたとは云へ、其の幾分は圓測法師の文によりて窺はるゝのであるが、『永超錄』に疑問として、載錄せられて居る羅什三藏の十卷疏の內容は、全然知ることが出來ぬ、三論系の仁王經學としては、嘉祥大師吉藏の三卷本が現存して居るけれど、新舊の三論全く其說を異にするから、其の舊說を窺ふことが出來ぬ。

三

いよ〳〵本題に立歸りて、是の仁王經實相論の傳來を說くべき順序となつた、仁王經崇拜の我が國に傳來した古註疏に就て、宋朝以前の存亡を略ぼ記述したのであるが、我國に存する古註疏で唐以前のものと云へば、全く天台（智者）嘉祥（吉藏）二大師のもののみである。今この「實相論」は、寫經の字體既に六朝のもので、南梁、北魏何れにしても西紀六世紀を下るものでない、然らば我が國には典籍目錄の上からは、全く傳來したことがないと思はれる。然らば支那の古經錄に於て、是と似通ふたものがあるかどうかと檢討して見ると、隋開皇十四年（西紀五百九十四年）に撰述したる法經の『衆經目錄』には、此方諸德著述の部に

實相論一卷　曇無成

梁代僧祐の編述したる『出三藏記集』卷十二（縮刷本結一の六十七丁左）に、六朝南宋代の陸澄が編纂したる法論集目錄を掲げ、其中に

實相義釋道安
問實法有釋慧遠鳩摩答
問實相王稚遠外國法師答
實相論釋曇無威（冠註曰、威三本作成）

と實相に關する論義の甚だ盛んでありしことを傳へて居るが、曇無威（又は成）に實相論の著述ありしことを傳へて居るのは、恐らく『高僧傳』（梁代慧皎著）卷七にある曇無成のことで、宋元明の三大藏經に成とあるのは正しく、高麗本に威とあるは寫誤を傳へたものであらふ、『高僧傳』に依ると、曇無成は羅什の門下で、「秦主姚興の尊重する所となり、受業のもの二百餘人あり、顏延之、何尚之と共に實相を論じ、往復晨に彌り、廼ち『實相論』を著す、宋の元嘉中（西紀四二四年至四五三年）卒す、春秋六十有四』とあるから、『肇論』の著者たる僧肇の歿年（晉義熙十年、西紀四一四年）を去る僅かに十年許りで、恐らく當時長安に於ける義虎の雄として相對峙したものであらふ。宋の「法論」の中には載錄せられて居ないが、『高僧傳』卷二、鳩摩羅什傳には、

唯爲『姚興』著『實相論二卷』

とあり、『出三藏記集』卷十四、鳩摩羅什傳にも唯爲『姚興』著『實相論二卷』と同樣の文が掲げてある。

然れば姚秦時代には、師羅什の『實相論』二卷と、資曇無成の『實相論』(卷數未詳)との二部の實相論が存在して居たので、後代の經錄が區々に傳へて居る、即ち『歷代三寶記』には、鳩摩羅什の下に

實相論一卷什自著　(縮刷致帙第六冊五七丁右)

と傳へ、『大唐內典錄』(唐道宣撰)には、

實相論什自著

とのみありて卷數も掲げて居ないが、隋代法經等の撰に成る『衆經目錄』卷六には、

實相論一卷　曇無成(縮刷結一の百十五丁左)

とあるが、是は言ふ迄もなく高麗大藏經を底本としたものであつて、冠註の考異に依れば是の曇無成の三字は、元明二大藏經には倶に釋羅什の三字に作り、宋本大藏經には無しとある。若し費長房の『歷代三寶記』に對照すれば、羅什の著とする方が當を得て居るかも知れぬ、何れにしても、師資二人の『實相論』が併に世に行はれて居たやうであるが、『開元釋敎錄』に收錄せられて居ない所を見ると、何れも唐代早く亡佚したものと見るべきである。

今是の殘卷の六朝寫經の仁王經實相論なるものは、二卷で終つて居ることは、前に一言した通りであるが、其の內容から云ても、羅什時代の舊三論系に屬するものであつて、『高僧傳』『出三藏記』に見えて居る二卷本の『實相論』と云ふのは、正しく是の本で無からふかと思はるゝ點も無いことは

ない、秦主姚興の爲めに講述したと云ふから、無論に鎭護國家の帝王政治の教授にも關するものであつて「仁王般若經」に依つて、是の實相を論ずることは、もとより當を得たるものである、傳記の上では單に實相論とあつても、それは仁王般若の實相論であるとも云ひ得る、當時の人の考へでは、實相の外に般若なく、般若卽實相であることは、僧肇の「宗本義」の中にも、諸法實相、謂之般若」とあるので一般周知の熟語であつたことは明らかである。卷數と名目とが符合するので、之を直に羅什自著の現出として世に傳ふべきであらふか。

若し果して種々の點より見て羅什の自著と見て差支なしとすれば、經典註疏の最古のものとして大に珍重すべきものであるが、是を斷言するには尚ほ幾多の檢討を重ねなくてはならない。

それで予輩は、敢て羅什の自著なりと斷言はしはいのであるが、數少なき隋代以前、北魏か南梁の時代を下らざる般若系の古註疏の現出として之を世に紹介したいと思ふ、其の殘存の部分は、仁王經終り三品の註疏であつて、帝王の爲めに講述するに最も適當な文句、付囑國王の文字があり、僧肇の文句として有名なる

法身無像而殊形並應、（乃至）冥權無謀而動與事會

といふ文句が發公言として引用したのでなく、恰も自己の胸臆から出た文句のやうにして記述せられて居るのも、其時代が姚秦に近きことを示すものと見ることが出來る、又往々にして儒教の言を

引き、文字の備古であることも、西紀四世紀の終り五世紀始め頃、支那東晋末時代であることを表現するとも見らるゝものである、但し中に『瓔珞經』二卷本の菩薩修行の六種性の文を引き、魏言性種」とある文字は、著述の歴史を知る唯一の歴史的文字のやうに見ゆるが、是は恐らく北魏の魏ではなく、三國時代の魏を指したものであらふ、三國時代に瓔珞經の異譯が支謙三藏に依て成されて居る。

且らく附記して疑問を提出して置くことゝする。

（附言、原文は二十四字詰、廿行の原稿紙に寫し直して十八枚であるが、今玆に全文を掲ぐることの出來ないのを遺憾とする、しかし大正大藏經の中に編入することを御願してあるから遠からず大方讀者の淸覽に供して共研究を願ふ筈である。是の稿を起すに當り、予輩の爲に寫經の展覽と寫本との快諾せられたる中村不折畫伯の厚意と、併せて之を予の爲に臨寫の勞を取られたる友人、京北中學敎諭豐田大哲君の厚誼とに對し甚深の謝意を表して置く。）

燉煌石室五種佛典の解説

妻木直良（1873—1934）

《東洋學報》1–3，1911

燉煌石室五種佛典の解説

妻木直良

佛のペリオ氏が一昨年、燉煌鳴沙山石室より約五千巻の古寫本を得來れりと云ふ事は、我國の新聞紙にも傳へられ、燉煌石室の名、大に世人を驚かしたりしが、其の後その一部を上木し、北京の羅振玉氏之を考證して『敦煌石室遺書』と題し、世に流布せられ、慧超の『五天竺國記』及び『老子化胡經』の如きは、學者をして其の無價の寶たるに驚嘆せしめたり。而して昨年其の殘部約六千餘巻の古書は、悉く北京の學部に移送せらるゝことゝなり、一々その目錄を調製して整理に從事しつゝありと聞きしが、我が京都大學の教授諸氏が昨夏その調査に赴き、約六百巻を見るを得て、其一部を撮影して歸朝し、多くは佛書にして其中逸經及び古寫の善本に富むことは、松本博士の論文(『藝文』二ノ五、二六。)に依て之を發表せられたり。予輩また偶然にも同所より出て汪大燮氏の所有にかゝる五種の巻子本を見ることを得たりしが、五種何れも佛敎の經典にして、まさに佛教經典の本文批評、及び佛教歷史の研究材料として希覯の珍品と

燉煌石室佛典五種の內

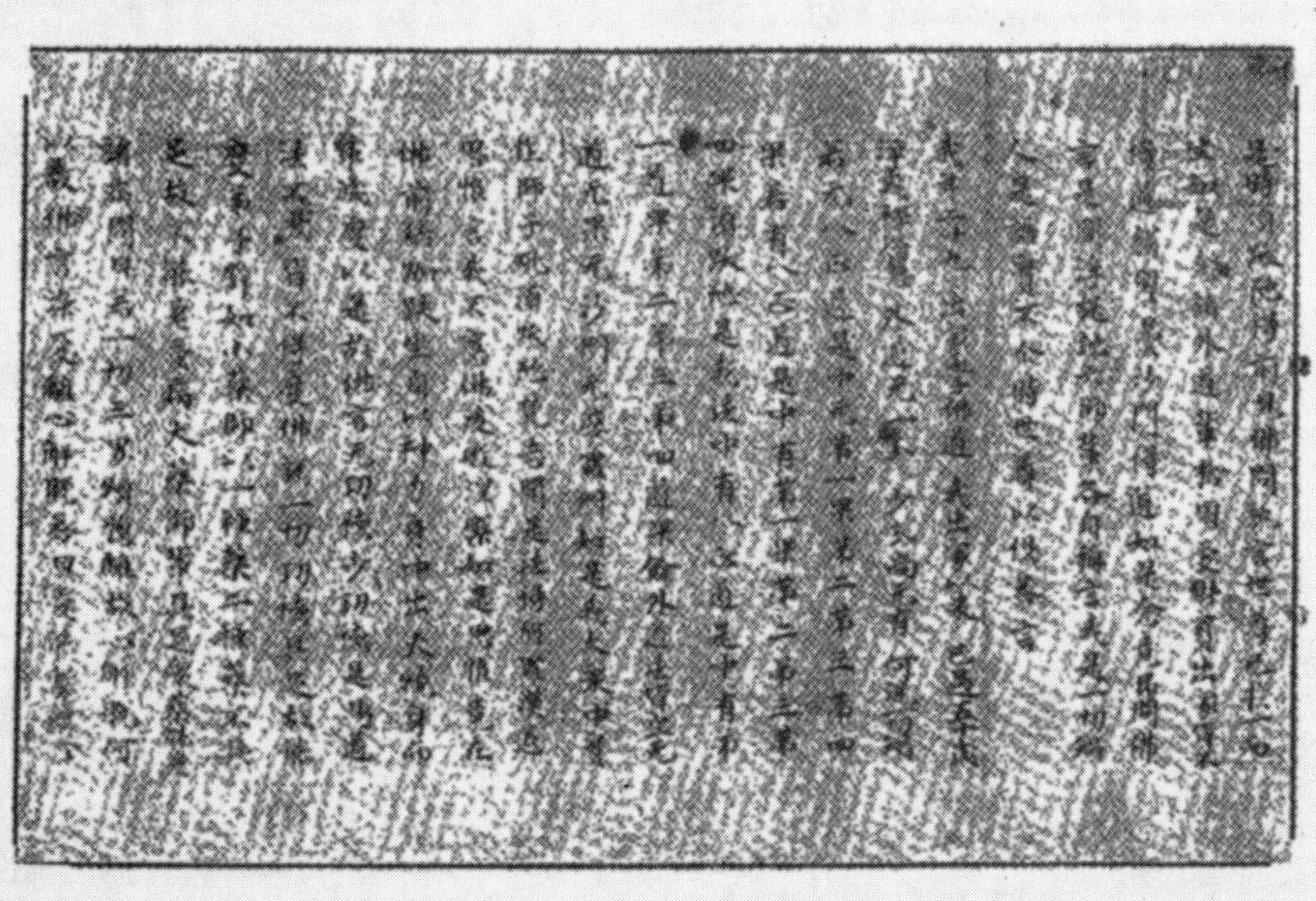

稱するに足るものあり。いま白鳥博士の勸告に從ひ、聊か解說を試むることゝせり。而して燉煌石室の地理及び古書等に關し、今日までその研究を發表せられたる題目を左に掲出し、研究者の參考に資すべし。

(書目及び題名)	(編者及び筆者)	(出版年月)	(西紀)
燉煌石室遺書 四卷	羅振玉氏	宣統元年	(一九〇九年)
慧超往五天竺傳	藤田豐八氏	明治四十三年	(一九一〇年)
北支那旅行概報(地學雜誌二六六號)	小川琢治氏	明治四十四年	(一九一一年)
燉煌石室古寫經の研究(藝文二ノ五、六)	松本文三郎氏	明治四十四年	(一九一一年)
波斯經殘片(國學叢刊第二號)	羅振玉氏	宣統三年	(一九一一年)

一 五種の卷子本古寫經

予輩は先づ滿鐵會社調査部に於て是の五種の卷子本を見たりし際、その卷子本の幅及び長さを測りたるに左の如し。

經論の名	殘存の長さ(横)	幅(縱)	一張字數
(一)賢愚經	二二尺六寸五分、	八寸一分、	十七字廿八行
(二)大智度論	三三尺八寸二分、	八寸三分、	約十七字廿八行
(三)大通方廣經	三一尺一寸五分、	八寸四分、	約十八字廿七行
(四)法華經玄贊義釋	六〇尺五寸	九寸四分、	二十七字廿八行

(五)大方廣十輪經　二一尺九寸五分、　七寸五分、　約十七字廿八行

右の中、最も完全に存せるは大方廣十輪經と大通方廣經なり、是れとて全部存せるにはあらざれども、十輪經八巻の中、第一巻序品は全部存せり、また大通方廣經は逸經なれば幾巻のものなるか今知るに由なけれども、今存せるものは首尾に左の題號あり。

大通方廣懺悔滅罪莊嚴成佛經　(首)

大通方廣經巻上　(尾)

是に依て案すれば、上下二巻か、上中下三巻の者かなるに相違なし、たとひ全部なくとも、一巻丈けが完全に存せる故、その內容を推知し得べし。　また賢愚經は、その經名なしと雖も中に、

大光明王品第十六(塗抹して二十八と改め居れり。)

優波斯那優婆夷品第十七(同じく廿九と改む。)(寫眞を見よ)

といへる品名の記載ある故、之を探りて現藏經中に存する宋本の賢愚經と其品次を同じくするを知り、其文を對校して、今存するものは、鍇陀身施品第十五の終りと、及び前記二品の全文なること分明となれり。『大智度論』は終りに大智度論巻三とあるゆへ、之を縮刷藏經(弘敎書院本)往帙第一冊の大智度初品中住王舍城釋論第五(巻第三)とあるに對校し、同じく第三巻の文にして、この巻中始め約一枚(弘敎本の一枚にて約一千四百字)を缺きたるのみにて他は第三巻完全に存せり。

五種の中、最も長きは法華經玄贊義釋にて、是は首尾全からざる故、如何なる佛敎なるか明

らかならざりしが考究の結果、慈恩大師(名は基、玄奘三藏の上足にて支那法相宗の開祖)の著せる法華經疏たる『玄贊』を解釋せること明らかとなり、假りに上記の名を與へたり。現存せざれば何人の著述なるかは不明なれど、樸陽大師(慈恩の資たる淄州大師の高足)の著述にかゝる現存の『法華經玄贊攝釋』に比較し、更に詳密にして該博なる識見に富むものゝ如し。昔躰の草書にして健腕直筆の妙を極むると倶に佛典註解書中の典型と稱すべきものなり。以下少しく是等石室零存の五種經典につき、いかなる內容を有し、いかなる特色を持てるかを解說すべし。

二 賢愚經

是の『賢愚經』は其題目を見ても普通の經典と同じからずして、支那選述の名目に親しきを感ぜしむるものなるが、梁代僧祐法師の撰せる賢愚經記(僧祐の『出三藏記集』第九卷に出づ、西紀五一〇年頃)に依れば、河西の沙門釋曇學、威德等が于闐國(Khoten)にて聞き得たる所を筆錄し、高昌(Kao-chang)に還りて之を撰集したる者にて、其の題目も釋慧朗なる人が之を命名したることを記せり。されば之を稱して小乘經典と稱するよりも、西方賢人の撰集として小乘部以外に置きたる『開元目錄』(智昇、唐開元十八年撰定)の判定最も當を得たるものと云ふべく、其性質より云へば『雜寶藏經』『撰集百緣經』等と同じく佛陀の本生譚(Jataka)なり。是經は弘教本藏經にては宿帙第九冊に收められ。元魏涼州沙門慧覺等在高昌譯と記され、十三卷あり。僧祐の記に依れば正に宋朝元嘉二十二年(西紀四四五年)に撰集せられたるが如し。而して是の經典につきて最も注意すべきことは、品次卷數等を異にせる多種類の經本を存せることにて、今日迄に世に傳はれるものゝ左の如し。

(1)契丹本　(弘教本賢愚經中に唯だ其品目を注せるものを存す)

(2)高麗本　(弘教本藏經の原本)

(3)宋本　(現存す、弘教本は之を對校す)

(4)元本　(同上)

(5)明本　(同上)

(6)西藏本　(高楠博士の Tales of the wise man and the fool に依る。西紀千九百〇一年七月の The Royal Asiatic Society 掲載)

(7)蒙古本　(同上)

右の外に今回得たる燉煌石室本を加れば正に八種の異本を得る次第なるが、前記の中、契丹本と云ふは、契丹道宗の時代(西紀一〇五七年―八四年頃)に彫刻せる大藏經に收めたるものにて、今日所謂契丹本の原本は一冊も未だ發見せられざれども、その刻本のありしことは他の書籍及び金石文にて證明し得べし。(予は近日その説を發表すべし)高麗大藏の再刻(西紀一二五一年刻成)を計る時、校訂者守其法師が契丹本に依りて其大多分を修正せること、『高麗新彫大藏校正別錄』に記せるが如し。而もその契丹本の形式を傳ふること、この賢愚經の如く詳かなるは他に類を見ざる所にして、また是經の異本多き一證とすべく、弘教本印成の際、別に品目對照表(高麗本と明本とを主とす)を作りてその卷首に掲げ居るにて其差異の著しきを知り得べし。　而して上記七種の中、宋元明三本は大體に於て相同じく、西藏本と蒙古本とまた相同じきより、之を總括して四種類と稱し得べし。即ち其の四種類といふのは、第一に品數の等しきや否やを調査し、第二に是の燉煌本に存せる大光明王品と優婆斯那品との具缺を調査し、之を分類せるものにてその表左の如し。

(本名)	(品數)	(二品具缺)
(一)契丹本	六九	二品缺。
(二)高麗本	六二	光明王品缺、優婆品具。
(三)支那本(宋、元、明、)	六九	二品具。
(四)西藏本(此中、蒙本を含む)	五一	二品缺。

次に是の燉煌本に收めたる第十五、第十六、第十七の三品を標準とし、聊か四本の品目(第十五より第廿二迄)を列擧すれば左の如し。

(麗本)	(宋本)	(丹本)	(西藏本)
鋸陀身施品第十五(卷三)	同品第十五(卷三)	同品第十五(卷三)	出家功德尸利苾提品第十五
微妙比丘尼品第十六(同)	大光明王始發道心緣品第十六(同)	(無)	沙彌守戒自殺緣品第十六
阿輸迦施土品第十七(同)	摩訶斯那優婆夷品十七(同)	阿輸迦施土品第十七(同)	長者無耳目舌緣品第十七
七瓶金施品第十八(同)	出家功德尸利苾提緣品十八(卷四)	大劫賓寧品第十八(卷四)	貧人夫婦疊施得現報品十八
差摩現報品第十九(同)	沙彌守戒自殺品第十九(同)	微妙比丘尼品第十九(同)	迦旃延敎老母賣貧緣十九
貧女難陀品第二十(同)	長者無耳目舌緣品第二十(同)	梨耆彌七子品第二十(同)	金人緣品第二十
摩訶斯那優婆夷品第廿一(卷四)	貧人夫婦疊施得現報緣二十一(同)	設頭羅健寧品第廿一(同)	重姓緣品第二十一

以上四種の原本の中、西藏本（蒙古本も大體に於て同じ）は、支那本より譯して其品數を減ぜしものなることは高楠博士の證明せる如し。然るに漢譯の中に就て、宋、元、明の三本は、すべての形式を同じくせる故、先づ大體に於て同一のものと認定し、假りに之を支那本と稱し。この支那本と契丹本と高麗本と三種の中、今の燉煌本は、何種の本に似るやと云に、前表の如く、

光明王品第十六

優婆斯那優婆夷品第十七

とある品目及び其の順序がすべて宋本と一致し、丹本、麗本とは全く異なること一目瞭然たり。麗本は優婆斯那品丈け存すれども之を第廿一品の位置に置き、丹本は全然二品の本文を存せざること守其法師の註に依て之を知るを得べし。而して是の燉煌本と宋本とにつきて一々文字の異同を校するに、內容の大體は殆んど一字一句も相違せざるほど符合すと雖も、題目の書き方に繁簡の別あり。首尾の文句に增減ありて、燉煌本が最も古式を存して元魏代原本の面影を留むることを推察せしむ。即ち燉煌本が光明王品と簡單に題せるに對し、宋本は大光明王始發道心緣品とあり。又た宋本が一品々々の首尾に普通一般の經典に存する常例の

如是我聞一時佛在、某國某處等（首）及び頂戴奉行（結）

と云へる首尾の文字を安置せるに對し、少しも經典類似の常例の文句なく、始めより終り迄、但だ物語の編集と云へる躰裁を持ちたるは、其筆寫せる文字の悉く唐代以上の古態を留め

たると倶に、最も上代に成れる寫經たることを示すものなり。而して是の燉煌本が品目の上を塗抹して廿八、廿九と改めたるは、（寫眞參觀）現存の何種の本とも其の順次を同じくせず。殊に最後に卷第七とあるは前表四本對校の卷數に比し何れも一致せず、想ふに是の卷第七とあるは燉煌本の最後に別種の零紙を取り合せたるものにて必ずしも是品目の卷數に非ることは、紙質の全く異なるを以て推定し得べし。但だ其の品目を書き改めたるは、當時（石室封鎖以前即ち西紀一〇三七年前）俗間に多くの異本行はれ、其等と一致せんために當時の人が妄に改めたるものならんか。是の零殘本のみを以て其の理由を斷定すること難し。

更に考ふるに弘教本藏經に收められたる高麗本賢愚經には、光明王品（燉煌本と同一の）なしと雖も、第十卷中に大光明始發無上心品第四十二あり。その內容は光明王品と同一なれど、文辭甚だ簡單なり、又た宋本には二品倶に存すと雖も、是の麗本の第四十二品に當るべき大光明品なし。（増上寺宋本に無しと註せらる縮藏宿帙九册三丁）是を以て之を見れば、是の零殘燉煌本は正しく増上寺宋本の原本たりと稱すべく、丹本麗本の中間に立ち、最も完全せる形式を示せるものと云ふべく、是の形式にして愈々最古の元魏譯に近きものとせば、賢愚經につきて最も完全なるは、丹本、麗本よりも時代の新らしき宋刻大藏（増上寺本）の賢愚經なりと斷定するを得べし。

二　大智度論

今玆處に列擧したる五種の經典中、敎義上よりするも、歷史上よりするも、最も重要なる地位を占るものは是の大智度論なり。是の書は本と『大品般若經』を註解せんため、印度大乘佛敎の始祖として有名なる龍樹大士の造られたる論なるが、單に註解書として價値あるのみならず、西紀二世紀頃に於ける印度佛敎の狀態、及び當時の社會狀態より惹て其當時いかなる經典が存在せしか、將た又た當時の佛敎徒は釋迦佛の傳記をいかに解釋し居りしか等の事實を探るに唯一の材料となるものにて、名は註解書とあれど、其の實、龍樹の學力識力を傾注して作成したる唯一の著述なり。されば佛敎徒は之を大乘通申論と稱して大乘佛敎の概論なりと稱し來りしが、他の一面より見れば、西紀後二世紀頃の印度の文明を反射したる一大叢書と稱すべし。今日現存せるものは麗、宋、元、明の四藏本何れも大躰に於て同種類のものなれど、丹本と對校して刻成せられたる麗本最も完全なるが如し。是の翻譯は羅什三藏、姚秦の弘始三年より同七年迄の間（西紀四〇〇—四〇四年）に翻譯せられたり（附祐の『出三藏記集』大智度論記に依る）と傳へらる。

予が前に現存四藏の中、麗本最も完全なりと稱する理由は、弘敎本（往帙以下一）の大智度論を披けば明らかなる所にて、高麗にて再刻の際、脫文ありしを契丹本に照して之を補ひたることは、當時の校正者たる守其法師の『校正別錄』に記す所たり。（弘敎本結帙九册、四十五丁以下を見よ）而して三本を通じて同一なる點は、左の二點に在り。

(一)品目の順序を記入すること。

(二)經文と論文との區別を明にせん爲め、經文の上に『經』字を、論文の上に『論』字を冠すること。

麗、宋、元、明の四本皆然るのみならず、丹本と雖も恐らく同一の形式にてありしならん。然

るに燉煌本の『大智度論』は全く是の二點を存せず、最も素朴なる古式に依れり、即ち零存の卷三中、麗本等の智論には、

大智度共摩訶比丘僧釋論第六（弘教本往帙第一册二十五丁オ）

大智度初品中四衆義釋論第七（弘教本往帙第一册二十八丁ウ）

と云へる品目を記入しあれど、燉煌本は全くその記入なく、第三卷を終る迄は、すべて一連に文字を記せり。　又た麗本には

〔經〕共摩訶比丘僧〔論〕共名一處一時一心一戒（下略）

等とあれど、燉煌本には、單に

共摩訶比丘僧者共名一處一時一心一戒（下略）

と記するのみ。　是の如く品目を作成し、或は經論の文字を加へて、其區別を明了にし、讀者の便利を計ることは、儒學の五經註疏の類が、宋代に到りて本文と註文とを會合し、或は區別を明了にすることを計られたる如く、何れも後代の發達を示すものにて、原本の時代を去ること甚だ遠きを示すものなり。　想ふに『開元目錄』（開元十八年西紀七三〇）出てゝより千字文にて函號を記し、經論讀誦の便利を計りし故、是の後に至りて、すべての經疏にも、經文と疏文とを區別する便利法が考へ出されしものなるが如し。　されば是の一條より論ずるも是の燉煌本は正に西紀七三〇年以前の寫經に屬すべきものなり。

さて是の零殘燉煌本を以て、麗本等の智論に對校するに、現存の智論は、何れも脫文、誤寫多

くして翻譯當時の原文を去ること甚だ遠く、殆んど意味を成さゞる箇處さへあるを發見せり。今その一二の例を掲れば左の如し。（括弧内の文字は燉煌本に依る。括弧外の文は二本同じ）

問曰已知耆闍崛山義、佛（普慈一切）何以故（獨）住王舍城（往帙一 二十二ウ終行）佛出世間、正爲欲度衆生著涅槃境界安隱樂處、是故多住舍婆提、不多住迦毘羅婆（多住王舍城、亦如是。 復次王舍城國、名魔伽陀、佛於此國界伽耶城）。（以上二十六字麗本等皆脫、而有佛於摩伽陀國六字。）尼連禪河側、漚樓頻螺聚落、（菩提樹林中）得阿耨多羅三菩提。（往帙一 二十三丁ウ初行）

歡喜已、於耆闍崛山頭、與衣鉢俱（直入山內）（麗本無是四字而有作是二字）願言、令我身不壞、彌勒成佛云々（往帙一 二十四ウ三行）

以上の諸文、若し括弧内の文字を加へされば、殆んど文を成さずと云ふべし。而して最も驚くべきは、現存麗本等何れも原本を改竄せる形迹あることなり。そは麗本（往帙一 二十六丁オ二行）に

我年一十九　出家學佛道　我出家已來　已過五十歲

とある頌文を、宋本元本明本は何れも

我始年十九（以下の句は同じ）

と記せること弘教本對校者が冠注を加へ居れり。然るに燉煌本を見るに、寫眞にて縮寫し出せる如く、明瞭に

我年二十九

とあり。　抑も釋尊出家の年代に關し、南北その傳を異にし、南方波利語經典所傳が何れも二十九歲出家說に一致せるに反し、北方所傳には、種々の說あり『法華文句記』には二十五歲出家說を並記し、『梵網經』には七歲出家說を出せども、最も多きは十九歲說と二十九歲說とにして、『佛祖統記』に出せる所を見るに、二說を揭げたる經論の名左の如し。

十九歲說　瑞應經、因果經、中本起經、大智度論。

二十九歲說　十二遊經、增一阿含等四阿含經、出曜經、和須密論。

而して『佛祖統記』は其宗の祖師たる荊溪（『文句記』の作者、西紀七八二年寂）の說を取りて、二十五歲出家說を用れども、支那佛敎家の用ゆる所は、すべて十九歲出家說にして古來我國に用ひ來れる所も亦是說に依れり。　即ち梁代僧祐（西紀五一〇年頃）の『釋迦譜』を始め、唐法琳（西紀六二六年）の『辯正論』、智昇（西紀七三〇年頃）の『續佛道論衡』すべて十九歲說なり。　睿智非凡の人たるを顯し道敎等の敎祖に勝れたることを示すには、二十九歲出家は餘りに遲し。　十九の靑年時代に出家したることは、いかにも生知の聖たるを示すに適せり、是れ一般に十九歲說を襲用するに至りし原因ならん。　さば『大智度論』の文も、始は燉煌本の如く「我年二十九」とありしを、麗本には二を誤りて一とせか、或は故意に改めたるか、何れにもせよ一十九は二十九の誤りなり。　然るに宋本に到ては全然その文字を改めて我始年十九と記し、始の一字を加へ、元本明本皆この改竄を襲踏せり。

元來是の『智論』第三卷の頌文は、『須跋陀梵志經』を引用せるものなることは、文中に自から記せる所たり、而して『須跋陀梵志經』といへる經名は今の大藏經中に存せざれど其の全文は、

『長阿含經』中の遊行經と同一にて、他に別譯せられて『佛般泥洹經』(西晋白法祖譯)又は『大般涅盤經』(東晋代法顯三藏譯)或は『般泥洹經』(失譯人名)と云へる者と同種の經本にて、波利語の原本も存在せり。而して事實は同じきことを記せるものなれど、白法祖の譯と失譯人名の二經とには是の頌文に當る文句を缺き、『長阿含』と法顯の『般泥洹經』とには、左の如き文あり。

我年二十九　出家求善道　須跋我成佛　今已五十年　戒定智慧行　獨處而思惟
今說法之要　此外無沙門　(長阿含經卷四、艮帙九二十一丁)

須跋陀羅、我年二十有九、出家學道、三十有六、於菩提樹下、思八聖道、究竟源底、
成阿耨多羅三菩提、得一切種智、即往波羅㮈國鹿野苑中仙人住所云々
(大般涅槃經卷下、艮十三十二丁ウ)

是の二文に對照せん爲め『大智度論』第三卷の文を出せば左の如し。

我年二十九　出家學佛道　我出家以來　已過五十歲　淨戒禪智慧　外道無一分
少分尙無有　何況一切智　(右は燉煌本大智度論に依る、初一句以外は宋元明諸本皆同じ)

右の諸文を對照すれば、二十九歲出家說は『大智度論』著者たる龍樹大士が之を承認して引用せることと確實にして、麗、宋、元、明諸本の誤りたることは燎として白日の如し。而も龍樹大士當時に『須跋陀梵志經』として傳へられたるものは、今の『長阿含經』遊行經と同一にして現存波利文經典と大躰に於て一致せることを認定すべく、佛陀傳記に於ても二十九歲出家說がいよ〱有力なることを承認せざるべからずと云ふべし。若し是の燉煌本『大智度論』の他

の卷子が存在して、現存諸藏本と校正するを得ば、諸種の新事實を發見し舊來の迷説を打破することを少なからざるべし。予等はこの零殘の『智論第三卷』を以て最も珍重すべき古正典にして、羅什譯の時代を去ること甚だ遠からざるの寫經たるを信ず。

三　大通方廣經

是經は首題に大通方廣懺悔滅罪莊嚴成佛經とあるに依り、大乘方等部に屬する經にして、而も大通の名は、『法華經』に出てたる大通智勝佛、十六王子等の因緣談と關係あるを示し、過去佛を列する中に、最初の二萬日月燈明佛、三萬然燈佛に次て南無大通智勝佛、南无十六王子佛などの名あるを見ても、法華經信仰と關係あるを認めらるゝものなるが更に、除去二乘者、唯有一乘在等の文字あるを見ても教義上、同一部類に屬すること明らかなり。而して懺悔滅罪の爲め佛名を稱ふることを勸むるが斯經の主義なるゆへ、予は是經を以て法華經信仰の中より生れたる懺悔稱名主義の僞經ならんと判定す。その僞經と認むる理由は、始めに十七菩薩を列する中に龍樹菩薩あり、又過去佛百七十佛（首に二萬日月燈明佛）を列する中に、無量壽佛及び十二光佛（阿彌陀佛十二名）あるに拘らず、現在佛九十一佛（首に釋迦佛）を列する中にも阿彌陀佛（無量壽佛の梵名）あり、後に未來佛四十佛（首に彌勒佛）を列し終り、三百〇一の菩薩名を列擧せる中、彌勒菩薩と慈氏菩薩（彌勒の譯名）とを並列し、あまつさへ曇無竭菩薩（『出三藏記集』に傳あり、北方幽州の人、西紀四二〇年頃印度に入る）と云へる北魏時代の人名をさへ列擧せり、以てその小智小才の者が巧智を弄して作成したることを推斷し得べし。されど是等と同型に屬する『佛名經』十二卷（『開元錄』卷十八、結帙五三十四オ）

が開元年中(西紀七三〇年頃)既に世に行はれ、近代の所集に似たりとて僞經錄中に收め、守其法師の『校正錄』にも僞妄なること明らかなれど、時俗盛んに奉行する故、遽かに除き難しとして正經中に編入せるを見れば、唐開元年代より燉煌初め北地に流傳し、高麗地方、東北一帶に是の種の信仰に包まれ居れることを察し得べく、是の『大通經』も同種にして唐代北地に於て編成せられたるものなるべし。

四　法華經玄贊義釋

この本現存せざれば、著者不明なれど、文中に

自佛法東流來九百餘年、所翻譯經論、惣有七種。

といへる文あるゆへ、宋初の著作なること明らかなり。佛法東流の年代は、『開元錄』にも

自後漢孝明皇帝永平十年歲次丁卯、至大唐神武皇帝開元十八年庚午之歲、凡六百九十四年。

とありて、後漢明帝の永平十年を以て東流の紀元とすること一般に用ひらるゝ說なり。唐初法琳法師が上殿下破邪論啓(武德五年、西紀六二二年)にも、

敎流漢土、六百許年

とあり。永平十年を起點として計れば、開元十八年は、六百七十四年(前文ノ九は七の誤植若くは誤寫)に當り、武德五年は正に五百七十四年にして未だ六百年に滿たず、宋太祖乾德四年(即位七年)が正に九百年に當れり、今の文に九百餘年とある故、まさに宋太祖太宗が佛敎の興隆を計りて譯場を設け、名僧學者を羅致したる時、法相宗の碩學が其の學才を傾けて是の註解書を作りしものゝ

るべく、譯語、譯文につきては甚だ精通し居りたることを判定せらる。是の卷子は啻に敎義上のみならず草書體が弘法大師の三十帖策子の筆法と一致せるより、全く唐代の書法を傳へたる珍書として尊重せらるべし。

五　大方廣十輪經

弘敎本玄帙七冊に、大乘大集地藏十輪經十卷（玄奘法師譯）大方廣十輪經八卷（失譯人名、今附北涼錄）二種の譯本を收めむ。是の燉煌本は北涼譯の『十輪經』と全く同じ。但だその首題が、弘敎本（即ち麗本なり）に、大方廣十輪經卷第一と記し、更に行を改めて序品第一とあるに對し、是の燉煌本は、佛說大方廣十輪經序品第一とあるに依り、宋元明諸本が、佛說の二字を加ふると同型にして、現存宋本の底本と同一たることを推察せしむ。

嗚呼燉煌石室の發見は、正に我が正倉院に十百倍したる寶庫の現出に相當せり。若しペリオ氏及び北京學部の古書を観見するを得ば、各種の方面に於て諸種の新事實を發明するに至るべし。今は但だこの五種の佛典を解說して大方の指敎を仰ぐのみ。（完）

新疆發掘の古畫に就て

瀧精一（1873—1945）

《史學雜誌》22-9，1911

新疆發掘の古畫に就て

（明治四十四年五月二十七日講演）

文學士 瀧精一

玆に新疆發掘の古畫と稱するは即ち西本願寺の支那新疆省に於て發掘した所の品物に就て云ふのである。西本願寺の法主大谷光瑞師は明治三十七年以來自身も行き、又人をも派して、前後二回新疆に於て古刹の發掘を行つて、其得たる所の品物を逐次內地に輸送したのである。本年以前に到著したるもの既に無數であるが、今春は又特に壁畫及佛敎の殘部を輸送し來つて居る。今春到著の分に就ては予輩は未た實見して居らぬから、今は其前に到著したものだけに就て云ふのであるが、先づ其發掘の地方を云ふと第一回の時は重もに和闐及庫車附近に於てし、第二回は重もに吐魯番附近に於てして居る。而して其の發掘物の品種を分類すると大凡次の如くなる。

(一) 佛典
(二) 經籍
(三) 史料
(四) 西域語文書
(五) 繪畫
(六) 彫塑
(七) 織物染物刺繍
(八) 印本
(九) 古錢銅印
(十) 調度雜品

然るに予輩のいま語らんとする所は繪畫であつて、繪畫は前到著の分を悉く見である。

發掘の繪畫は之を大別すると、壁畫と裂地に畫いた畫との二つに分れる。壁畫の方は其一部を久しい以前から京都の博物館に陳列してあるから、既に知る人も多い。その出所はと云ふと、何れも庫車の附近庫木吐喇である。裂地に畫いた畫は何れも襤褸の如くになつて袋に入れたまゝ持來られたので容易に見ることが出來ない。それを此頃引伸ばして裏打をさせて始めて展閲に便利なるものとしたのである。此裂地の畫は何れも第二回の發掘物で、出所はみな吐魯番附近であつて、三個所に分れる。三個所とは何れも吐魯番を基點として、南百四十淸里の吐峪溝、東南百二十淸里の木頭溝、西北二十淸里の交河城である。而して其中でも吐峪溝から出でたものは最大の部分を占めて居る。

さて新疆に於ける是等の土地に就て攷へて見ると、吐魯番は昔の高昌國、庫車は昔の龜茲國に當るもので、總じて是等の地は漢以來開けて六朝より唐に至つて中國の權威尤も盛に行はれた所であるが、唐の高宗のときに至つて一方に內亂が起るに乘じて吐蕃が之を侵略し、爾來主權を吐蕃の手に委したること屢々で唐末に至つて益々甚しい。そこで此土地の事情を記したものでは西域水道記、西域聞見錄など從來甚だ有名な書物であつて、其外にも幾分材料となるべきものがあつて、希には洞窟內の佛像繪畫の事を叙したものもある。然るに先年敦煌から發掘された遺書の中に吐魯番附近の地志を書いた唐代の寫本があつて、是は殘卷ながら甚だ大切なる材料となるものである。此地志は羅振玉氏が特に附けて西州志と云つた。之を見ると、唐代に於ける此地方の洞窟寺の狀況が誠に善く判る。然るにそれ等の洞窟寺は唐末以來大方荒廢し了つて、佛像壁畫其他窟內に收められた品物はすべて沙中に埋されたものであらうと思ふ。それを今日に於て偶然にも發掘するのであるが、元來其地の土沙は甚だしく乾燥したものである故に、當初經文其他を貯藏するにも別に木材の容器などを用ひないで、其壁を穿つて其中に之を收めたものゝ如くあり、今日之を沙中より掘出するに當つても壞裂はして居るものゝ腐蝕して居らんのは不思議である。佛畫などは殆んど畫き卸しの如くに鮮美なる色を有して居るものが多い。但し物に依つては火に燒かれ水に洗はれた形跡のあるものをも見るのである。

尙ほ繪畫の事を語るに先つて佛典其他の古書類に就ても其大略を一言するの

必要がある。但し此方は予輩未だ其全部を閲覧した譯ではないが、先づそれは年號の這入つて居るものが大分ある事は事實である。今日迄實見した中で年號の最も古いのは泰始五年(西暦二六九)であつて、是は罪人の逮捕状として用ふる木片に書してある。スタイン氏の和闐に於て發掘した同種のものにも泰始五年と記したものがあつた。それから寫經では諸佛要集經の斷片が元康六年(西暦二九六)書寫の奥書を有して居る。是斷片の事に關しては松本文三郎君が『藝文』紙上に於て既に書かれて居る。之に次いで建初七年(西暦三九二)の奥書のある法華經なども古い方である。其他にも六朝時代の年號あるものは存在するが、或は建昌、延昌(北魏の延昌とは異る如し)など云ふのがあつて、それ等は何所の年號であるか未だ判然しない。唐朝のものに至つては龍朔、麟德、乾封、天寶、大曆等の年號あるものが多い。而して唐末以後の年號あるものは未だ一つも見當らぬ。ともかくも年號の明記したものがあるからそれ等に照らして六朝から唐に至る迄の間に於ける書態の轉化變遷はおのづから明瞭となる。六朝の寫經の如きは隷書を以てしたるもの多きに居つて、其風趣如何にも高雅典麗で、唐代のものに比べて一段の相違あるを認める。

繪畫に至つては古書に比して數量の劣る爲に年號の明記されたものが甚だ少い。裂地の畫の方には一つ大曆六年(西曆七七一)とあるものがある。次には□寶十載とあるものがあつて、是は恐らく天寶十載(西曆七五一)であらうと思ふ。裂地の畫の年號のあるものは是れだけであつて、壁畫の方には年號はないが「大唐」云々と書したものがある。新著の壁畫には銘文のあるものが數個あるさうだが年號はないとのことである。少數なりとも、ともかくも是だけ年號のあるものがあり、又同時に發掘されて居る古書類に上述した如く年號あるもの多く、且つそれ等にも唐末以後のものは交つて居らぬと云ふに至ては、發掘の繪畫のすべても亦唐末以前のものであらうと推定する事が出來る。况んや之を從來見る唐畫の遺品と、併に唐畫を模倣した日本古代の繪畫とに比較するに其相似たる甚だしきものがある。唯六朝時代の畫が交つて居るかどうかの問題であるが、一つ交河城の洞窟から堀出した墨描の佛手を畫いたものが、其紙質が同所から出た六朝文書と全然同一であるの故を以て或は六朝の畫ではなからうかと論ずる人もある。併し是は固より單簡なるもので畫として參考になるほどのものではない。若しそれが六朝畫なりとすれば、唯一のもので珍らしいと云ふだけに止まる。此一品の疑問となるものを除けば、他は皆な唐朝のもので、而かも天寶大暦前後のものを多しとすと想像するが至當である。

今特に發掘畫に就いて所見を述べるに當つて壁畫の方を先にして云ふと、抑も支那に於て寺院の壁に繪を畫くことは餘程古くから行はれた事と思ふが、唐朝に於ては六朝以來のものが隨分澤山に存在して居つたらしい。それは張彦遠の暦代名畫記などを見ても判る。かの書物の中には兩京寺觀の壁畫の品目が擧げられてあつて、その壁畫のある寺の數は六十有餘となる。然るに是等は武宗の廢佛に因つて打ち毀されて張彦遠の時にも既に大方は失せて了つて、唯李德裕が甘露寺内に取集めたものが殘存するのみであつたと云ふ。宋の始になつては成都に少數の壁畫のあることを郭若虛が說いて居る。又東坡が王維、吳道子の壁畫の評論を試みた詩もある所から見ると、唐代の作物が幾分かあつたのであらう。けれども要するに唐末に至つて中國の壁畫は甚だ乏しくなつたに相違ない。今日に於ては勿論古い時代の壁畫など見ることは難いのである。然るにいま支那の本部に於てではなく新疆の偏鄙なる地に唐朝壁畫の存在を見ることの出來るは眞に面白い事と思ふ。聞く所に依れば新疆の壁畫は獨逸人が尤も多く持去つたとの事である。獨逸人の中には自身の持去る能はざるものは故意に打毀して行つたとの説もある。果して然らば彼等は餘程下等である。

本願寺の壁畫の斷片を見るに、其作法は何れも沙岩の洞窟の壁の上へ塗るに藁を交ぜた泥土を以てして、又其上に胡粉を塗つて而して彩色を施して畫を畫くのである。即ち其畫は所謂フレスコ畫であつて、我法隆寺の壁畫などゝ比べて同一である。その畫く所は何れも宗敎的題材であつて、佛體人物の容貌姿態は頗る西洋風なるもあり、又或は顏を種々の色に塗つた一種異相のものがある。支那流に云へば所謂胡貌梵相である。即ちその形相を見たのみでそれが一方印度の藝術とも關係のある事が判る。其の畫法は何れも著色畫であつて、大要三種に分つ事が出來る。(一)は盛に彩色をして、線に色線を用ひて且つ陰影を現はすの目的を以て激しく渲暈を施す者である。(二)は彩色も盛なり、又色線も用ひられて居るが、渲暈あまりに甚したらず、渲暈はあつてもそれは陰影を現はすと云ふよりも寧ろ裝飾的に色調の變化を示さんと欲するものである。(三)は純然たる單色の線畫なるもの、但しその線は墨を以てせずして、朱を以てしたるものである。此類のものは僅かに一個を見るのみであつた。是れ或は古人の壁畫に就て云ふ「白畫」の一種であらう。尙此度新著のものには盛上け彩色のものもあると聞いて居る。

以上三種の中(一)は其畫法が一面アヂャンターの壁畫に似て居る。アヂャンターの壁畫は線畫であつて、色線を用ひて且つ陰影の爲め渲暈を盛んに施して居る。殊に其肉身の上に施す渲暈の如きは全く同一の方法を以てするのである。即ち彼と是とは直接なる關係はないまでも、其起源に於て共通なるものを有することは明白である。次に其アヂャンターの壁畫との類似は又我法隆寺の壁畫に對しての類似點でもある。尤も法隆寺のは技術に於ては遙か上位にある。法隆寺のは東洋壁畫の最優物には相違ないが、併し其畫法は甚だ相類する。そこで此新疆の壁畫は丁度印度のものと、我日本の上代のものとの中間に位するものであつて、之を實見する事に因て、西域藝術東漸の經路は益、明白となるのである。尙ほ壁畫と其陰影的渲暈との關係に就ては更に考ふべきものがあるが、それはこゝに述べる遑がないから他日に讓るであらう。

裂地の畫は少くも五十種に分つ事が出來る。而して先づ其の材料はと云ふと、其裂地は大方絹であつて、唯一つ木綿のものが交つて居る。紙に畫いたのも少々はある。絹の質は却々多くの種類に分つことが出來るので、それには大體厚手のと薄手とがある。厚手のには太糸と細糸とを混ぜて織つて、恰も紬の如く見えて而かも光澤の意外に強いのがある。それと同質にして目の甚だしく荒いのもある。又厚手で細かくして寧ろ光澤のないのもある。然るに薄手の方は厚手の方よりも多數を充たして居る。薄手と云ふ中にも幾分厚薄の差はあるが、併し此方は概して軟密である。又薄手の方には練つたのと練らないのとの兩種がある。

尙ほ詳しく調べると種々の區別が認められるのであるが、總じて其種類は少くも十程になるであらう。從來は支那に於ては宋絹が一番上等であつて、殊に院絹と稱するものゝ如きは軟密の極である如く言はれたのであるが、今は此發掘品から考へると唐絹の製法の意外に發達して居るには驚かざるを得ない。次に色彩の事であるが、先づ彩色の麗はしからざる畫は甚だ尠いのであるが、唯一つ羅漢畫の背景の樹木を畫いたものゝ斷片に殆んど水墨なるがある。要するに色彩は變色したるもの甚だ少く、多くは立派に昔のまゝの調を殘して居つて、而してそれには今日迄日本の畫家の用ひ來つた繪具の色は大方認めることが出來るやうである。

紫色は植物性の赤と藍とを混溶して作る色であつて、殊に褪色を恐れるものであるが、發掘の斷片にはそれの少しも褪色しないのがある。又朱の上に臙脂らしき繪具を以て隈取をしたものは極めて壯麗の色を呈して居る。金泥を用ひたものは多々ある。金箔を置いて泥に代へたものも見られる。併し箔を切つて細い文樣を作る、所謂切金法なるものは未だ見當らぬ。

次に著るしい畫片に就て概略の性質を述べると、先づ吐峪溝から出でたもので紬の如き質で而かも光澤のある絹を三幅合せて高さ四尺以上ならんと思ふ一個の佛畫は、斷片の尤も多くを存するもので、圖は中央に蓮花上に結坐する佛があつて、其頂上から光雲が發して光雲の間に諸種の樂器が飛び、左右上下には菩薩及人夫の像を畫いたものである。又畫の中央上位には圓形の中に梵字を書して居つて、其梵字は阿彌陀の種子である訖利 Hrih であるから、即ち其佛の阿彌陀なる事を知るのである。其畫技は頗る見るべきもので、決して凡庸なる畫家の手に成つたものとは思はれぬ。佛體の形相は全く支那化したもので、日本の佛畫に見るものと大差ないが、細かい點に至つては未だ曾て見ざる特異のものもある。手法は先づ墨線を以て輪廓を畫いて、上に濃厚の著色をなして、色線は一切之を用ひない。其描法は鐵線描法、遊絲描法とも少しく趣を異にして、筆の當り強く幾分肥瘦の別をも有するものである。著色は朱色上に紅色の隈取をなしたるものが群青と相應じ、加ふるに金泥の文樣を以てして居るから實に絢爛の極である。察するに此畫の如きは新疆土著の畫家の手に成つたものでなく、長安あたりから持來つたものと思ふ。

前述の如き名畫ではなく、技法も稍や磊落であるが、薄手軟密の絹へ畫いて竪二尺幅一尺餘殘つて居る畫の、上方に蓮池上の勾欄に添ふて多くの菩薩が長脆して樂を奏する所を寫し、下に銘文を書したものは亦頗る參考となるものである。即ち其銘文は前記した大曆六年の年號のあるものである。此銘文を書したる部分は恐らく畫の下邊中央であるが如く、又其左には縱に幾つもの區劃をなして、それに何等か供養の圖らしきものを畫いて、其一區劃毎に一行宛の文を書して居る。此銘文のある部分や並に圖の組立から推して攷へるに是は必ず一種淨土變の圖であるに相違なく、又日本に於て見る觀經曼茶羅と殆ど同性質のものたる事が判る。日本の觀經曼茶羅として尤も古きものは當麻寺の俗に中將姬感得の曼茶羅と稱するものであるが、あれは今では大部分朽ちて居つて、殊に下方銘文のあたりは全くなくなつて居つて、唯中古其朽ちざる以前に寫した所の模本があつてそれに依つて原本銘文の位置を知るのみである。然るに今此斷片を見ると、矢張り我觀經曼荼羅の模本に傳へられたと同じ位地に於て同じやうに銘文が書してある。元來此度の發掘畫には阿彌陀に關する畫を見ることが著るしく多いのである。それはつまり善導大師の感化に依つて然るものと認めることが出來るので、現に發掘の古書中には「比丘善導」の名を署して、善導自身の書ならんかと思はるゝ願文樣のものが一片存在して居るのである。そこで此畫と前述の畫との外に今ひとつ阿彌陀に關する畫の著るしきものは何かと云ふと、それは衆聖の雲に乘じて來迎する所を畫いたものらしくある。是は小片であるが却々精妙の畫である。

何等かの佛を中央に畫いて左右に菩薩を侍せしめ、下方に供養の爲の奇形なる臺を畫き、左右は縦に繪表具の如く二寸程の幅さの線條を設けて其中に圓相中の佛體及花文を按排したものがある。是外別に弓箭を持して、武裝したる人物が列立して禮拜する所を畫いた斷片があつて、是も矢張り同筆と認むべきもので、何れの部分にか繼合はさるべきものと思はる。描法は前の阿彌陀の畫に似て居るが、いま少しく當りが強く、寧ろ釘頭描法に屬するものかと思ふ。日本の畫では東大寺の華嚴善財童子の卷又は高山寺の華嚴緣起の卷などに似た運筆があるやうに思ふのである。

佛體の頭の部分や上體だけを殘した斷片は多々あつて、それには地藏尊もある。又何とも名の知れぬ菩薩もある。それから金剛神の類もある。畫の巧拙も亦種種である。其中に一二菩薩の寳冠を載き瓔珞を附けたるものに、姿態は勿論顏色まで全然我天平畫と稱し來つた菩薩と一致するものがある。即ち其顏色は太くして長い半月形の眉が互に接近して居つて顏の一體に豐滿なるもので、日本では俗に之を天平のおたふく貌などと云ふものがある。唯木綿へ畫いた菩薩が他のものと畫態を異にする。是は一見すると麻布かとも思ふのであるが、善く見ると木綿の上へ厚く胡粉を塗つて其上へ畫いたもので、其作法恰も壁畫のそれに似て居る。是は線の細い彩色の濃厚なものであるが、繪具は何れも上質にあらず、又金泥など用ふべき部分は雌黄を以て代用して居る。裂地の畫としては是一品だけは類品を見ざるものであつて殊に珍らしく、又是は恐らく新疆土著の畫家の畫として特色あるものと思ふ。

次に佛菩薩の形狀を主として畫くものと異つて、佛傳を畫き、又幾分風俗に近づかんとする性質の畫もある。其一は悉達太子が馬上城門を出でて人の死人を擔ぎ行く所を寫したもので、所謂三苦の中の死苦を知るの圖であらう。是畫に專ら簡略であるが、樓閣城門の作法面白く、又我天平の因果經に酷似したる點に於て參考となるものである。是と類似して矢張釋迦傳の一部であつて、摩耶夫人が右脇より太子を生むと云ふ文句を書いて、その光景を寫した畫がある。凡そ佛傳を畫く畫には其持前としておのづから國土風俗の狀を現はすものがあつて、此點に於て這種の畫は普通の佛畫と性質を異にするのである。乃ち此佛傳の畫の如きも亦伴ふに樓閣以外樹木及び山を以てして居る。是に依て幾分當時の山水畫の手法をも窺ふことが出來る。風俗畫に近きものは甚だ少數であるが、一つ佛畫の背景の一部らしき斷片に比丘が大勢剃髮して居る所を畫いたものがある。是も小片であるが、圖法甚だ見るべきものである。

前述の畫は夫の木綿地の一片が交河城趾より出でたのみで他は何れも皆な吐峪溝から出でたものである。然るに又此に木頭溝から出でたもので他に類品のない面白い畫がある。是は前にも一寸云つた羅漢畫の背景の一部分である。斷片は數個あるが羅漢の部分は全く缺けて、唯侍童の顏と覺ぼしきもの丶一片があるがその精緻なる驚くべきである。併しそれは一小片であつて他は何れも背景としての樹木の部である。即ちその上方には長方形の輪廓の中に「第二尊師迦諾迦」

の七字が各字方一寸大位に書してあつて、其右方に樹木の枝が現はれて居るのである。而して此書は何人が見ても唐人の態なる事が容易に知り得らるゝ。侍童の顔面に依て見ると、淡著色があるから、此羅漢畫の全體は著色畫であつたらしい。併し樹木の部分は全く水墨である。其樹法は蟹爪法と稱する法式のもので、是と同法式のものは宋時代の年號の這入つて居る所の、我大德寺の五百羅漢の背景にも見られる。然ながら是は彼のものよりも遙かに優れた畫である。之に比すると彼の大德寺の(特に林庭珪筆の方)は俗畫の感を免れぬ。唐代には盧稜伽など云ふ人が羅漢を畫くを以て有名であつたが、是畫或はそれ等の名家に近き人の作ではなからうかと思ふ。一體羅漢の唐畫に屬するものは遺品頗る罕なるもので、支那でも羅漢の畫と云へは大抵は禪月以來の人を擧げる。習になつて居る。然るに今唐畫と認むべきものに此の如き遺品あるは珍とすべきである。唯惜むらくは其背景以外の部分を遺すこと少き事を。

まだ此等の外にも裂地へ畫いたものゝ斷片は澤山ある。又板本の畫及繍物に現はれた畫もある。是等にも面白いものはあるが、今は論ずることを略すのである。それから又畫技を見る上には大なる關係のないものであつて、一種不可思議なる印相の如きものを畫いたものがある。是は二片あつて、一は紙に畫きし線畫で、一は絹地著色の畫である。何れも手を澤山に畫いて何事か意味あり氣の形を呈して居る。絹地の方は或は千手千眼觀自在の一部ではなからうかとも思ふが、未だ確然と定むる譯にはゆかぬ。ともあれこれ等は何等か密敎に關係あるものではなからうかと思ふ。但し此等の外に正しく密敎の畫と認むべきものはないやうである。そこで是事に就ては尚ほ宗敎史專門家の意見をも聞いて更に研究を重ねたいと思ふのである。

上述を以て大略の說明を終るのであるが、要するに發掘の畫片はすべて宗敎畫であつて、宗敎畫としては題材の種類も多く、時としては風俗を寫し、自然物、自然景をも寫すものあり、又技巧に於ても樣式の變化尠からず、殊に其精妙に驚くものもあるのである。日本に於て唐畫隨一の遺品たる李眞の祖師像の如きは是等斷片中の或者と比較して全く相一致するもの丶ある事を認めるのであるが、併しかの五幅の如きを以ては未だ唐畫の一般を知る事は出來ないのであつた。然るに發掘の畫に依て吾人の唐畫に對する智識は甚だしく擴大せられた譯である。加之日本の上代畫の淵源する所も亦此發掘畫に依て明白となるものが多い。法隆寺の壁畫がアヂャンターのそれに似て居ることは誰も認める所であるが、アヂャンターの壁畫の如きものが直ちに日本へ傳はつて來たと考へる譯にはゆかない。何にか中間に介するものがなくてはならぬ。其他日本の上代殊に天平から平安朝に至るまでの畫が唐代のものを寫したものであらうとは歷史上から考へて然るべき事とは思つても、今迄はそれ等の事に就て實は想像をなすに止まるものが多かつた所が、今度新疆のものを見て、始めて實物の證據が得られた譯である。尙ほ本願寺の發掘が此後如何なるものを齎らして來るかは判らんが、とにかく今迄のものだけでも、學界の爲に大なる研究資料を供する事は疑なく、我等は大谷伯に對して大なる感謝の意を表せざるを得ない。又獨佛英等の學者が各々其本國に持歸つたものも之と共に研究することが出來たならば非常に面白い事であらうと考へる。（畢）

新疆の發掘品

瀧精一（1873—1945）

《國華》257、1911

新疆の發掘品

瀧節庵

支那新疆省の探檢は近年歐洲諸國の學者に依て行はれしが、我國に於ては西本願寺の法主大谷光瑞師が自ら中央亞細亞より印度に入り又人を派して新疆各地に之を行へるあり。卽ち其探檢は明治三十五年に始まりて前後二回行はれ、其度毎に發掘に因て得たる古物の量は夥しきものなり。探檢の經路方法等に關する事は暫らく措き、其古物を發掘したる地方を擧ぐれば、第一回の探檢に際しては重もに和闐及庫車の附近に於てし、第二回は吐魯蕃を中心として更に庫車及其他の地方にも亙れりと云ふ。今ま前後二回に於ける發掘品を其品種に依て分類すれば大凡次の如くなるべし。

(一) 佛典
(二) 經籍
(三) 史料
(四) 西域語文書
(五) 繪畫
(六) 彫塑
(七) 印本
(八) 染織物刺繡
(九) 古錢銅印
(十) 銅器陶器其他調度

以上の中、尤も多數を占むるは佛典にして、之に合するに經籍史料等を以てすれば、東洋學研究の資料となるもの甚だ多く、加ふるに、其書態は時代を逐ふて轉化變遷し或は筆跡の秀妙なるものも多々交はりたれば、古書の研究に取りては無上の材料と云はざるべからず。從來我國に於て見る所の古寫經など是等に對しては眞に顏色なきに至れり。又是等書類は一々其年代を確定するは困難なれども其中には間々年號を記入したるものもあれば、是等より推して他の年代も大略は攷ふるを得べし。其記されたる年號の古きものを云へば、例へば罪人逮捕狀として用ふる木片に、泰始五年(西曆二六九)六月と記せるは尤も古きもの、一なるが如し。英人スタイン氏が和闐地方にて發掘して得たる同種のものにも泰始五年の年號あれど彼には十月とあり。佛典に於ては元康六年(西曆二九六)の奥書あるものは諸佛要集經を書せるものにて頗る見事なり。之に次いで建初七年(西曆三九二)の銘ある法華經など書法美にして且つ古き方なり。建昌、延昌(北魏の延昌に非ず)など云ふ年號のもの屢、見當れど、其果して何國の年號なるやを詳にせず。唐朝のものには龍朔、麟德、乾封天寶、大曆等の年號あるもの甚だ多し。而して其年號なきものも、其書態より攷ふるに何れも唐末以前のものにて其以後のものは存在せずと思惟するを適當とすべし。

書類に次いで著るしきは繪畫にして、繪畫は壁畫と幷に裂地に畫きしものとの兩種あり。何れも斷片にして完全なるものとてはあらざるも、其數や甚だ多し。壁畫の斷片は數十箇にして、若し之を種別にすれば十餘箇となるべく、其中には或は銘文の添ふて正さしく唐代のものたるを表せるものあり。要するに其多くは一面印度アヂャンターの壁畫に似たる所もあり、又一面は我法隆寺の壁畫にも類したるものありて明かに西域藝術東漸の順序を示すを以て頗る吾人の感興を惹起す。裂地畫の斷片は大方絹地なれど又木綿に胡粉を塗りて其上に彩畫せるものもありて、其量甚だ多けれど、若し同類を求めて繼ぎ合せをなすに於ては恐らく數十種に分つを得べし。年號記入のものは唯二片にして、一は天寶十載(西曆七五一)にして、他は大曆六年(西曆七七一)なり。是等より推し又同時に發掘せる書類の上說の如く何れも唐末以前のものなるより推して攷ふれば、畫片のすべても亦唐末以前のものなるを知るべく、但し六朝のものは交れりや否や疑問なり。又其畫片は技術の種類等級も區々にして、其精巧なる或は帝都に近き畫家にあらざれば能くせずと思ふものあれど、又或は其畫風の如何にも土著の畫手のものしたらんと考ふるものも存せり。

言ふ迄もなく從來は宋朝以前の支那畫の遺品を見ること甚だ罕にして、唯幸にも日本に古く唐畫を傳へたるものありて幾分の徵證をなすべけれど、それとても僅數にして一般の技法を知るの料とはならず。寧ろ日本畫の古きものが唐畫を摸擬したるものなるが故にそれに依つて唐畫を想像するを便利とせり。然るを今ま試に發掘の畫片を我國の遺品と比較せんに、先づ東寺所藏の李眞筆の五祖像と全く同一なる技法の畫は夫の斷片中に於て尤も多きを認むべく、兩々相合して研究すれば茲に始めて唐畫の日本畫と異る所以の特色も闡明せらるべし。又釋迦傳を畫きたる斷片の如き我天平の作物たる因果經に髣髴たるあり。阿彌陀如來に關係ある圖の斷片は殊に多數にして、想ふに是は唐朝に於て善導大師の感化に基きて淨土敎の夙に此地に弘布せられたるに因るものならんが、其畫には頗る我天平乃至平安時代の佛畫に近似したるものあり。大曆六年の銘文ある畫は下方の一部を留むるに過ぎざるも正さしく我當麻曼茶羅と一致すべき性質のものなるが如し。其他にも類品はいと多けれど、一々枚擧するの遑を有せず。

次に古錢は西域錢及漢錢の兩種相合して數百個の多きに上り、銅印亦十餘個ありて何れも考古學上の資料として貴重なるは贅するを須ゐず。然れども若し藝術的方面より見て閑却すべからざるものは彫塑及織物染物刺繡の類なり。彫塑は大形のものは運搬の困難大なるが爲に何れも解體して、首手足等をのみ持ち來れるが多く、完全なるものは至つて少し。然れども其技術には頗る侮り難きものありて、殊に形狀の變化多きには驚かざる能はず。日本古彫刻の淵源を徵すべきものも固より存せり。小形の塑象亦珍愛すべきもの尠からず。織物は精巧なるもの數種を有し、其中に一片花文の渲暈的色調を巧に織り出せる綴織あり。又製法は粗なるも我法隆寺にある四天王紋旗と同様のものあるも奇なり。染物には﨟纈尤も多く、其製法亦我上代のものと同一にして精巧を極めり。刺繡の斷片は其圖案を見るに於ても有益なるものありて、一個天人の飛行する姿を繡にせしものなど優れて面白く、製法も緻密なり。絲の色は褪めたるも、もと壯麗を極めたるものゝ如く、上に切箔を用ひて縫ひたる所尤も注意すべし。我國の佛畫の切金法は未だ其起源を明にせざるも、今ま此唐代の繡に用ふる縫箔を閲するに、或は是より轉化したるものならんかとも思はる。今ま本誌には佛畫及寫經の斷片中重要なるもの各一を登載して讀者に紹介せん。

登載佛畫の斷片は吐魯蕃附近吐峪溝に於て發掘せられたるものにて、是れもと絹三幅を合せたる高さ五尺程の佛畫の一部なり。惜いかな其全體は壞裂したるも殘存の部十餘所ありて、それ等を繼ぎ合せ見るに、中央に蓮花上に結坐する本尊ありて、其頂上より光雲發し、光雲の間に諸種の樂器を飛ばし、又其中央の上位に圓形中梵字を書するあり。其梵文は訖利(Hrih)にして、阿彌陀如來の種子なれば、卽ち此像亦阿彌陀なるを知る。而して此本尊の周圍には菩薩及人天の像を畫き、四方には特に四天を配したる如し。今ま此斷片の像は右下の隅に位するものにて、恐らく四天の一なるべく、右上の隅に毘沙門天の坐するより推して攷ふれば、東方持國天なるや明なり。

そも此一組の佛畫は發掘の佛畫中尤も著明なるものゝ一にして、其技術亦頗る精妙なり。絹地は厚手にして麤細不同且つ平滑ならず、稍紬の質に似たり。佛體の形相は何れも善く整ひ筆法亦謹嚴にして燥裂の氣なし。そも從來見る唐畫には鐵線描法若くは遊絲描法のもの多くして、それ等の線は何れも肥瘦なく一樣の太さを有するものなるが、是畫の描法はそれ等とは異なりて、形に應じて幾分の肥瘦を現はし、又頗る勁直の風を有するものあり。之を我國の畫に比すれば、古土佐の畫の或者に於ける描法に似たる所多しとす。面貌は減筆にして眉毛など焦墨を點して之を一方に暈するに止まるも、而かも生氣煥發せり。配色に至つては壯麗の一語を以て盡すべく、其顏料は何れも上質のものを用ひたる如く、一千餘年間沙中に埋もれて、今日是の如き鮮美の色を見るは解し難きに似たれど、彼地の土沙は固より乾燥したるものなれば、其中に埋もれたるは空氣中に存在するよりも却つて腐蝕を免るゝものなりと云へば、是れ亦決して怪むに足らざる事なり。

次に出す寫經の一片は庫車附近庫木吐剌に於て發掘せられたるものにて、文は諸佛要集經の一部を書したるものとす。經文十八行ありて、別に奥書五行あり。其文に曰はく

□康二年正月廿二日月支菩薩法護手執□

□□授聶承遠和上弟子沙竺法首筆

□□令此經布流十方戴佩弘化速成□

元康六年三月十八日寫已

凡三萬十二單合一萬九千五百九十六字

法護の此經を譯したる年代は從來所傳なく、是文に依て略ゝ知るを得れど、第一行康の上の一字缺けたるを以て其太康二年なるや將た元康二年なるやを知る能はざるは遺憾なり。されど第四行に至つて此寫經の元康六年なることを明記したれば、卽ち是れ西晉の始にして、寫經中の最古なるものゝ一なるを知るべし。今ま書態を見るに、隋唐の寫經に見るものとは全く異りて楷法にあらず、寧ろ隸書の態なりと云ふべし。隸書は漢代に於て盛なりしものにて六朝の初期

には之を用ふるもの猶多かりしが如く、特に此寫經に於けるが如き典麗高雅人をして讃嘆に堪へざらしむ。

及諸發意建志學道[illegible]學者悉令
一切有聞并與發覺及[illegible]菩薩若有一人
[illegible]未世悉供養此諸如來衆一切施安過度
[illegible]佛等來无異福寧多不弥勒白
世尊無所譬喻其心因緣不識所趣其
言不可稱計福无限量佛言善有善薩
讀為他人說得一反聞而悅
[illegible]福多於彼供養諸佛佛語弥勒我今
[illegible]是後假使女人聞離意女名德之義
並菩薩之號天王如來并此經法因聞斯
便變化竟是一世轉女人身得為男
莫之道為最正覺未成佛須世[illegible]
[illegible]諸[illegible]不閑常識宿命
[illegible]持三十二相莊嚴其身所在遊居不
大可稱計若有女人得聞[illegible]名然後亦當
得化生[illegible]以者何諸大[illegible]威神[illegible]
如此功勳佛說如是[illegible]
須輪[illegible]聞佛[illegible]歡喜
[illegible]菩薩法護手執
授[illegible]承遠和上弟子沙門竺法首筆
令此經布流十方戴佩弘化速成
元康六年三月十八日寫已
凡三萬十二章合一萬九千五百九十六字

スタイン氏の中央亞細亞發掘品に就きて

瀧精一（1873—1945）

《東亞研究》3-1，1914

スタイン氏の中央亞細亞發掘品に就きて

瀧 精一

スタイン氏の中央亞細亞探檢は已に前後二回行はれ、其第一回は去る一九〇〇年より翌一九〇一年に亙り、新疆省の南部、「コータン」地方を主とせるものにして、その第二回は一九〇六年より翌々一九〇八年に亙り、甘肅省方面に及び、玉門關、燉煌の千佛洞にて多くの發掘をなしたり。その支那古代文明史――殊に美術史に寄與する所多きはいふまでも無き事に屬し、前回の研究報告は已に「古代の和闐(エンシエントコータン)」として出版せられて學界を賑はしたるが、第二回のはたゞその旅行記が「支那沙漠の古跡(ルーインスオブデザートカセイ)(?)」の名にて公にせられしのみにて、その研究報告は未だ發表せられず。たゞし明年に及はゞ「支那と印度(セリーエンドインディア)」の書名にて學界に一權威を與ふるに至るべきやに聞き及べり。蓋し氏の研究は、その將來品をば各々其專門家に分ちて研究せしめ、その結果を纏むるにあるを以て、その報告は比較的短時日にして公にすることを得る也。

余がこゝに紹介せんと欲する所は、氏が第二回の發掘品の一部——外遊中に實見せるものに就きての余の考察なり。氏の發掘品は目下は「ロンドン」なる大英博物館（ブリチッシユミユーゼアム）にあれど、その階上に陳列せられあるは僅々二三點にすぎずして、餘は地下室に藏められあり。(同館の階上には氏の第一回の發掘品は多く陳列せられたり。)しかもその地下室なる發掘品を調査するには、少からざる面倒ありしが、幸にして館長その他の人々の好意によりて、印度にありたるスタイン氏には手紙を出し、その返事の到着に先ちて、兎に角一應の調査に着手し、氏の返簡はその後に落手せりしが、それには寫眞を撮らざること。日本にて研究の公表をなさゞること等の條件付きにて余等の調査を許し來れり。スタイン氏は氏等の報告發表に先ちて、その發掘品に就きての研究が世に公にせらるゝを非常に恐れ居るに似たり。

さて該發掘品を見るに、文書（マヌスクリプト）を最多とし、その種類には回紇文のものもあり、サンスクリットのものもあり。カローシュチー文字のものもあれど、漢文のもの最多數に上れり。文書につぎては繪畫、彫刻、佛器、調度類、染織物、建築物の部分（デテール）等も見られたり。

さてこれらの發掘品に就きて、京都大學の狩野博士は漢文歷史に關するもの、余は繪畫、彫刻、漢文に關する方面、而して中頃より文部省留學生として來れる京都大學の濱田文學士も之れに加はりて、約二ケ月にして一通りの調査を了したる也。しかもその繪畫の寫眞などをとることを得ざりしは遺憾なれども、幸にして余の知人にしてスタイン氏より、繪畫の方面の研究を委ねられ居たりし「ベルギー」のペトルッチ氏の好意によりて、その繪畫の一部分の寫眞を得たればこゝにその四五を高覽に供し得る也。

さてこれよりその調査の一部に論及せんが、文書の中にて漢文のものは木簡多くして、發見地は「ニガ」、「ロップ・ノール」燉煌附近の長城の跡等にて、之れに記されたる年號によりて、その前漢時代の者なるを知るべし。その一二を擧ぐれば

天漢、太始(漢の武帝の年號)

神爵(同宣帝)

天鳳(新の王莽)

の如く、又年號は之れなきも、發掘地と書體との關係より、

同時代と推せらるゝものは極めて多し。而してその文面の記載は、邊防のための派兵、兵糧のこと、又は暦に關するものなどにて、かゝる古き時代の墨の肉筆を見ることを得しは喜ばしきこと也。（佛のシャヴアンヌ教授のこれに關する研究は近々發表せらるべしと。）なほ絹帛二枚（一は七八寸四方にて字數一四〇あり。一はその半分位にて四六字あり。）あり、年號の記入はなけれども、發掘地と書體とより、前漢代のものなるは明にて、字體は隷書の書き崩されたるものなり。（獨乙の探檢家が發掘せるものゝ中には、絹帛に書かれたる戰國策の斷片ありしといふ。）又燉煌發掘のものはその數、莫大にて八十の箱に滿ちて三千餘通に達せり。（そもこの燉煌石室は、六朝以來の名跡にして俗人の信仰厚く、そこの壁畫も已に世に知られたるものなりしが、一九〇〇年の頃、寺男が偶然にその壁畫一部と共に落ちて、圖書等を祕せる石室あることを發見せしが、祟を恐れてその跡を繕ひ置きしに、何時となくその噂高くなり、スタイン氏も之れを耳にして苦心の結果、之れを見ることを得、且、利にて誘ひてその一部を夜にまぎれて運び出したるものなりといふ。さてかゝる圖書室の成立につきては、ペリオ氏は、吐蕃の侵入によりて荒掠せらるゝを恐れて祕せるものにてそは宋の仁宗の景祐年間のことなるべしと說けり。）この二千餘通の文書の中には、卷物、冊子、折本等も少からず。その多數を占むるものは佛典にして、その二三を擧ぐれば

華嚴經（中には北齊の承光、隋の開皇十七年の奧書あるものあり。）

涅槃經（唐の貞觀元年の奧書あるものあり。）

法華經（中唐の寫本。貞元三年の奧書あるものあり。）

大般若經（種類多く六朝より唐代までのものを含む。）

大乘起信論（草書。唐の貞元元年の奧書あるものあり）

唯識實記（五代頃のものと思はる）

その他戒律に關するもの（中には北周の保定元年のものあり。）大唐西域記の抄本あり。密部のものにはなほ唐末の寫本もあり、枚擧に遑なき程にて、板本には咸通九年の奧書ありて、美麗なる口繪を有せる金剛經など珍とすべし。

又道教に關するものには

老子化胡經（ペリオ氏發掘のものよりもやゝ長し。）

老子道德經（唐の寫本と見らるるものゝ斷片）

その他にて、概して道教關係の書は書體巧妙なり。

文學的のものには

詩經二卷（隋か初唐のものと思はる。）

尙書斷片（唐代）

論語（中に何晏の註のものあり。（五代と思はる））

左傳斷片（唐末と思はる。その裏に列國傳といへる小説を附せり。）その他、莊子、搜神記一卷（完備せり。）燉煌錄（地理）も見え、又俗諺を集めし書、醫藥の書、占夢の書俗語字典ともいふべき書の斷片など唐末より五代にかゝる頃のものと思はるゝものあり。

史料としては沙州燉煌戸籍帳、賣女文書（宋代。）受田帳、受戒帳等あり。

なほペリオ氏のと對すべき唐韻あるべき筈なるが、これは見當らざりき。

さて繪畫の事につきて一言せんに、その大部分は燉煌千佛洞よりのものにして、勿論佛畫なり。その材料は絹布、麻布、紙等にて全部二百餘點に達す。その用途に從ひてその形も一ならず、細長きものは幡、大なる丈七尺に餘るものは恐らくは幢なりしか。年代はその年號の記入あるものが、咸通五年（唐の懿宗。）大順三年、乾寧四年（共に唐の昭宗）天福十年（後晉の高祖）顯德四年（後周の世宗）乾隆、乾德（共に宋の太祖）等なるに徵し、又描法等の比較によりて、その年號の記入なきものも、大體その製作が中唐より宋初のものなることを推するを得るなり。

次に畫題は顯教、密教の何れにも亙れど、曼荼羅、釋迦の傳記、小さきものには菩薩の立像など多し。我が國に存する曼荼羅はその題材は阿彌陀淨土を描けるもの多けれど、發掘品中のものは、彌勒、藥師等の淨土、釋迦曼荼羅ともいふべきものもあり。その形式は中臺、左、右、下等の區劃をなせるが、こはビザンチオン式に似通へる點ありて注意を要すべきことなり。なほ又西域諸佛集會の圖ともいふべきものは、大唐西域記記載の佛像と關係あるが如く、印度美術の東漸上、看過すべからざるものと思はる。又車上に佛ありて雲上を行く圖は、唐の昭宗の乾寧四年正月の銘ありて、かの「行像」の類かと思はる。

これらの繪畫はその發見地が燉煌の如き田舍なれば、その技巧も優たるものとは考ふべからず、之れを以て當時の繪畫の代表と見倣すことの不當なるは當然のことなるが、さきに云へるスタイン氏の旅行記卷一なる口繪の如きは、精巧を極むるものにて一概に田舍畫として侮蔑する能はざるものなきにあらず。大體よりいへば第一に印度、波斯の樣式の加味多きこと。第二に客觀的眞實を傳ふるを主として、かの運筆骨法に執する主觀的氣分の表現を努めたるは少きに似たり。例へば金剛力士の繪の如きは筆力極めて強く、以てその畫題の性質に添はしめんとせるを見るべく、その畫の對象によりて筆力を變化することありしに似たり。第三に切金の技巧は注意を要すべき事なり。(この切金(切箔)といふは金箔を細に切りて貼りつけ、彩色に利用するもの、從來は日本畫殊に藤原期以後の佛畫の表識の如くなり、之が佛畫の年代考定の一標準ともなり居たりしが、近く正倉院御物にも天平時代のものにもこれあり、又本願寺の新疆發掘品の繍にもこれありて、この定説は破れし也)。但、そはわが繪畫に見らるゝ如き精妙のものには非ざれど、とにかくその傳播の道筋を考ふる參考とはなるべきもの也。

なほ又印度畫と見らるゝものも發見せらるゝが、もしこれが眞實なりとし、且その年代をば他の發掘品と同様なりと假定せば興味ある結果に想到すべし。卽、從來印度のものは、六、七世紀以前の物及び、十六世紀以後のものは、多々發見せられしも、この二期間の繪畫と思はるゝものは無くて、その間に鴻溝(ギャツプ)を劃し居たりしものなるがこの發見物によりてこの間に連絡をつけ融和を見るに至るべく、印度美術史上の一曙光ともなるべければ也。

なほ又「ミラン」にて發見せられし壁畫は、年代は六朝の初頭と思はるゝが、スタイン氏もその旅行記にいはるる如く、大に注意すべきものにして、西洋風——「ビザチオン」式の著き加味をうかゞふことを得べき興味多きもの也。

(漢學研究會講演大意。文責在記者)

歐洲に於ける中央亞細亞の發掘品に就て

瀧精一（1873—1945）

《國華》284，1914

歐洲に於ける中央亞細亞の發掘品に就て

(第七回國華社茶話會講演筆記)

瀧 精一

今日は例に依て茶話會を催しまして、皆さんの御來臨を得ましたことを社員一同甚だ光榮とする所でございます、然るに御覽の通り非常に手狹で且つ見苦しい所であり、殊に今日は盛に諸君の御光來を得まして誠に御窮窟であらうと存じますが、何うか其段は幾重にも御容赦を願ひます、此茶話會に於きましては何時も社友諸君の中から御所藏の名品を拜借することになつて居りまするので、今回は秋元子爵別府金七君八田彥次郎君より何れも名品を拜借至しました、而して我々が之を皆さんと共に閲覽することの出來るのは非常な幸福でありまして、特に夫れ等の方々には厚く御禮を申上げます、尙今日は松本文學博士に御講演を願ふことに致しました、同博士は諸君も御承知の通り專門學の傍ら美術の事に造詣の深い方でありまして、殊に美術界には種々御盡力下されますので、同君が京都に居られました時から御出京の砌り一度此會に於て御講演を願ひたいと存じて居りました、然るに今回東京へ御轉任になりましたのを幸、非常に御多忙なる所にも拘らず御講演を願ひました所が早速御承諾下さいましたことを感謝致します、乃ち同博士は「日本畫の審査及び鑑査」と云ふことに就て御講演がございます、其御講演に先ちまして私より歐羅巴に於ける中央亞細亞の發掘の事に就きまして少々申上げたいと存じますから、暫時の間御清聽を願ひます。

さて中央亞細亞の探檢と云ふことは西洋に於きましては大分久しい以前から實行されまして、今日では著々其効果を擧げて居る次第であります、日本に於きましても近年は大分それが問題になつて居るやうに思はれます、私は先頃東京大學の命に依りまして歐羅巴の方へ參りました、其折りに英國と佛國と獨逸と露西亞と此四箇國の學者に據つて成されました所の、中央亞細亞探檢の結果即ち其發掘品を視察して參りましたから、今日は其視察の御報告旁、愚談を申上げやうと思ふのであります。

●英國● 先づ英國の分から申上げます、英國の中央亞細亞の發掘品はスタイン氏に依つて成されたものでありまして、スタイン氏の中央亞細亞に於ける探檢は千九百年以來前後二回行はれました、最初の時は主に新疆省の南部コータン(于闐)の地方を探檢して種々珍しい物を將來致しました、其時の探檢報告は既に出版になつて居りまして此處にございます、是は皆さん御承知でありませう、即ちエンシェント、コータンと申す書物です、然るに其後スタイン氏は千九百六年から同八年迄再び中央亞細亞へ參りました、此時は甘肅省に入りまして前漢時代の玉門關の遺跡を訪問致し又燉煌の千佛洞へも參りまして、要するに此時は主に中央亞細亞の東部を探檢したのであります、此時も亦莫大なる發掘品を將來致しました、第二回の時の旅行記はルインス、オフ、デザート、カッセイと申して既に出版されてございます、併し其の精しい報告はまだ發表されて居りませぬ、是は唯今編輯中でありまして、恐らく明年に於て出版せらるゝのでございませう。

而してスタイン氏の前後二回の探檢に據つて得たる所の將來品は現に英國博物館に保管されてあります、現在此博物館の二階に大分陳列されてあります、併ながら公衆の爲に陳列されてございますのは第一回探檢の時の品物が多い、第二回の時の品物は數點列べてあるだけで他は悉く地下室に置かれてあります、目下整理中なのであります、此整理は却々容易に片付さうにもありませぬ、何にしろ莫大なる數の品物であるから容易に調が付かうとも見えませぬ、私は英國に參るが否や博物館に行つて夫れ等の將來品を閲覧させて貰ふことを頼んだのでありますが、丁度其時はスタイン氏が印度の任地に參つて居る時でありまして、許されるか何うかむづかしかつたのでありますが英國博物館の館長や、バルネット、アンドリウス、ビニオン等の人々が大なる好意を以て盡力して呉れました結果、遂に其地下室に入りまして自由に閲覧することを許されました、そこで私は約二箇月間を費してスタイン氏の發掘品を見て參りました。

然るにスタイン氏の發掘品中第一回の于闐地方に屬するものは既に書物にも載つて居る通りであつて、是には餘程珍しい物もあるが其數は案外少ないのであります、寧ろ第二回の方の品物が夥しき數であつて又非常に面白い物が澤山あるやうに思はれます、卽ち第二回の將來品の主なるものは何であるかと云ふと、燉煌の莫高窟俗に千佛洞と申す所から持つて來たものであります、乃ち私共は實は第一回の時の品物より寧ろ第二回の品物の方を主として調べやうと思ひました所がスタイン氏の第二回の將來品は繪畫と彫刻及器物だけならば一週間もかゝれば一通りは見ることが出來ますが、文書の方に至りましては容易に見盡すことは出來ませぬ、文書の中には種々のものがあります、先づ西域語の文書があります、例へばサンスクリツト、カロースチー、ウイーグル其他種々の言葉のものがあります、併し夫れ等のものは私には讀むことが出來ませぬから、私は漢文の文書を閲覽したいと思ひました、併しそれだけも大變な數であつて、それを一々讀んで書抜でも致しましたならば迚も一年や二年では濟まないかも知れないのであります。

私は西洋に於ける中亞發掘品の視察に就きましては丁度京都大學の狩野博士と一緒でありました、英國ばかりではございませぬ、其他の地方でも何時も狩野君と同覽を致しました依て自然同君と手分を致して閲覽に從事して私は主もに繪畫其他美術に關係あるものを第一に見まして、文書の方では佛敎に關係あるものを私が主もに見ることにし、漢文學及び歷史に關係あるものを狩野君が專ら見られることになりました中頃から濱田耕作君が加はりまして、遂に漢文の文書も一通りは見たのであります、其漢文文書は八十餘の箱に入れてあつて三千通ばかりございます、兎も角も夫れを一通り見ましたのであります、其中には貴重な物が澤山あります、佛典の種類は殊に多數であります、佛典は顯密兩數に亙りまして種々珍しいものがあります、それから漢文學及歷史に關係あるものも大分ございます、吾々の未だ聞いたことのない典籍も隨分ある、又既に知れて居るものでありましても本文の異同を研究する方から、非常に貴重なるものがございます、私も少しづゝの書抜をして參りましたが唯今此處で一々御披露して居る暇はございませぬ。

さて其漢文文書の年代は何う云ふものであるかと考へますと、此漢文文書の年代の極く古いものは前漢時代から始つて居ります、ロツプノール及び尼雅河の附近及燉煌附近の長城の址から發見致しました文書でありまして、木簡に書いてあるものがある卽ち木簡の表裏に肉筆で文字を墨書して居るのであります、其木簡の文書が澤山ある中に百數十本は前漢時代のものゝやうに思はれます、現に前漢時代の年號のあるものがあります、年號の古い所は大漢、大始と云ふがある、是は武帝の時の年號でありまして紀元前第一世紀に當ります、次に神爵五鳳と云ふのがあります、是は宣帝の時でありました、夫れから建國、天鳳卽ち王莽の時の年號もあります、是は紀元後第一世紀に當ります、其他のものに至つては悉くが年號がある譯ではありませぬが、併し出處が同じである事やら、書態が同一である所から察しますると卽ち前漢時代のものであらうと思ふものが多々ある、是等は餘程貴重なものでありまして、御承知の如く漢時代の肉筆の文書と云ふものは決して容易に見ることの出來るものではありません、それが假令粗末なる木簡であつてもとにかく眼のあたり見られると云ふのは驚くべき事であります、是漢時代の木簡はスタイン氏の旅行記の中に一部分寫眞にして出してあります、ほんの一部分ではありますが夫れには神爵の年號あるもなどのも見えますから、それに依て一斑が分るであらうと思はれます、それから木簡の外に縑帛に書いた文書もあります、それは手紙であります、一つは七寸四方位であつて、縁が縫つてある、それに百四十の文字が書してある、もう一つの方は少し小さく四十字程の文字が殘つて居る、是等の縑帛の文書には年號がありませぬが、其書態を前の木簡のに比較して見ると疑ひなき前漢時代のものであることが判ります、其縑帛は何んなものであるかと申しますと、極く緻密な純白なものでありまして、彼の時代に彼の如く立派な絹があるといふのは實に驚くべき事と考へます。

スタイン氏の文書に於て漢時代のものと云ふのは唯今申上げましたものでありますが、其外の漢文文書は大抵千佛洞出で、極く古いのは六朝からある、隋唐五代は勿論宋の初までのものがあるのであります、而してそれ等の文書は如何なる形に於て存在して居るかと云ふと、多くは卷物であります、卷物で軸の有るのもあり又無いのもある、長い間保存されたことでありますから卷物の上皮の部分は朽ちて虧けて居るのが多い、けれども奥の方は全部殘つて居る、又初から終まで全く完全に殘つて居るものも大分あります、卷物の次は冊子で、所謂粘葉綴なるものであります、其次に折本も大分あるけれども折本のものは餘り古いものはないやうであります、唐の末から宋の初めにかけてのものであらうと思ひます、文書の事は之れだけに致して置きます。

次は繪畫であります、繪畫は壁畫の斷片も大分持つて來て居ります、其壁畫の中にスタイン氏が既に旅行記の中に其寫眞を插畫として出して居る所のミラン地方から出たものが先づ特別の興味あるものである、是はスタイン氏は其畫中にあるプラクリットの銘文から考證致して、恐らく西洋の血の混つた第三世紀頃の人が書いた繪だらうと云ふて居りますが或はさうかも知れませぬ、とにかく非常に面白いものである、今ま實際に於て其斷片を見ると六朝の始頃の畫と見ても差支なからうと思ひます、燉煌の千佛洞には六朝の壁畫が大分ある、其寫眞はスタイン氏又ペリオ氏も澤山に寫し取つて居ります、乃ち今日では六朝時代の畫は決して珍しいものでなくなつて居るが、此スタイン氏がミランより持つて來た壁畫の斷片は殊更に珍しいものであります。

壁畫以外の繪は何れも燉煌出で、是は絹地か或は麻布か或は紙に畫いたものです、其全體の數は二百點餘あります、是等の畫の幾分は既に旅行記の中にも出て居りますが其外にまだ澤山の面白いものがあるのです、先づ是等の畫の時代は如何であるかと云ふと、それを考へるに都合の善い事には其中に大分年號のあるものがあります、スタイン氏の旅行記にも載つて居る文殊普賢と四觀音を畫いた畫は咸通五年の年號があります、卽ち是は唐の懿宗の時の年號でありまして唐末のものであると云ふことが分ります、それからまだ大順乾寧天復の年號のあるものもある、卽ち唐の昭宗の年號であります、それから五代の年號のあるものが四つばかりある、又宋の初の年號のあるもが三つばかりあります、それ等の年號のあるものから考へ又畫風の上から見ますると、要するにスタイン氏が燉煌から持つて來た畫と云ふものは先づ唐の中期以後のもので新らしいのが宋の初のものと思はれます。

而して其畫は吾々專門上の研究に取つては甚だ有益なものがあるのであります、試に二三の例を申すと例へば日本で俗に淨土曼荼羅の畫と稱する種類の畫が多々あるが、其中に彌勒の曼荼羅(彌勒上生經變)藥師の曼荼羅(藥師經變)釋迦の曼荼羅等の畫がある、日本で見る淨土曼荼羅の畫は大抵阿彌陀淨土に關するものである、阿彌陀淨土以外のもので、偶、あればそれは新しいものであります、古いものは阿彌陀淨土のより外には殆どないと申して宜しい、然るに今まそれと異つた淨土の畫のあるのは誠に珍重すべきであります、又車上に佛を乘せて挽いて行く圖の畫があります、是畫には卽ち乾寧四年の年號があります、此圖は日本で私はまだ見たことのないものですが、是ぞ卽ち行像なるものでありましやう、行像の事は法顯傳や西域記にも屢、記載されて居る、それ等の書で見ると昔西域地方に行はれたものであるらしく、玄弉は西域から行像を請來したことも書いて居るが、如何なるものか判らなかつたが今まスタイン氏の將來品に其一例を見るのは面白い事であります、次に西域諸佛集會の圖とでも名けたら善からうと思ふ畫で一つ珍らしいものがある、其畫の所々に銘文があつて、それを讀んで見ると或は摩揭提國の佛像とか、或は波羅奈國鹿野苑の佛像とか云ふやうな文字が讀まれるのである、要するに是は玄弉三藏の請來佛と關係のあるもの、如くにも見え印度藝術の東漸を研究する上に於て甚だ有益なる資料であります、又佛書に西藏文が書いてあるのが大分ある、それに又非常に面白いものがあるのです。

尙ほ技巧の上から申しますと、元來燉煌と云ふ處は支那でも極く邊僻な田舍であるから、其の地方のものに餘り名畫があるとは想像されませぬ、けれども却々侮りがたいものがあります、私の見た所では千手曼荼羅の畫に非常に善く出來たものがあります、次は前に逃べた咸通五年の年號のある畫も却々能く出來て居る、決して侮ることの出來ない畫である、スタイン氏が旅行記の口繪に載せて居る畫や引路菩薩の畫など云ふものも技術上見るべきものであります、好し又技術は下手であるとしても歷史的研究の上から云ふと、吾々に取つては甚だ面白いことが多々ある、意匠の上に於きましても又技巧の上に於きましても種々面白いことがあります。

もう一つ特に申上げて置きますのは菩薩の立像を書いたもので、梵文の銘が入つて居る畫がある、是は恐らく印度の畫らしいのである、凡そ燉煌出の畫には純粹の支那の畫の外に西藏風の畫は大分あります、然るに是はそれ等とも異ふ、何うも印度の畫らしく思ひます、絹が違ふばかりでなく畫法が全く特異である、而して若し之を印度の畫とすると非常に面白いものである、印度の畫と云ふものはアジャンターの壁畫等に第七世紀迄のものがあつて、それ以後の畫と云ふものは大方中世紀以來のものである、其中間の遺物は餘り殘つて居らない、若し其中間の畫が遺つて居るとすれば非常に珍しいものである、然るに今ま申した所の畫が印度の畫とすれば夫れは他の同處から出たものと同樣に恐らく九世紀か十世紀のものであらうと考へます、夫故にそれは印度の繪畫を考へる上に於て非常に貴重なものとなる譯であります、先づスタイン氏の發掘品に就ては餘り長くなりますから是だけにして置きます。

佛國 其次は佛蘭西のペリオ教授の發掘品であります、ペリオ教授は千九百六年より八年迄中亞の探檢を行ひました、其將來品には諸地方のものがありますけれども、ペリオ氏は矢張スタイン氏と同樣に燉煌の千佛洞に行つて其處から持つて來たものが多いのであります、スタイン氏が先きに千佛洞へ行つて品物を持つて來た、其後の殘りから選び出してペリオ氏が又多くの物を佛蘭西へ持ち歸つたのであります、話しが少し前後するやうでありますが燉煌の千佛洞のものが何うして發見されて何うして持つて來られたかと云ふことに就て單簡に申上げる必要があります。

卽ち燉煌の莫高窟と稱する所のものは六朝以來の舊蹟で世人に知られて居つた所である、又其岩窟の中に壁畫が澤山にあつて、其壁畫に古いものがあることも多少人が知つて居る、近年になつては外國人の中にもそれを知つて居る者もあつたけれども古文書類が澤山あると云ふことは誰れも知らなかつた又千佛洞の寺守とても知らなかつた、然るに偶然にも千九百年の頃に寺男が岩窟の中を掃除したさうすると其時に壁畫を書いてある壁の一部が破れて穴へ落ち込んだ、落込んで不圖見るとそこが又大なる石室であつて其中に澤山な文書があつたことを發見しました、其時は後の咎を懼れて其まゝ目塗をして秘して置いた、併しさう云ふものがあると云ふことが段々人の口に傳はりまして、スタイン氏も千佛洞へ參く前から薄々聞いて居つた、而して此千佛洞へ行くや否や寺守の道士に懸合つて其文書のある石室へ這入つて見ることを許された、それから追々と其一部分を讓つて吳れと懸合つたが始は中々許さぬ、スタイン氏は一名の支那人の通譯を連れて居つたからそれを經て種々苦心の談判をやつて、遂に其道士を說伏したのです、其苦心の程は旅行記中に精しく書いてあります、結局全部は不可なれども一部分だけならばと云ふので夜陰に乘じて密かに持つて出た、所が斯やうにしてスタイン氏に一部を賣つたけれども一向政府から咎めがないので道士は大に安心をして居つた、其處へ丁度ペリオ氏がやつて來た、ペリオ氏は豫てスタイン氏が來て品物を持つて歸つたことを知つて居りますから、或は最早何物も殘つて居らぬかと、途中非常に案じつゝ、千佛洞へ行つたのである、併し行つて見ると幸にもまだ澤山殘つて居つた、スタイン氏が持ち行くに就ては幾分か選擇もしたであらうが充分に選擇する暇はなかつた、急いで持つて行つたのでありますから、まだ跡に大分善い物が澤山殘つて居た、そこでペリオ氏も亦道士に懸合つたのであるが、道士は前にスタイン氏に賣つても別に咎めがなかつたものでありますから今度は何でも持つて行けと云ふ態度であつたから、ペリオ氏は寧ろ容易に品物を買ひ得たのである所が今度はペリオ氏が持つて行つたと云ふことが北京政府に知れましたから、北京政府では驚いて早速人を遣はしまして殘餘のものを悉く北京へ運んでしまつた、道士は恐らく其時首を斬られたのでありませう、北京に在るものは私共數年前に北京へ參りました時に、一部分だけを見ましたけれどもそれには實は餘り珍らしいものはないらしいのである、要するにスタイン氏が持つて行つた其後を又ペリオ氏が持つて行つた、其又殘りであるから一番劣るものに相違ない。

さてペリオ氏が燉煌から持つて歸つたもの、中には繪畫もあり文書もあります、殊に文書が中々澤山ありまして、スタイン氏が持ち歸つたのと殆ど同じ位あります、西藏文の文書が大變あります、漢文文書も三千通ばかりあります、是は現に巴里のビブリオテツク、ナショナルに保管されて居ります、其漢文文書中の千通ばかりはペリオ氏が選出して目錄を作つてありますが、跡の分はまだ目錄が出來ないのであります、目錄未製の分は地下室に於て幾多の箱の中に收めたまゝにしてある、それは却々容易に整理されますまい、詳しい報告書の如きもまだ急には出來ないでせう、スタイン氏は始めから諸方の專門學者に分けて研究させて、それを自分で纏めて報告書を作るのですが、ペリオ氏は恐らく自分一人でやるのでありましやう、夫故に報告書は急には出來ません、私共はペリオ氏の文書に於きまして目錄にあるもの、中珍らしいと思ふものを見又地下室のものをもペリオ氏自身の案内で見せて貰ひました。

ペリオ氏の文書は京都大學の狩野博士の方が私より遙かに餘計見て居られます、其の漢文文書の或一部分の寫眞は先年京都大學の或教授の間へ到著致しました、其時到著の寫眞は此處に陳列してある通のものであります、少數ではありますがそれにも大分珍しいものがある、而して此等の寫眞が來た當時大分世間を騷がしたことは諸君御承知の通りであります、其時以來喧ましくなつたもの、一である老子化胡經の如きは其名のみあつて未た見たことのなかつたものである所が唐寫本の斷片がある、但しスタイン氏の方にも唐寫の化胡經はある、而してスタイン氏の方には別の部分がある、又景敎卽ち耶蘇敎に關するもので景敎三威蒙度讚と云ふのがあります、是も非常に珍しいものである、摩尼經の斷片も珍物である、それから拓本では唐の太宗御筆の溫泉銘は甚だ珍重すべきものである、是程の美なる拓本は未た例を見ない、それから歐陽詢の化度寺碑の拓本はペリオ氏の方に一小部分あるが大部分スタイン氏の方にある、是も却々珍しい、概して云ふとペリオ氏の漢文文書は佛典以外のものに珍らしいものが多いと思ふ、佛典は或はスタイン氏將來物の方に多數の珍らしいのがあるかも知れませぬ、ペリオ氏の佛典以外の文書に於ては尙ほ多々珍らしいもの、ある中に、例へば孝經、論語、詩經道德經等を始めとして古典籍の或は古註のあるものなどが大分あります、是等は漢文學研究上に甚だ必要のものであります、それから歷史に關するものでは例へば尙書史記等の古寫本がある、南海寄歸傳の第一卷は五代頃のものらしく、一卷完備して居るだけに殊に珍らしいのである、尙ほ又珍らしい事には小說が大分あります、殊にそれに唐の末か若くは五代と思はしきものがある、その頃のもので小說らしきものは、スタイン氏の方にもあるが、ペリオ氏の方には殊に多くあります、中には韻文で書いたものもある、とにかく唐末五代頃のもので小説があると云ふ事は甚だ珍とすべき事であつて、是は漢文學の歴史に於きまして餘程重大な事と思はれます、是等に就ては狩野博士が委しく研究されて居ます。

さてペリオ氏の漢文文書を概括しての年代は何うかと申しますと無論それはスタイン氏のと同じでありまして六朝から宋の初に亙つて居ります、宋の初では淳化あたりの年號のあるものが一番新しいものらしい、尤もペリオ氏の説に據りまするど、其千佛洞の文書の石室が封鎖されたのは恐らく宋の仁宗景祐年間であらうと云ふのであります、卽ち其時に吐番(西藏人)が大いに侵入して參りましたので、其破壞を恐れてそこら近處に在つたものを掻き集めて一つの石室へ押し籠めて目塗をして置いたのが、近年までそのまゝになつて居つたのであらうと云ふのである、果してペリオ氏の説の如くすれば淳化より今まで少しく新らしいものがなければなりませぬ、けれども先つ最新のものが中宋以前であることは疑ないでありましやう。

次にペリオ氏將來の繪畫は、是はルーブルの博物館に保管してあります、而して其中の五十點餘りが公衆の爲に陳列してある、其外まだ數十點あつて、是はまだ陳列しないで卷いたまゝ、或は疊んだまゝに置かれてあります、ペリオ氏の特別なる好意に依て私は其全部を見ることを得ました、それには却々面白いものがある、概して云ふと其繪畫はスタイン氏の程に珍物に富んで居らないかとも思ふ、スタイン氏は千佛洞於て文書を持ち出す時には充分選出して居る暇はなかつたのであらうが、繪畫の方は大分選擇をしたものと見えて、善いものが大部分スタイン氏の方に在ります、ペリオ氏の方のは數も少なければ其品種も幾らか劣つて居る、併ながら是亦決して侮るべきものではない、研究の爲に樞要の資料となるものが大分ある、年號のあるものが三つ程あります、何れも五代である、併し唐の末のものも宋の初のものも交つて居るに相違ない、二三の例を云ふと恐らく釋迦の成道を描いたものらしいもので非常に面白い圖樣のものがある、蓋し燉煌の壁畫のおもかげを之に依て窺ひ得ると思ふ、又赤地の絹の上に銀泥で菩薩を描いた畫があつた、又絹地に白描法を以て畫いた菩薩の畫がある、紙に畫いた觀音の一圖で其技術の印度畫及波斯畫の樣式を觀るに足るものなどは殊に珍らしく、是は正さしく西域畫の東漸を證するものであります。

獨國 次は獨逸であります、獨逸はグリユンウエーデル氏並にルコツク氏の手に據つて發掘されたものが伯林の人類學博物館にあります、是も公衆の爲に陳列されてあるのは全部ではありませぬ、陳列されてあるのは殆どルコツク氏のばかりであります、グリユンウエーデル氏のは大方別室に置いてあります、グリユンウエーデル氏は千九百二年以來二回新疆を探檢致しました、卽ち第一回はイチクシヤリイ附近を探檢し、第二回はクツチヤ、トルファン、カラシヤール地方を探檢致しました、此二度の探檢報告は各、書物となつて既に發行されて居ります、ルコツク氏は千九百五年に新疆に參りまして主に土魯番地方を探檢致しました、其報告は皆さん御承知の如く大きな書物になつて現はれて居る、其題名はホッチヨウと申しますが、ホッチヨウは高昌です、土魯番は昔の高昌國である、而して同氏の探檢が土魯番に於てなされたから斯の如く題したのであります。

さてグリユンウエーデル氏の將來した壁畫の數はルコック氏の程多くはありませぬが大分面白いものがある、ルコック氏の持つて參りましたものと誠に能く似たものがある、殆ど同樣なる性質のものでありまするが、併しそれにはルコック氏のよりも畫が勝つて、且つ時代も少し古いやうに見えるものがある、私が伯林へ參りました時はルコック氏は既に第二回の探檢の爲め新疆へ行つて居る留守中であつた、從つて同君に面會して親しく話を聞くことの出來なかつたのは殘念でしたが、グリユンウエーデル君には會ひまして種々話を聞きました、同君の語る所を聞きますと土魯番には澤山に石窟の寺がある、而して其處に多々壁畫がある、其中一二箇所古いものがある、先つそれが一番初めに出來て、さうして其後からそれに傚つて同樣な寺が段々と建てられたらしい、其古いと云ふものも九世紀よりは古くはない筈だと云ふので、其古い寺の壁畫をグ氏は持ち來つたらしい、卽ちそれは唐末のものであるらしい、ルコック氏のはそれに比して幾分新しいかと思はれる、我本願寺の第二回の探檢に依て得られたるものは大方ルコック氏の持つて參つたものと殆ど全く同じであります、唯ルコック氏のは非常に大きいのがありますが、本願寺で持つて參りましたものは小さいのであります、併し思ふに同じ地方に於ける同じ時代のものでありましやう。

ルコック氏の壁畫の今や陳列されてあるものは全體で百五十六個ある、其大にして天井に達するものが七つ程あります、技術は決して善いものではありませぬ、早く申しますと田舍畫でございます、土魯番地方で行はれた畫であるから田舍畫であるのは當然と思ふ、併しそれは拙い畫であるにも拘らず美術史硏究上には非常に參考になるものがある、同氏の報告書に書いてある通り其壁畫の中には摩尼敎に關するものがある、又耶蘇敎に關するものがある、是等は他に類のないもので餘程珍しい、それから彫刻も大分あります、彫刻は塑像の彫刻で立派に彩色のしてある等人大位の大きなものを數體持つて來て居る、是亦珍らしいものである、又木彫もあります、木彫の中には我が法隆寺の九面觀音に眞に能く似た形式のものがある、是はペリオ氏の發掘品の中にも見ました、ペリオ氏のもルコック氏のも製作は餘り巧妙ではないが樣式が全く我法隆寺のと同じであつて、彼の像の樣式の系統が之に據つて分るのが面白い事があります、其他細かい器物類にも大分珍なるものはある。

それからルコック氏は文書も大分持つて來て居る、併し漢文文書はスタイン氏やペリオ氏ほどに澤山持つて來ては居りませぬ、漢文文書の一番古い年號のあるのは神璽三年でありました、それは紀元後三百九十九年に當ります、其他、ウイーグル、サンスクリツト、トカーリスト、タングート等の文書が大分あります、又棕櫚の葉に書いた梵文文書で第一世紀迦膩色迦王の時代のものと稱するものが一つあります、漢文の經典は餘り澤山はないが延昌三十一年高昌王麹乾固の奥書のある仁王般若經第一卷などは珍なるもの、一である、併し完備ではない、先づ獨逸の話は是だけに致して置きます。

露國 次は露西亞であります、露西亞のはオルデンブルヒ氏の將來品が彼得堡の人類學博物館に保管してあります、オルデンブルヒ氏はコータン、グッチヤ、カラシヤール、トルフアン、イヂクシヤリイ等を探檢致して矢張壁畫の斷片、佛像、佛具の類を將來致しました、殊に其中でカラシヤール、グッチヤより出ましたもので餘程古いものがあります、大體から申しますとオルデンブルヒ氏の將來品はグリユンウエーデル、ルコック兩氏の持つて來ましたものと能く似て居る。

露國に於て更に珍しいのはカッロフ氏の將來品でありますカッロフ氏は千九百十年に於て甘粛省黒水城の或一つの佛塔の中から種々のものを將來して來たのである、目下露國に其發掘品を調べて居るイワノフ教授の説明に依ると、黒水城の佛塔なるものは宋の高宗の時に建てられたものである、さうして明の初まで埋沒せられずに居つたものであると云ふことであります、而して此黒水城は西夏の都城でありましたから、從つて此佛塔から出ましたものは卽ち西夏語の文書が澤山あります、其文書は皆な亞細亞博物館に置いてある、折本の一切經らしいものが大なる戸棚に一杯あります、西夏語なるものは今迄誰も讀んだことがないのでありますが、カッロフ氏の將來品中に漢文と西夏語と對照した字典がある、之に依て幸にも西夏語を讀む端緒を得た譯でありまして、目下イワノフ教授が其字引を以て頻に研究中であります、遠からず讀み得らる、やうになるであらうと思ひます、尤も獨逸の方でも之を讀むことを研究して居る人があります、それから漢文文書は極く少數であります、少數ではあるが版本に面白いものがある、郭註莊子がありました宋版かと思はれました、元版らしい劉知遠傳が六七八と三冊ありました、彌勒上生經の面白い口繪を有するものがございます、漢文文書で年號のあるものは、一つは、大中祥符（宋の眞宗）であり、次は乾祐卽ち西夏の年號で十二世紀に當るものが二つある、其外に元の中統、至元と云ふ年號のある紙幣が出て居ります、それも同じ處から出た、それから考へますると此佛塔中の發掘品は宋の中頃以後から元の初あたりのものぢやないかと云ふことが想像されます、又實物から見ても明代のものは無いやうであります。

文書は右の通であるが、繪畫に至ては是亦恐らく宋末元初のものであらうと考へます、是はアレキサンドル三世博物館に置かれてありまして全體で二百三十餘點あります、其中に大きな板に書いた曼荼羅がある、其他は大抵絹地に書いたものか紙に書いたものであります、是等の畫は只今申します通り宋末から元初のものであるから、卽ちスタイン氏ペリオ氏の將來品に比較すると更に新しいものである、彼は唐の中期以後宋初に亙つて居るが是は宋末元初である、然るに吾々の爲には兩方時代が違ふのか返て面白いのです、卽ちスタイン、ペリオ兩氏のとカッロフ氏のとを接續して見ますと唐時代から元時代迄の佛教美術の關係が能く分るのであります、カッロフ氏の畫に就て概略を申上げると、是はスタイン氏のに見るやうな淨土曼荼羅風の畫は極く少ない、殊に多いのは阿彌陀三尊來迎の畫である、それは日本で云ふ張思恭風と申すものである、張思恭と云ふのは如何なる人か傳が判らない、どにかくに日本には張思恭と稱して居る一種の畫がある、丁度其樣式のものが殊に多い、それから楊柳觀音を描いたものが澤山ある、又中には我が鎌倉時代の佛畫の模範と言はれて居つた性質の畫が此中に在るに至つては殊に驚きました、それから佛畫以外にたつた二枚でありますが版畫がありました、是も矢張同處から出たものであるが、是は元版らしきもので宗教畫でない、日本で申すと錦畫のやうなものであります、是は甚だ珍らしいものであると思ひました、カッロフ氏の發掘品に就ては未だ何等の報告も出て居りませぬ、目下露國の考古學者が集つて其研究をして居ります、或は遠からず報告が出るであらうかとも思ひますが、兎も角珍しいものであります、極く大略でありましたが是で大體の報告は終りました。

終りに臨んで一言致したいことがあります、それは方今歐羅巴の學界に於きまして中央亞細亞の探檢事業がどれ程重大な問題となつて居るかと云ふことであります、先刻も申上げました通り獨逸からは唯今ルコック氏が第二回の探檢に出張して居るやうな有樣であります、それから佛蘭西其他の國の考古學者の中で近々に新疆の探檢に出掛けると申して居つた人も一二あつたのであります、實に歐羅巴に於きましては中央亞細亞の探檢と云ふことは一の大なる問題になつて居ります、さうして今日では右述べました通り著々として其効果を現はして居るやうな次第である、且つ此中央亞細亞の探檢の事は目下一つの國際的事業となつて行はれて居ります、乃ち歐羅巴に於きましては「中亞極東探檢國際協會」と云ふものが設けられてあります、是は餘程以前から出來て居ります、先づ千八百九十九年の十月羅馬に於て開かれた東洋學萬國大會の時に其協會設置の事が提案されまして、千九百二年の漢堡の同じく東洋學萬國大會に於て其規約が定められて、そこで始めて其國際協會が成立致しました、其國際協會は何う云ふ事業をするかと申しますと其規約に書いてあることを讀んで申上ますが、

イ　中亞及極東に現存する遺蹟の探檢并に學術的記錄の蒐集及び研究を爲し、

ロ　中亞極東の斯界の名士及び學會と相互協力し通信し以て如何なる遺蹟を調査するを要するや、又科學に貢獻する爲に人種學并に言語學上の研究を最も緊急の必要とする種族は何れなりやを決定し、

ハ　時の經過又は人爲に依り廢滅の恐れある遺蹟の保存に就き、關係政府の好意的注意を促す爲め相當の手段を講じ、

ニ　遺蹟及人種の研究の外、尚中亞極東民族全體に關する問題の研究及實地調査を計畫し、

ホ　各國の學者をして本會の此等の事業に參加するを容易ならしむべし。

斯う云ふ次第であります、而して此目的を達する爲に同協會は歐羅巴の各國に其委員會を設けて居ります、又其中央部は露國に設けられて居ります、露國の中央部は勅裁を仰いで組織せられましたものでありまして、其中央部に於ては探檢の爲め關係諸國との交涉を開くことと及び探檢隊の編成探檢に就ての通信報告等を掌るのであります、斯う云ふ次第であつて今日歐羅巴に於ける中亞探檢事業なるものは實に系統的に行はれて居るのであります、さうして今日は諸國に探檢が計畫せられまして實際に於て良好なる結果を生じて

居るのである、日本に於きましては本派本願寺の大谷伯が獨力を以て中央亞細亞の探檢をせられた事がある、此時は種々なる貴重の品を持つて歸られました、其探檢の報告は此國華社に於きまして近々出版することになつて居るのであります、其後志賀重昻君が探檢に行かれると云ふ噂を聞きました、併し其後如何云ふ成行になりましたか一向存じませぬ、兎に角將來日本に於きまして中亞探檢の事を此儘にして置いて宜いか何うかと云ふことは一の大なる問題であらうと思ひます、西洋に於て盛に此事業が行はれて居るにも拘らず、日本に於て之を等閑に附して置くのは如何なるものかと考へざるを得ないのであります、私は日本に於て此事業が奬勵せられて學界の爲に大なる裨益を與へるやうになることを希望しなければならぬと思ひます。

唯それに就て一つ注意すべきことは外でもありませぬが、此事業は無論其性質として學術的に行はれなければならぬのであります、然るに日本に於きましては動もすると所謂骨董家連が何か掘出物でもするやうな考を以て是種類の事業を行はんとすることが有勝である、併しさう云ふ考を以てしては學界の爲に大なる効果を齎らすまいと思ひます、尤も其道に關係のある學者が皆な出掛け行かねばならぬと云ふ譯のものでもありますまいが、何人が探檢を計畫するに致しましても最初に於て十分學者の意見をも聽き又學術的に組織して行くと云ふことが必要であらうと思ひます、西洋の探檢家のなした跡を見ますると皆學術的にやつて居ります、日本では動もすると左樣になり得ない傾があるから此點は十分注意しなければならぬことゝ私は考へます、卽ち十分學術的方法を以て探檢を行ひ其結果が學界に裨益することならば、此事業は日本の於ても大いに益、奬勵しなければならぬことであると私は私に考へて居るのであります、今日序ながら此事を一言して諸君の御高見をも伺ひたいと考へました次第であります、甚だ愚談で恐縮でありますが、長く御淸聽下さいまして有難く存じます。

中亞の發掘品と我淨土敎美術の起源

瀧精一（1873—1945）

《國華》296，1915

中亞の發掘品と我淨土教美術の起源

瀧　精一

近年中央亞細亞に於ける諸方の古刹を發掘するに依て得られたる夥多の物品が、東洋藝術史研究の上に大なる光明を放ちて、從來疑問となれる幾多の事項を闡明するの絶好資料となるは論ずる迄もなき所なり。今ま其發掘佛畫の如きは特に東洋の顯密兩敎に關する美術の起源を語るもの尠からずして、その研究は吾人に取つて尤も興味あるものとす。就中淨土敎美術に屬するものに至つては我國の美術に殊更深き關係を有するものあるを以て、吾人は今ま之に關して少しく愚見を陳じ以て大方の高敎を請はんと欲するなり。

そも我國に於ては古來淨土敎に關係ある美術の種類甚だ多く存するも、その尤も重要なりとするものは阿彌陀淨土の曼荼羅なるべし。阿彌陀淨土の曼荼羅の世に流布するもの尠からず、その種類も多々あれど、當麻曼荼羅と智光曼荼羅と幷に清海曼荼羅とは、之を天下三曼荼羅と稱して尤も大切なるものとせられ、且つ此三曼荼羅に就ては何れも其緣起を說けるものあり。然れどもその緣起說は信を措くに足らざるもの多し。殊に智光曼荼羅は尤も怪むべきものにて、その今日に傳はる幾多の圖本を見ても足利時代以上に遡り得るものあらず。清海曼荼羅は元來平安朝に起源を有するものにて、その傳說も悉く否定すべきにはあらず、現にその曼荼羅と傳稱する畫の藤原時代に屬するものあり。當麻曼荼羅に至つては緣起說は信ずべからざれど、其始め奈良朝に於て作られしは疑なき如く、又我國多くの淨土曼荼羅中根本のものたるは明かなり。

吾人は當麻曼荼羅の事に關して曾て本誌上に說をなしたる事あり。その時にも云ひたる如く、今ま當麻寺に在りて本曼荼羅と稱するものは、一部分を存するのみにて、それも甚だしく朽ちたれど、熟覽すれば織成品にはあらずして、その點先づ緣起の說と異れり。又刺繡にもあらず。時として織成又は刺繡の如く見ゆるはその彩色せる絹面の酸化して浮上りたるが故なるに過ぎず、其實彼は眞の繪畫なり。繪畫としての樣式は全く天平の作物と一致する所あり。是れ卽ちその曼荼羅の出來が天平時代に在りしと斷せらる、所以なりとす。又歷史の上より攷ふるも同時代に於て同類の畫の作られしことは知られたり。但し淨土曼荼羅と稱するものが奈良朝に作られしことは見えず。淨土曼荼羅とは實は後世の稱呼にして、本來は淨土の畫像と云ふも差支なく、又淨土變若くは淨土變相と云ふを通例とす。乃ちそれ等の名稱を以てするもの、天平時代に作られし事は續日本紀又は扶桑略記などに歷々として見ゆ。若し中宮寺の天壽國曼荼羅が古人の說の如く果して阿彌陀淨土の畫像なるに於ては、更に其本朝に於ける起源は推古時代にも遡らしむるを得べきも、天壽國曼荼羅の何物たるやに就ては議論あるを以て、今は天平時代より以上に遡りて論せす。

又我淨土曼茶羅の起源が更に支那に在ることも疑を容れがたく、是れ亦典籍の上より推定することを得るなり。隋朝に于闐人尉遲跋質那が畫きし淨土變は恐らく我曼茶羅の根源となる性質のものたるを想像し得べし。又西域人尉遲の之を畫きしと云ふを以て見れば、支那のその畫が西域に發源したりと見るも敢て不可なかるべし。凡そ淨土の經文は阿彌陀經の如きも本來繪畫となるに適する性質を有するものなるが、特に觀經に至つては之に應ずる繪畫の存在なくては起り得ざるべしと思はる、如くに、具象的事相の說明に耽けれり。即ち淨土曼茶羅がもと西域に發して支那に來り、更に日本に傳はりしものたるは明白なり。而して我當麻曼茶羅は觀經に基ける淨土變の畫にして、特に唐の善導大師以來の形式に成るものなることゝその時代の關係上より推知せられ、我淨土家の側にては夙に兩者の間に密接の關係あるを認めんとせり。(國華二四七號、二四九號、二五一號參看)

かくて我淨土曼茶羅がその起源を大陸に有することは知らる、も、從來は唯典籍の上より攷ふるのみにて實物の上より對比してその事實を確むるには至らず。纔かに唐人のその畫に讃したる文などに依りて、彼れに謂ふ所のものと我に見る所のものとが略、同形のものたるを想像すれど、未だ確たる實證を得たりとは云ひ能はず。然るに中亞の發掘品中にその畫の唐代に屬するものあるを見て、吾人は始めて之を確むるを得たるものなり。その證となるべきもの、一は我大谷伯の探檢隊が明治四十二年に古の高昌國の地たる吐魯番附近の吐峪溝の佛塔中より得たる絹地畫の斷片なり。その畫は菩薩の數體壇上に樂を奏し、前に池水ありてその中に花鳥を畫き、右方に階段の半分を現はし、その畫の下方に銘文を書し又供養者の像を畫きしものなり。即ち此斷片は大なる淨土畫の中央下邊の部に應ずるものにて我當麻曼茶羅の同じ部分の畫と略、相一致せり。又此斷片の下邊銘文の處には禮讃文を書したるもの數行殘り、終りに

大曆六年四月十八日慶

とあり。大曆六年は恰も我光仁帝の寶龜三年に當れば、我國に於ける天平の淨土畫と思合はされ得るものなり。

尙ほ此斷片書と同じ所よりして「比丘善導」と署する奥書を有する阿彌陀經の斷片出でたり。其書或は寫經生の手に成るものなるやも計りがたけれど、精妙の書體にして中唐より下らざるものとす、此寫經の出るを以て善導の感化の夙に此地に及びしを窺ふに足り、大師の功績の偉大なるに驚かざる能はず。又それと共に阿彌陀佛の一畫出で、その技巧は殊に秀でたるを覺ゆ。(國華二五七號參看)されどそは淨土變の畫にはあらず。然るに前述せる斷片に至つては畫技は之に劣り、且つ彩色も剝落して下地の修正なども現はれたれど、大曆の年號を有して、且つ我曼茶羅と一致するが故に重要なり。

されど是とても實は斷片にして、その全圖に至つては之を想像するに過ぎざるの遺憾あり。然るに別にスタイン及びペリオ氏が歐洲に持行きし燉煌千佛洞發見の畫中には淨土變畫の完備したるものあり。その畫の數は二三に止まらず、年號を有するものは一も見

ざれど他の諸畫との關係上唐末五代間の作と定むべきものなり。

今まその畫を見るに先づ全體の形式中臺及左右下三邊の四部を區劃する如き全く我當麻曼荼羅と一致す。而して其中台に阿彌陀三尊以下の聖像、寶池、寶樹寶樓、妓樂、光變、飛行等を畫くもの、繁簡の差はあれど、是れ亦大體に於て一致せり。又左右兩邊に至つては通じて觀經の序分を畫くものあり、又序分と十三觀とを左右別々に畫くものあり、それには十三觀を右にし序分を左としたると、その反對なるとの二種あり。序分及十三觀の畫も我曼荼羅に於けると大同小異なり。是に至つて我曼荼羅の唐朝に於ける起源は愈〻明白なりと云ふべし。

唯下邊に至つて彼と我と全く一致せざるものあるは注意すべき點なり。下邊は我曼荼羅に在つては中央に縁起の文を書し、その左右に九品の來迎を圖したるが、彼の畫に於ては中央に縁起を書するは一なれど、その左右に來迎を畫きしものなく、何れもその畫を供養する信徒眷族の供養の狀を畫けり。畫の下邊にかくの如く供養の狀を畫くことは發掘の佛畫に在りては殆んどその常例とも云つべく、密教の曼荼羅的なる畫にも往々にして之を畫くあり、顯教の畫にては一體の佛を畫くものを除いて他は大方その例に從ふものなり。前述したる高昌出の大曆の年號ある畫も固より然り。唐畫に於て是くあるにも拘らず、我當麻曼荼羅に於てはその規を破りて特に九品來迎を寫すは抑も何の故ぞや。我國の作物にても天壽國曼荼羅は斷片に過ぎざるも、下に樓閣內に道俗男女の集へる狀と一僧の鐘を撞く所とを圖せるが、卽ち供養の景にて、是れ正さしく支那の古式に則りしものならん。

高昌發掘淨土變圖斷片

然るに今ま我當麻曼荼羅に於ては中古以後の流布本にこそ九品來迎の圖あれ、本曼荼羅にはその部分全く缺けたり。加之本曼荼羅の下張となれる中古の摹寫にも、下邊の部は縁起の文の所も又その左右も淡き墨と淡き色とを以て簡略に點々するのみ。蓋し是れ摹寫の際原本の既に此部分を失せるを證明するものなり。現に流布本の多くある中にその九品來迎の畫に限りて古圖と新圖との二樣ありて一定せざるも、畢竟本曼荼羅に於けるその部分の畫の中古以來不明となりしに因らずんばあらず。

かく考察し來る時は九品來迎を書くことに就て疑を挾まざるを得ざるに至るなり。或は是れ後世別に考ふる所ありて附加したるもゝのにて、本來は矢張り中央なる緣起の文に因みて供養者の供養の狀を寫したるものにはあらざるなきか。

然れども我當麻曼茶羅に於て下邊に九品來迎を書くには深き意味あるものとも云はるべし。その故如何とならば、そも此曼茶羅の四部區劃は善導の觀經釋義の四卷に適合して、中臺は玄義、右邊は序分義左邊は定善義下邊は散善義となるものにして、その爲に之を善導の曼茶羅と稱すと云ふ事、古くより云ひ傳へ、法然傳などにも既にその說あり。此說の如くすれば下邊の散善義卽ち九品來迎を圖すること當然の事となり、決して中古の附加にあらずと云はるべし然るに我當麻曼茶羅が善導の曼茶羅なりと云ふ事果して眞なりや否や。好し善導の意匠に基くものとしても必ずその四部區劃が釋義の四章に合せざるべからずと云ふの理なからん。唯九品來迎の事は既に觀經の說く所なるを以て、その畫圖の此曼茶羅に伴ふは寧ろ自然とも思はるゝなれど、今ま唐畫の實例に於て之を缺くとすれば、それに疑を容るゝことも決して不當にあらずと信ずるなり。

次に我淨土敎美術中淨土曼茶羅と共に重要の地位を有するものは迎接の曼茶羅なり。迎接曼茶羅とは卽ち聖衆來迎圖にして、その創爲者は慧心僧都なりと云ひ傳へり。惠心が來迎の說示に關して熱心なりし事は先づその往生要集を見て明かなり。之を宗家の說に聞けば、僧都は往生要集を著はしたる後往生の遲きを歎じて、遂に花臺院を創立して其處に於て諸僧を菩薩に擬せしめ阿彌陀の像の左右を練り行かしめて、以て來迎の粧をなしたりと云ふ。是れ所謂迎講なり。然れども尙ほ飽き足らずとして遂に廣く衆生に見せしめんが爲に僧都自ら迎接曼茶羅を圖寫したりとかゝる說のあるが爲に後世迎接の畫とし云へば大方其筆者を慧心と定め、其圖は慧心の創爲にして又惠心一人の專有して畫く所の如く思はるゝに至りしなり。

慧心の迎接曼茶羅と稱せらるゝものゝ平安時代に屬して而かも最大なる作例は高野山の來迎圖なり。是は我國の古畫中に在りても屈指の名作にして、一見人をして驚歎せしむるに足れり。是に依て見れば、迎接曼茶羅は我國の淨土敎に對しては殊に適切なる信仰の對象となるべきものにして、又之を美術として見ても甚だ興味あるものなり。淨土曼茶羅は淨土の莊嚴を現示して爛々煌々たるものにはあれど、餘りに煩雜にして美術としては如何はしき點もあり。然るに是迎接曼茶羅は恰も淨土曼茶羅の拔萃なるが如き性質を有し彼の外延的なるものを變じて寧ろ深さに於て甚大の意義あるものとなしたるの觀あり。殊にその背景に池水と山岳等の自然景を寫すに於て特別の妙趣を加ふるものあり。之を當麻曼茶羅と相對すれば如何にも奈良朝より存せし彼の曼茶羅の古樣なるものが、平安朝に至りて自然に變遷發達してかくなりしやにも思はれ、その淵源の大陸に存することの如きは之を考ふるの暇なからんとするなり。

然れども來迎の圖は支那にても畫かれしことは容易に想像し得らるゝ所なり。前說したる我當麻曼茶羅流布本の下邊となれる九品來迎が若し本曼茶羅には存せざりしとするも別に據る所はありたるべく、それ亦唐畫に發したるものなるやも知れざるなり。今ま中亞の發掘品に就て攷ふるに、彼等の中には未だ來迎を獨立に寫したるものあるを見ずと雖も、何等か大なる佛畫中の一部と覺ぼしき斷片にて聖衆來迎と殆んど同形式なるものを畫きしは、大谷伯の探檢隊が高昌にて得たるもの、中にあり。又スタイン氏が燉煌にて得たるものにも之を見る。而して一千九百八年に露國コッロフ大佐が黑城（Kara-khoto）の佛塔にて發掘し得たる畫の中には、斷片にあらずして特に三尊の來迎を畫きしものあり。その畫總じて五點ありしが、圖様は皆な大同小異にて、今ま本誌に寫眞を出したるは、その中の特に代表的なるものとす。時代は宋末か若くは元の初期なるべく、寧ろ新らしきものにはあれど、思ふに此圖の根源となりしものは支那にても古くよりありしなるべく、從つて此畫が亦我來迎畫の起源を攷ふる上の重要なる資料となるは疑なし。

此黑城の來迎圖に於て下に修行者を畫きて三尊の之に向つて來迎する趣は、我來迎圖にも屢見る所と同じけれど、唯その如來の眉間より放つ大光明の中に往生者を包含して、光明攝取の意義をそのままに現はしたるは未だ會て見ざる所にて殊更奇拔なるを覺ゆ。所詮是畫より推して迎接曼茶羅が既に觀經美術の一例として既に支那に於て流行したることは考ひ得らるべし。唯此に一考すべきは來迎の趣を寫すものに二種の類別あることなり。卽ち阿彌陀以下の多數聖衆を寫すものと、幷に唯三尊のみを寫すものとの別あり。而して我慧心以來の迎接圖の古きものには多數聖衆を寫したるもの、方多きに居る。稍や後に至つて三尊を寫すものを生ずるに至る。故に若し支那の影響を攷ふるに於ては、或は多數の聖衆を寫す方が唐畫に關係あり、三尊を寫す方が宋畫に關係あるにあらずやとも思はれざるにあらず。

次に又來迎の圖には來迎の側面に來りてそれと共に迎接せらるる行者を圖中に寫すものと、又之と異りて圖中に行者を寫さずして恰も畫を見る我等が直ちに來迎せらる、如くに正面に來迎の相の現はる、ものとの區別あり。九品來迎の圖にては卽ち前者の圖を取るの已むを得ざるものあり、又九品にあらざる一圖のものにても同一の典型を以てするもの多々あり。黑城出の三尊來迎は卽ちその典型なり。然るに今ま我國にて謂ふ所の迎接曼茶羅の適切なる意義に於けるものは、寧ろ後者の方にて、かの高野の來迎圖がその何よりの例證なりと云ふべし。此適切なる意義に於ける迎接曼茶羅は大陸のものに於て未だ實例に接せず。或は思ふに、此典型は是れ我國の淨土敎の發展に伴ひて特に生じ來れるものにてはあらざるか。假令我國の發明とまでは言はずとも、之を盛に用ひてその典型に於ける圖法の發達をなさしめたるは邦人なりと見るを得べきにあらずや。

又我國には迎接曼茶羅の一類として山越阿彌陀圖なるものあり。是は傳說に依れば慧心が横川山中に於て感得したる所を寫すものと云ふ。その說の實否はともあれ、此畫が叡山の自然景と關係あるものなることは何人も直ちに想ひ到る所ならん。若し春秋の彼岸に近き頃に於て叡山に遊びたらん者は、その夕陽の雲に映じ湖面を照らすの光景壯麗にして雄大なるものあるを感ずべし。扶桑略記に延喜十八年相應和尙の遷化に當りて、大津の町に於て叡山の上に祥雲の棚引くを見且つ伎樂の音を聞き、人々不思議の思をなし、是ぞ來迎の相ならんと云ひしとあるは、如何にも思ひ當ることあり。山越の阿彌陀が叡山に關係ありて、叡山美術と稱するも不可なきことは獨り吾人のみの信ずる所にあらじと思ふ。されば又之を慧心の感得に歸したる古人の說も不條理なりとは認められず。是圖の作例にして有名なるもの幾多ある中に、金戒光明寺のは古來殊に多くの人に知られたるものにて、其圖は山の後方に三尊を畫けり。禪林寺のも有名にて、是は彌陀のみを山の後方に現はし二大士を山の前に立たしめり。又上野理一氏の所有する圖は三尊にあらずして六菩薩の彌陀と共に山の後方に立てるを寫す。是等の三者は圖樣に小差はあれど皆な傑出したる畫にて、我佛敎美術中殊に日本的なる氣分を多く有するもの丶如く思はる。

されば此山越阿彌陀圖に限りてはその起源を支那に見る能はずとこそ思はるゝなれ。如何にもその圖と全く同じきものは中亞の發掘品中に未だ一だに見出さず。然るに又スタイン氏が燉煌より持行きし唐末五代間の淨土畫の一邊に於て、山の後方に釋尊を畫きて宛然我が山越阿彌陀の如きものあるを見たり。その畫樣二種あり。一は兩山絕壁の間に單線以て圓暈を圖し、その後方に於て樹下の立佛を現はすなり。是樣のもの二個あり。他は突兀たる兩嶺の相接する間に半身の一佛を現するものなり。後者は殊に我山越彌陀を思はしむるものとす。但し是等の燉煌畫に於ける山後の佛は傍に經典の文を書せんとして未だ書せざるが故に、一見何佛たるを知らざるも、前後の關係よりして見るに正さしく觀經の部分に因める靈鷲山說法の釋迦に外ならずして阿彌陀にはあらず。觀經は元來釋尊靈鷲山の說法にして、殊に其序分に於ては幽閉中の頻婆娑羅王及韋提希夫人の爲め釋尊靈鷲山より目犍連富樓那の二弟子を遣はして授戒若くは說法をなさしむるの事あり。故に觀經曼荼羅の畫に靈鷲山の釋尊を寫すは常の事なり。而して我當麻曼荼羅の如き又發掘淨土畫の多くの如き、其靈鷲山に於ける釋尊は山を負ふて坐したる形に在るものなるに、別にそ

燉煌出淨土變畫之一部

同上

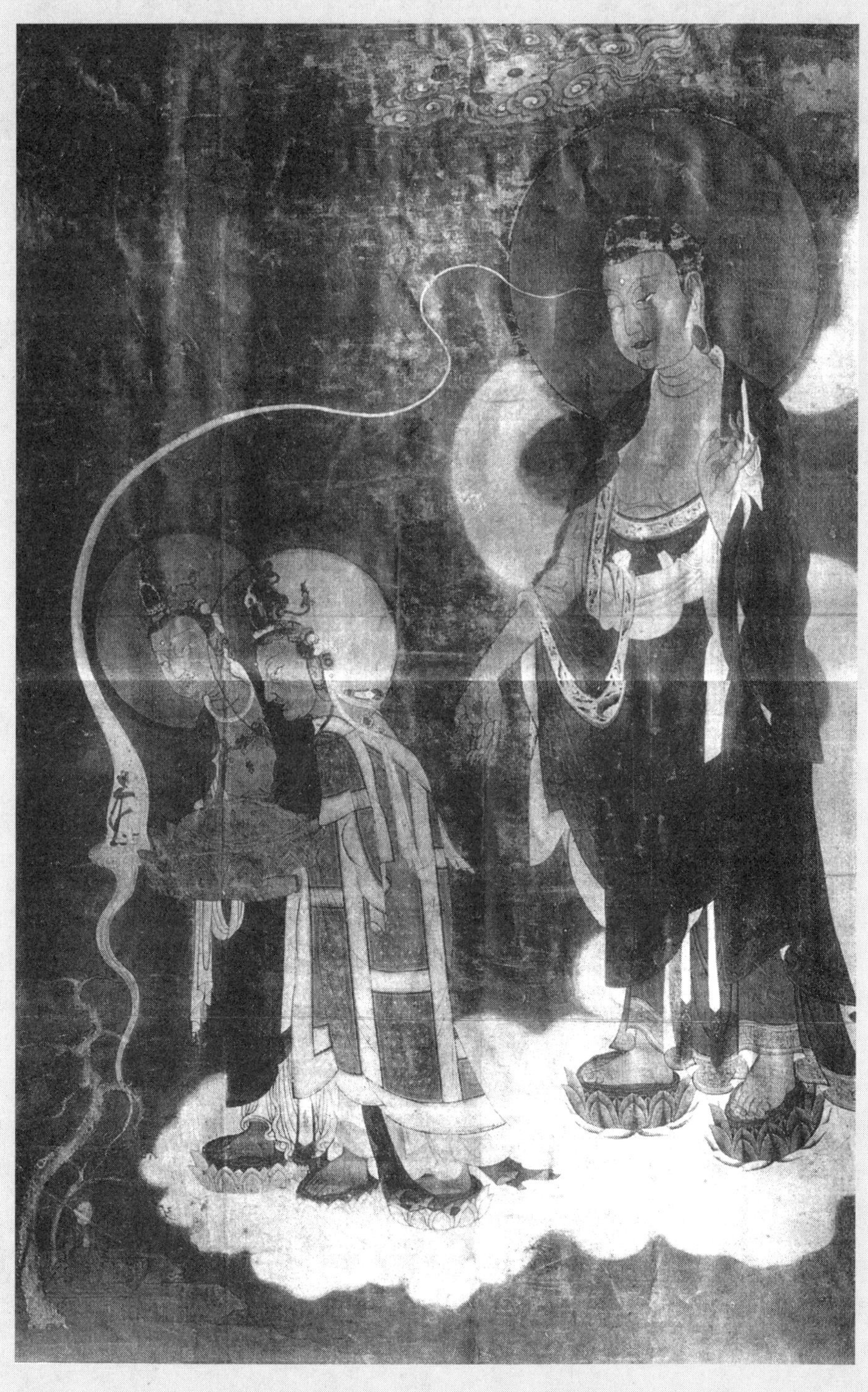

の特例として上に言ふ如き山後釋尊の圖あるを見る。

かくてその畫は釋尊の山後に在るものなれど、圖形としては如何にも我が山越阿彌陀に似たるものなるが故に、是れ亦關係なしと言ふべからず。宗家は或は靈鷲山と彌陀とは何等の關係なきが故に、彼我の畫にも亦關係あるべからずとも云はん。固より敎義の上よりは兩者直ちに關係あるものとは云ひ能はず。されど事相は事相として亦おのづから因緣を生ずるものなれば、彼の本來は釋尊なるべき畫が遂に彌陀に代ると云ふ事もあり得べしと思はる。要するに靈鷲山の釋迦の其種の畫に想を發して、遂にそれが山越の彌陀となるも强ひて怪むには及ばず。固より他には確證なけれども、如何にもその畫が互に相似たる所あるを以て吾人はその關係あらんを疑はざる能はざるなり。

以上論じたる所を概括して云はゞ我淨土曼茶羅殊に當麻曼茶羅の美術は其枝葉なる部分の異同はあるにせよ、大體に於て唐朝の淨土畫に起源を有するものたるを知り、我迎接曼茶羅はその始は大陸畫に淵源するも、是は我國に於て特別なる發展ありしものゝ如く、迎接曼茶羅の一類なる山越阿彌陀もその圖畫としての意匠は彼國の畫に想を得たるものあるやの疑ありと云ふに歸著するなり。此兩個の曼茶羅は我淨土敎美術中尤も大切なるものにて、之をしも研究し盡さば淨土美術のみと云はず我顯敎美術の大半は了解せらるゝと云ふも殆んど不可なきものなり。今ま吾人の研究は專ら從來實見したる範圍の中亞發掘品に關聯して兩者の起源を攷へたるものにて、固より一部の觀察に過ぎず。此問題に關して將來尚ほ多くの資料を得るに至らば更に攷究すべきもの多々あるべし。

おるでんぶるぐ氏の新疆探検

瀧精一（1873—1945）

《國華》332、334、1917

おるでんぶるぐ氏の新疆探検（上）

瀧精一

革命後の文部大臣たりし露國有名の梵語學者セルギイ、フェドロウイチ、オルデンブルグ氏は一九〇九年より一九一〇年に亘りて中央亞細亞の探檢をなしたりしが氏は一昨年それに關する一部の報告書を公にしたり。之れより先き予は露都に在りし時、人類學博物館樓上に陳列せられたる同氏の中亞將來品を閲覧して尠からず興味を感ぜり。英佛獨の諸邦に於て見る同類の品と比較すれば、氏の將來品は數量に於て大なりと云ふ能はざるも、他に見られざる珍奇の品あるを尊しとす。其時予は同氏にも面會して親しく探檢の模樣など聞くを得て益する所多く、同氏は更に數日間予と共に品物の調査をなしたき希望を述べられしが、予は旅行の豫定を變更する能はざる爲め遺憾ながら之を辭したり。然るに其報告書の發行せらるるや、同氏は直ちに一本を予に寄贈せられたるは甚だ感謝に堪へざる所なり。されど奈何せん其書は露文にして、予は自身に之を讀む能はざるを以て、其飜譯の爲め三井道郎氏を煩はせしに、同氏の飜譯は此程完成を告ぐるに至れり。他の中亞探檢に關する報告は大方英佛獨何れかの語を以て書かれたれば讀む人も多かるべきに、此書の露文なる爲め邦人には弘く讀まれ能はず、遂にオルデンブルグ氏の探檢の貴重なる所以を知るものもなくして已まんは遺憾の極なり。予が茲に氏の報告を土臺となし、加ふるに私見を以てして、氏が探檢の梗概を記述するもの、聊か學界の參考に資するを得ば幸なり。

オルデンブルグ氏は一九〇九年六月に露都を出發して支那新疆省の探檢に向ひたるものにて、同氏の一行には寫眞技師ドウデン氏と製圖者スミルノフ氏加はり、其外に考古學者カメンスキイ氏及び同氏の助手たるペトレンコ氏も從ひしが、此二氏は途中病を得て探檢地に達せずして歸國せり。一行は露都よりオムスクまで汽車にて行き、それよりウルムチに出で、遂に喀喇沙爾に入れり。而して氏の探檢したる土地は之を大別して三となすを得べく、曰はく第一喀喇沙爾地方、第二吐魯番地方、第三庫車地方なり。そも新疆の探檢はオルデンブルグ氏より以前に之を行へる人々尠からず。スエン・ヘデン、スタイン、グリユンウエーデル、ペリオ、ルコックの諸氏は殊に著名にして、其外にも邦人間には未だ多く知られざるクレメンツ、ベレゾフスキイなどの人々あり。我大谷光瑞師の探檢隊も前後三回に亘りて踏査をなしたり。是等の中スタイン氏の踏査は其範圍最も大なるが如く、我大谷師のも渉る所甚だ廣し。されば同一地の遺蹟にして幾度も別種の探檢者に依りて手を掛けられたるものあるは勿論なり。然れども探檢者に依て皆なそれ〴〵調査の方針を異にするものなるが故に、同一所を幾度か調査しても更に新らしきもの、發見をなす事はあるなり。

オルデンブルグ氏の踏査せる範圍は喀喇沙爾、吐魯番、庫車の三地方なれば其範圍は寧ろ狹しと云ふべし。然るに同氏の方針は他の探檢者のそれと異なるものあり。從來の探檢者の多くはとかくに寶物の搜索を主眼となし、物品を發掘して少しも早く本國の博物館に持歸る事を是れ努めたるの形跡あれど、氏は寧ろ其方針を排斥せり。氏は寶探がしをなすよりは、寧ろ古寺院等に就て其建造物内外の性質を調査研究する事を以て第一の目的となしたるものにて、此事に關しては予は同氏より直接に其説を聞くことをも得きたり。

同氏の踏査せる地方に於ては先きにグリユンウエーデル氏が類似の方針を以て踏査し、且つ詳細なる報告を發表したるあり、又ルコック氏の如きは何れかと云へば物品將來をば主眼となすにはあれど、幾分同性質の事業をなさゞるにあらず。夫故に是等諸氏の後に行きしオルデンブルグ氏の事業は聊か重複の嫌なきにあらざれど、實際に於ては必しも然らず。氏は飽くまで正式の發掘を試みんとして、從來の多くの人のなす如くに一部分を掘りて幾分の獲物あらば、直ちに他へ轉移するが如き事をなさゞるは勿論、各々の遺蹟に就ての調査には充分念を入れたり。是を以て假令同一所の踏査にしても前人の見殘したる所を委細に見て、觀察の不足を補ひ、又誤謬を訂正する上に於て意外に大なる功績を擧ぐるを得たり。且つや氏が其探檢に於て始よりドウヂン氏とスミルノフ氏とを從へ行きて、寫眞と製圖とに於て前人のなし能はざるものをなしたるは殊に注意すべき事にて、報告書中にも二氏のものせる寫眞と製圖とは多々載錄せられて、他の報告になき異彩を放てるを見る。

第一、喀喇沙爾地方

喀喇沙爾地方に於ける同氏の探檢は專らシクシンに於てなされたるものにて、發掘の工事は八月末より之を開始せり。シクシンに於ては先づ以てミンウイと稱せらる、低き丘陵上の寺院の發掘をなしたり。此山寺の建造物は夥しき數にして、スミルノフ氏の製圖に依て其平面を窺知するを得べし。其建造物中のF4號と名けられたるもの、内部に於て大なる釋迦涅槃像發見せらる。其像塑造にして全身に金箔を押したるもいたく破壞す。如來の頭部と足部とに接續して涅槃を悲む所の人天衆を刻したるものあり、又一人佛の足下に俯したるは阿難なるが如く見ゆ。スタイン氏は喀喇沙爾地方の彫刻物には一方には和闐の藝術に關係を有するものあり、又他の一方には健駄羅の様式を傳へたるものありと説きたるが、オルデンブルグ氏も矢張り其説に贊成して、現に此涅槃の像に於ても健駄羅式は認め得らるべしと云へり。然るに又同じ佛殿に三道の階段ありて、それに關して氏は特別の説明を與へり。此階段は寫眞に依て見れば甚だ單簡なるものに過ぎざれど、其中央道にはもと勾欄ありしもの、如く今も其勾欄の破片殘れりと云ふ。而して是と同形なる階段は他の新疆省の寺院に於ても見らる、ものにして、是は決して偶然のものにあらず、何等か特別の意味あるものならざるべからず。卽ち是れ佛典に見る三道寶階の故事に基きて作りたるものならんとの氏の意見なり。三道寶階は釋尊の母の爲めに說法せんとして三十三天に登り、更に諸國民の渴仰に依りて僧迦施に下降したる時に現はれたるものにて、釋尊は中道七寶の階道に依りて下り、右の白銀階道に依りて梵天、左の黃金階道に依りて帝釋天下れりと云ふなり。此三道寶階の圖はバルハットの浮彫を始として古印度の彫刻物には多々現はされたるが、今ま此寺院に見るものそれ等の形相と相似たるを以て氏は斯く論せり。

Ｋ９と號する堂宇の中に有する壁畫には珍奇なるものありて存し、

第一小圖　シクシン第七號洞窟佛陀像

氏は之を露都に將來し、報告書中にも三色版となして載せたり。その畫たるや精巧驚くべきものありて、氏は此畫を以て全く特殊なるものとなし、新疆に於て目擊したる壁畫の一も之と同種なるものはなしと說けり。予の實物に就て感じたる所を以てすれば、是はグリユンウエーデル氏が吐魯番より持歸りしものと相近きものあるが如く思はれ、或はそれよりも技巧に於て幾分秀でたる所ありとも云ふべきか。尙ほ氏が此建造物中より取り來りし畫の中には須彌山に大蛇取り卷き、上に日月を現はしたる圖、又は手に花を持てる信者の群衆を畫きしものなどあれど、それ等は報告書中に載錄せられず。

次に右山寺の西北方に當りて十一の洞窟あり、是れスエン・ヘヂン・グリユンウエーデルの兩氏も既に訪づれたる所なり。其第一號洞窟の壁には佛像を畫き、其壁の蛇腹の部分に白地に黒書を以て梵語を記したるあり、又佉僂文字にて記したる銘文をも見ると云ふ。又其壁龕の一には粘土製の髑髏二箇を發見し、其壁には蓮花の莟と六瓣の花と骸骨とを畫けり。第四號には鹿野苑に於ける轉法輪を象りたる彫刻を安置す。第四號及び第八號の構造は健駄羅地方に弘く行はれたる洞窟の型に似たるものありと。第五號は天井に畫ありて、其圖は横に線條を以て幾つかの區劃をなし、其各各に佛陀天人其他を畫く。第七號には巨大なる佛陀の塑像あれど、惜いかな破壞せられ、今は頭部と脚部とを殘すのみ。其像の下衣は赤く、上衣は黄に、裏は緑にして、製作は侮りがたし。(第一小圖參看) 第九號には廊下には佛像多々併列し、其中に涅槃の像もあり、天井には畫を有す。

第十號は入口の右側に大なる怪物の像ありて地上に横はる。內部

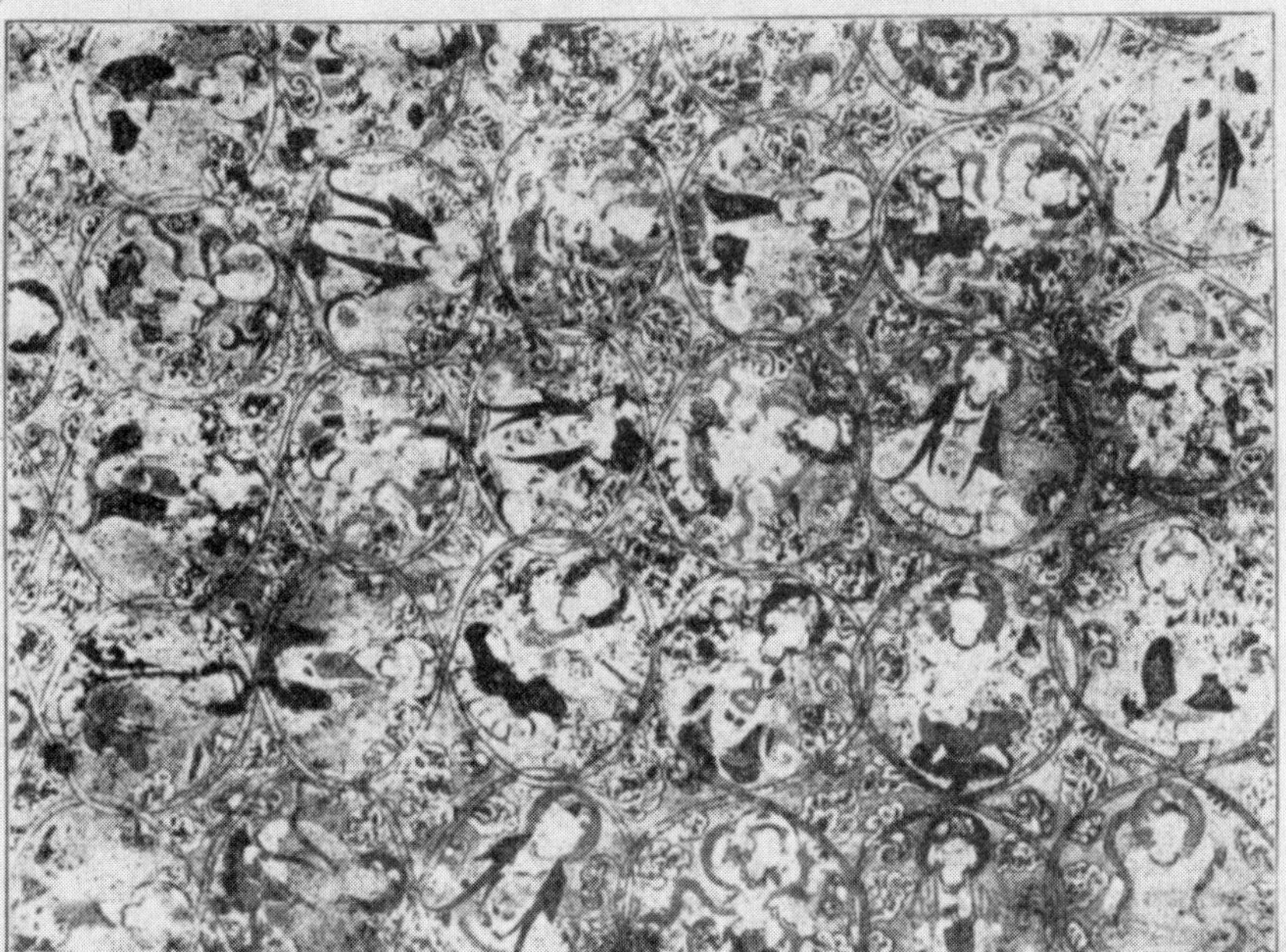

第二小圖 シクシン第十號洞窟天井畫

天井及側壁の畫に至つては甚だ見るべきものあり。圖は蓮花莖の如きものを交參せしめて幾多の圓形を作り、其圓形内に一々佛像を畫き、莖と莖との中間を充塡するに花紋を以てす。其色彩は黄、茶褐、薔薇、青等にして甚だ優麗の趣あり。(第二小圖參看) 第十一號は入口に佛像ありて、內部は廊下の壁に佛陀の前に立てるウイーグル衣裝の婦人を畫き、其上に銘文あり。其の文はレヴヰイ博士の考證に照らして、數世紀間其地に於て用ひられたる龜茲語なる事を疑ふべからざるものなりと。他の壁には提和竭羅本生の畫あり。又後方の廊下の壁には涅槃圖あり、之に對して遺骨分配の圖を畫く。涅槃圖の一部なる執金剛神の畫は切り取りて持歸られたり。

以上は十一洞窟に關するオルデンブルグ氏の説明を簡約して

述べたるに過ぎざるが、尙ほ氏は附加して云へり。曰はくシクシンに於ける遺蹟中の繪畫と彫刻とは、一方吐魯番の品物に類似すると同時に、又他方にては龜茲の品物に類似す。是れ全く喀喇沙爾地方の歴史の然らしむるものにて、喀喇沙爾は政治上の變遷に依て或は龜茲に接近し或は吐魯番に接近したる事あり、其爲めに其藝術も亦兩方に關係を有するの結果を來たすなりと。

第二、吐魯番地方

吐魯番地方の探檢は之を細別すれば十二箇所に分かる、ものとす。但し其中には特別に念を入れて捜査したるものと、然らざるものとはあれど、概して此地方の探檢に就てはオルデンブルグ氏は最も多くの力を用ひたるもの、如し。

(一)雅爾河畔の古城　此古城はクレメンツ氏の調査以來ヤルホトと稱するの習となりしも、其名は土地にては全く知られざる事なりと云ふ。一行は此古城內の小堂よりウイグル語の寫本斷片絹地の佛畫其他の品物夥多を發掘して、何れも之を露都に持歸れり、又此地にては方形の一臺座上に建てられたる百一塔の建物を發見せしが、是と同形のものはイヂクトシヤリにも存せり。（第三、第四小圖參看）次に二箇の寺院の恰かも支那の學林に似たるものありて、其境內には本堂以下小なる堂宇、僧房及び廣大なる庭園あり。是と同樣なる寺院は健駄羅地方にも往々見るを得べしと。其外此地には洞窟及墓所の稍や注意すべきものありと。

第三小圖　ヤル城內百一塔平面

第四小圖　ヤル城內百一塔廢址

(二)舊吐魯番　是は新吐魯番の東南に位し、是所には同々數の堂宇と幷に學林あれども何れも新らしきものなり。氏は此地にては何等發掘をなさず、唯寫眞を撮影せるのみ。

(三)イヂクトシヤリ　此地に關しては既にグリユンウエーデル氏の詳細なる報告もあれど、今や之を訂正すべきもの亦尠からず。此地には雅爾に於て發見したると同型の百一塔あれど、グ氏は之を八十四塔より成るものと說けり。蓋し是は四方に各、二十五塔あるを二十塔と誤算し、中央の一塔の四面に龕あるを四塔と見誤まりしに因るならんと云ふ。五號の名を附する建物は珍奇なる平面にして、其内に有する壁畫は西藏式なる如く、コツロフ大佐が黒城に於て發見したる佛畫に比して甚だしく相似たるものありと。

又城の西南の大寺院中よりは絹地に書きし千手觀音の圖發見せられたり。此圖はグリユンウエーデル氏の報告せる如く、一たび土人の手にて發見せられてより後行方不明となりしが、領事クロトコフ氏の手に依りて見出されて露都に送られたり。

予の記憶にして誤なくんば此圖は人類學博物館の樓上廊下の突當りの壁に懸けられたるものにて、竪長き美麗の畫なり。其畫致や吐魯番附近より出でたる他の佛畫、乃至は燉煌千佛洞などより出でしものとは稍や趣を異にす。其圖樣中央に千手觀音の立像を畫き、其左右に五尊あり、其上に左右相對して、普賢と文殊とあり、其上方更に五佛あり、其中央の佛は寶冠を著せざるも、恰かも大日の智拳印に似たる印を結べり。而して中尊の下方に於ては赤面金剛と青面金剛と相對し其下には供養者の像を兩隅に少さく畫けり。時代を確定するは困難なるも、唐末宋初の間に在るは疑なしと思惟す。オルデンブルグ氏は他日之を印刷する計畫ありと云ひしが、そは最も望む所なり。

(四)アスタナに於けるタイザン　タイザンとは大塔婆の事にして、其圖はクレメンツ、グリユンウエーデル兩氏の報告書に出でたり。此塔の破壞以前の事に關しては回々敎徒なる一土人の物語る所詳しければとて、オルデンブルグ氏は參考の爲め之を載錄せり。然れども今まは之を記するを略せん。

第五小圖　サシクブラク洞窟內壁畫

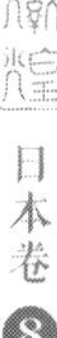

第六小圖　センギムアギズ第七號寺院

(五)吐魯番北方の小隘路　是はクルッカ、タリクブラク、サシクブラク、シバンの四所に分かれたるが、其中クルッカに關してはあまりに著るしき發見なかりしが如く、最も注意すべきはタリクブラクなりとす。タリクブラクの洞窟に關してはグリユンウエーデル氏が前後二回の報告書中にも記載ありて、その裝飾は頗る興味あるものなり。天井の文様も面白けれども、左右側壁の諸尊像の畫亦甚だ盛なり。諸尊像は正方形の區劃内に一體宛畫かれて、其上方の隅にはウイグル語の銘文ある色紙形あり。諸尊は即ち摩訶悉陀なりと云ひ、其形相に關してはグリユンウエーデル氏も既に研究する所ありしが、オルデンブルグ氏も其姿勢持物色彩等に關して自身に取調べたる所を詳細に記述せり。

次はサシクブラク及びシバンなるが、此地は獨逸の探檢隊が基督教文書の多數を獲たる所にして、亦甚だ注意すべし。オルデンブルグ氏の見る所に依れば、洞窟内の壁畫は西藏式にして、殊にその尊像の楕圓なる背光の形式、若くば喇嘛僧らしきもの、像ある事が最も善く之を證明すべく、要するに此地の洞窟はイヂクトシヤリイのそれと關係あるべしと云ふ。氏は又別に一洞窟内に於て特殊の技法より成る壁畫を發見せり。是は粗略なる畫なれど、壁畫としては手法珍らしく、殊に其中に畫かれたる塔婆の形など注意すべきものあり。

其他此地よりは西藏語の文書をも獲たりと。(第五小圖參看)

(六)センギムアギズ　是は喀喇和卓(カラホジョ)の北方に位する所にて、クレメンツ、グリユンウエーデル二氏の報告書に依て見るも、重要の地たるは明なり。然れども、グ氏は未だ充分の調査をなさざりしを以て一行は殊更此地の研究に念を入れたる如く見ゆ。此地に於てクレメンツ氏が大佛堂と名けたるものは蓋し祈禱堂にして、其室内には臺座上に佛像ありしものなるが、今は失せたり。されどその佛像が觀音と彌勒なりし事は想像せらるべしと。壁畫は先づ寶池を寫して其中に蓮華座を現はし兩側に平伏せる人物を畫く。それに漢字の銘文あれども遺憾ながら讀み能はず。其後方の壁は萬佛堂とも云つべきものにして、甚だ多くの諸佛諸菩薩を畫き、それに梵文の銘ありて、グ氏も幾分之を讀みたるも、尚ほ洩らしたるもの多かりしと云ふ。

第六號の寺院と稱する建物はグ氏も詳細に之を説きたるが、其天井及び壁の畫こそ實に見事なるものなれ。今ま玆に出したるドウチン氏の寫眞は眞に善く寫されたれば參考となる事大なり。壁面の畫は剝落甚だしけれども、淨土曼荼羅の圖たるは疑なく、緻密の手法に成りて、暈取の甚だ精巧なるものなり。グリユンウエーデル氏は其天井の畫を自身に摹寫して報告書中に載せたるも、これを此寫眞に比ぶるに甚だしき相違あるは注意すべし。其天井の畫は實に花瓣の幾重にも重さなりし如き趣のものなるに、グ氏の摹寫する所にては其趣はなくして、幾何學的なる線形の文様の如くなれり。（大圖其一參看）寫眞に依て見れば、此天井畫は所謂暈繝彩色より成るものにて、其彩法の巧妙驚くべきものあるが如し。大谷師探檢隊の將來品中には暈繝織の裂地の甚だ見事なるものありしが、彼と是とは共に東亞に於ける暈繝法の起源を攷究する上の有力なる資料と云ふべし。

第七號第九號の寺院の構造は何れも注意すべきものにして、第七號は吐魯番地方に於ける寺院の標範となるべき形を有す。（第六小圖參看）又第九號内には壁畫の見るべきものあり。然れども第十號の壁畫には及ばず。第十號の畫は寫眞數葉を錄せるが、その中の樹木と葡萄とを畫けるものは奇異にして全く他に類を見ざるものなり。天井畫に至つては暈繝式の寶相華を以て圓形を作り、圓の中心に佛像か又は本生らしきものを寫し、且つ圓形の間には鳥と雲の文様を畫けり。其文様の性質精美を極めて、而かも纖巧の弊なく、頗る雄偉の氣に充ちたり。（大圖其二參看）

オルデンブルグ氏は曰はく、センギムアギズの建造物は考古學上甚大の興味あるものを多々有するにも拘らず、從來の踏査者が此地に於て主として古書類の捜索にのみ力を用ひて、其建築及び繪畫等の研究を怠りしは遺憾なりと。又氏の言に依れば、此地の壁畫中には釉藥のかゝりしフレスもありと。そは果して如何なる風致のものなりや。（未完）

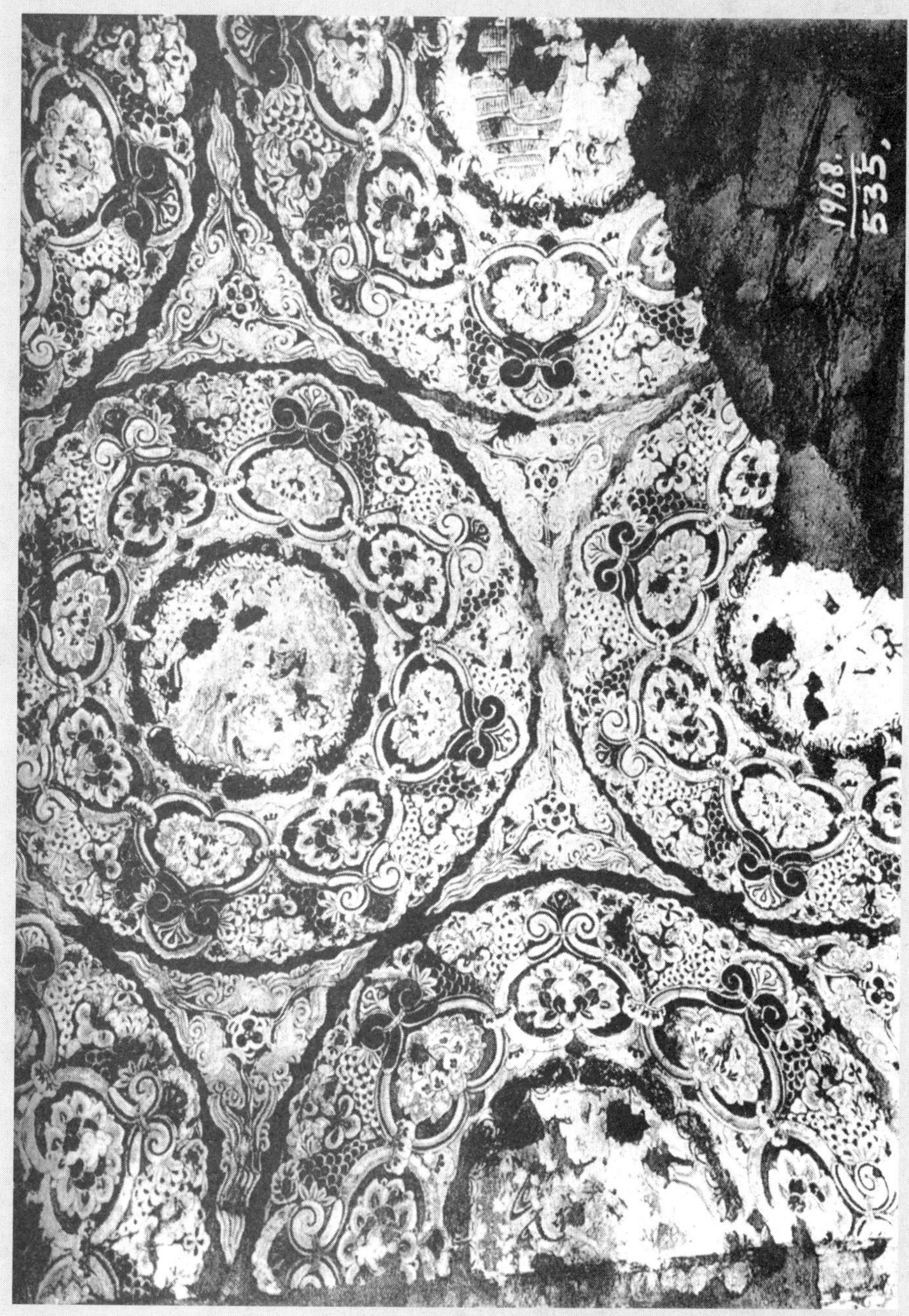
1968.
535,

おるでんぶるぐ氏の新疆探検（下）

瀧精一

(七)ベゼクリク　此地方の遺蹟に關してはグリユンウエーデル氏の詳細なる報告あり、又ルコック、バルトスの二氏は此地より多くの壁畫を將來して報告をも出したれば、重ねて辯するに及ばずとなして、オルデンブルグ氏は唯其概要を說くに過ぎず。然れども載錄の遺蹟圖はスミルノフ氏が器械を以て精確に作りしものにて未だ他に類を見ず。元來此地は摩尼敎徒の植民地なりしを、後に至つて佛敎徒の占領したるものゝ如く、從つてオ氏の見る所にても洞窟の如きも佛敎徒が摩尼敎徒の作りしものを改造したる如く思はるゝものありと云ふ。

尙ほオ氏は洞窟に現存する壁畫の寫眞數種を出したるが、それ等は何れもルコック氏の將來品には見られざる種類のものにて貴重なり。一は樹下美人の圖にして手法沒骨なり。次は淨土曼荼羅らしき圖にして、是れ亦手法他に類を見ざるものとす。次は織物をそのまゝに寫したる如きものにて、センギムアギズの同類の畫に比しては遜色あれども、亦以て一奇とすべし。又第四十三號と稱する洞窟には梵文の長き銘あり、卽ち是れプラシノツタラ(Praśnottara)なる問答の文なり。オ氏の說に依れば此書が波斯文學上に影響したるは豫て知る所なるが、中央亞細亞にまで傳播したるは此銘文に依て始めて得るを得べしと。

(八)木頭溝（ムルトク）及び其附近　此地に存する壁畫にも亦面白きものあり。日本の探檢隊も此地より多くの壁畫斷片を持來れり。オルデンブルグ氏の見る所に依れば、ホジヤムブラゲの佛堂の入口には地獄の畫と覺しきものあり。惜いかな今は僅かに其一部を殘すのみ。又ベシブカの一洞窟の天井には暈繝式寶相華紋中に菩薩像を畫けるものあり。其畫法却々に精巧を極め、寫眞にて見るも尙ほ賦色の巧なるを想像するに足る。此畫に關してもグリユンウエーデル氏の說明は實際と合はざる所ありと。

(九)チカンキヨール湖の附近　此處にも大寺院ありて、センギムアギズの寺院と同型なり。其壁畫の一部分はルコック氏切り取りて持來れり。

(九)吐峪溝（トヨク）　從來の探檢家にして吐峪溝を見舞はざるもの殆んど是れなく、我國の探檢隊も此地より多くの品物を持來り、クレメンツ及びグリユンウエーデルの兩氏は最も明細に此地に關する報告をなしたり。川の上流なる一洞窟内の壁畫に於て、クレメンツ氏は圓形内に鷄首を有する文樣ありと記せしも、グリユンウエーデル氏は之を見當らずと云へり。然るにオルデンブルグ氏は云ふ、其鷄首とあるは實は野猪の首を見誤りたるものなりと。氏は又云ふ是の如き些細なる過誤を喋々するは如何はしけれども、凡そ探檢に際しては經驗を積める人々と雖も、文樣の細部などに就ては見誤をなし易きものなるを以て特に注意するなりと。

川の右岸に在る大寺院の平面は珍奇なるものにして、是れ雅爾湖畔、イヂクトシヤリ、センギムアギズ、チカンキヨール等の大寺院と大體の性質を同うするも、唯他の寺院に在つては後方に長く延びたるに反して、是は横に弘がれるを以て異りとなす。此寺院内の文樣幷に彫刻物は其樣式に於て西藏風を帶びたりと云ふ。又左岸なる建物の中には印度の摩訶菩提の塔婆の如き五塔形のものあり。但し是と同類のものはタリクブラクにもあるなり。

(十一)シルキプ(十二)レムジンの隘路　シルキプ村には大塔ありて、クレメンツ氏は既に其明細圖を取りたるが、是れ方形にして上に進むに從て漸く狹く、宛然物見櫓の如き形をなせり。現に殘る所を以て見れば、七階にして各層幾多の壁龕を以て繞ぐらし、又上方の壁龕内には坐佛像ありたるならんと云ふ。レムジンの隘路に於ては現に陶器の製造所あり、其外に古跡の注意すべきものありと。

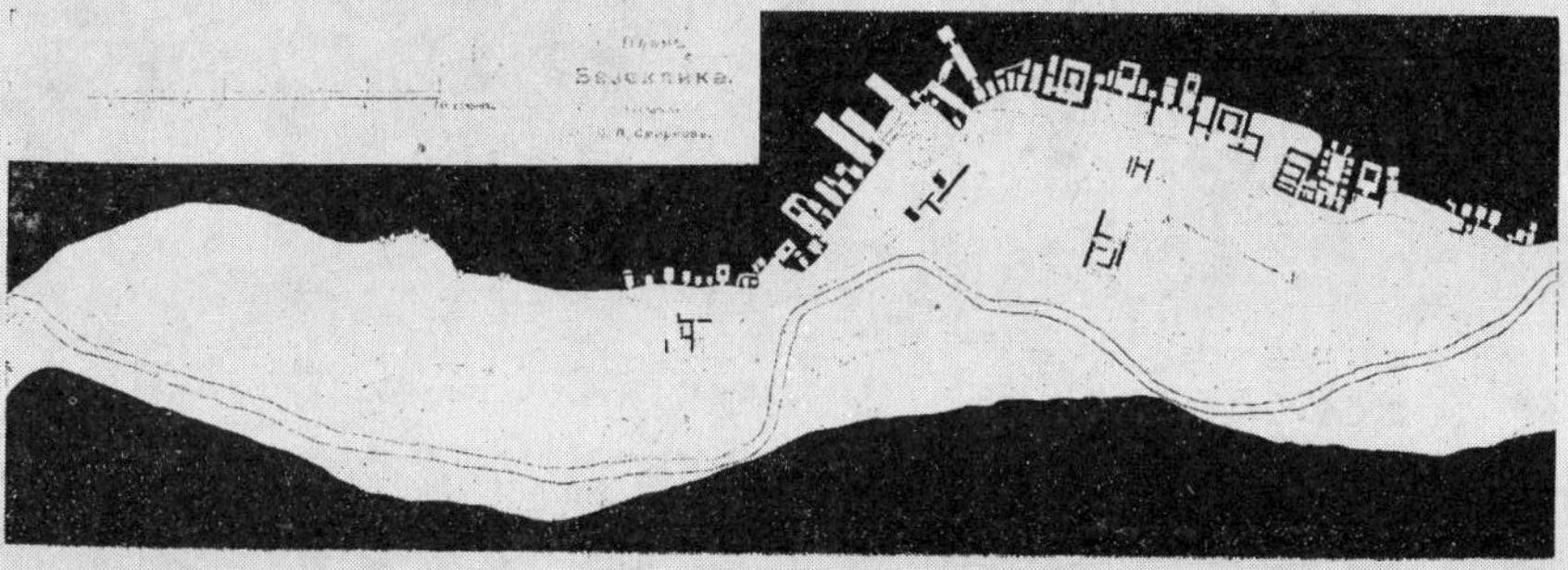

第七小圖　ベゼクリク遺蹟平面圖

第三、庫車地方

さてオルデンブルグ氏が吐魯番の踏査を終るや、同行者なるドウヂン、スミルノフの二氏は直ちに歸國したり。依て氏は一人唯通譯と料理人とを引連れて庫車に向へり。時恰かもシクシンの探檢を始めしより後約三月半なり。そも庫車の沃地には舊蹟甚だ多く、歐州人及び日本人の來りし迄には其舊蹟も完全に保存せられありしが、一たび探檢者の來りて物品の發掘を行ひしより寧ろ無慘なる破壞の行はれたるや明白なり。殊に此地の壁畫の如きは下地脆弱なるが故に切取りの際憫むべき碎片と化したるもの亦尠からずと云ひ、オルデンブルグ氏は是事に就ていたく憤慨の語氣を洩らせり。

(一)ミンテンアタ　ミンテンアタとは千體の父の意にして、此地に關して土人の語る所の傳說は必しも信を措くに足らざるもの、如し。現今は回々教徒の靈地なれども、以前は佛教徒の地なりしが如く、オルデンブルグ氏は先きにベレゾフスキイ兄弟の

第八小圖　ベセクリク洞窟壁畫樹下美人圖

踏査したる附近に於て更に發掘をなせしが、驚くべく彩色の美なる鮮明の壁畫及び佛像の破片をも見出せり。それ等に依て氏の判斷する所にては、此地の遺物はイジクトシヤリ、タリクブラク、ザシクブラク、トヨクマザルの物若くは蒙古黑城の物に類似し、要するに古代西藏藝術の感化を著しく留むるものとするなり。且つや其遺蹟に存する銘文の回鶻文字より成るもの、如き、書法宛然西藏のそれを採用したるもの、形跡あるは、愈、兩者の關係密なるを知らしむべく、西藏の感化が是の如く庫車の遠きにまで及びし事は、一つの注意すべき事項なりと云ふ。

(二)蘇巴什(スバシ)　此村の山中より庫車の東北に向つて流出する川の西岸に二大僧院の廢墟あり。オルデンブルグ氏は是れ恰かも西域記屈支國の條に

荒城北四十餘里、接山阿隔一河水、有二伽藍同名照怙釐、而東西隨稱

と說く所のものに相當すと論ず。庫車より蘇巴什に至る間には數多の古塔あり。蘇巴什の山寺は既にペリオ教授に依て秩序的に發掘せられ、正確なる繪圖も作られたり。西方の山地には龜茲語の銘文を有する洞窟あれど、其壁體集塊性の岩石なれば散壞し易くして發掘困難なり。ベレゾフスキイ氏の既に發掘したる支堤ありて多少の發見物なきにあらず。東方の山地には壁龕に於ける佛像と裝飾畫の見るべきものありて、其畫は印度式のおもかげあり。又凡そ此地に於ける磚の積方は健駄羅建築に於て見る如く、粘土と小圓石とを厚く積み重ねて磚は僅かに其小圓石の中間に挿入せらる、に

過ぎずと云ふ。

(三)シムシム　是はクリシ村より西北に位する谷間を云ふ此處には總計五十の洞窟あり、又是に近き丘上にも幾多の洞窟あり。谷の中央にある廢墟は塔婆なりと云ひ、其附近より陶器の破片出づ。其陶器は庫車に於て屢〻見る所の青色の釉藥を施して文樣を有するものなるが、オルデンブルグ氏は其種の陶器にして梵字を記したるものを發見せり。洞窟畫中二羽の青色なる鸚哥の圖はブレゾフスキイ氏之を摹寫したるが畫風寫生的にして珍らし。

(四)クリシ　クリシの名稱はグリユンウエーデル、ルコックの二氏に依りてはシムシムにも適用せられたり。此地の丘陵に存する洞窟は排列の法シクシンのそれと相類す。一洞窟內には壁畫の見るべきものあり、其圖樣或は火焔を附する背光の中に多くの化佛を有する佛陀の立像を畫くあり、或は本生を畫くあり、或は降魔の圖を畫くあり。降魔の圖は中央に坐せる佛陀ありて、右方には一怪物の佛陀に向つて石を投ぜんとし、左方には王冠を戴き後光を有する魔羅の長刀を按じて立ち、上方に牝獅と虎頭を有する怪物現はる。其圖樣いと面白けれども破損甚たしと。

第九小圖　ベシプカ洞窟天井畫

(五)キジルカルガ　此地の洞窟はベレゾフスキイ氏の圖面を取りたるものあるが、其數すべて五十以上にして惘むべく破壞せられたり。されど其洞窟は一見して非常に古きものたるを感ぜしむべく、繪畫に就ては支那的なる所少くして、其山中の景色、諸佛の像、佛陀の遺骸を茶毗する圖の如きは、如何にも古代龜茲の畫としての特色を示し、且つシクシン、吐峪溝の畫に近き趣をも有し、又其畫には龜茲語の銘文もありと云ふ。

(六)赫色勒(キジル)　此地の洞窟に於ける

装飾畫は殊に珍貴なるものありて、ベレゾフスキイ兄弟グリユンウエーデル氏等も幾分を持來り、且つそれに關する研究をも發表せるあり、日本の探檢隊も其畫一部を將來し、其寫眞は既に西域考古圖譜中に載錄せらる。近くはルコック、バルトス二氏の一行その畫を切り取りて持歸れりと聞く。

今まオルデンブルグ氏の報告書中に其寫眞を出したる壁畫はグリユンウエーデル氏が階段窟と名けたる洞窟內のものにして、圖は佛陀傳より取りたるもの、如く、畫風古代印度の小品畫に見るものと相似たり。我探檢隊の將來に係るもの、中には是と全く同類と覺ぼしきものあり。西域考古圖譜に收めたる第五圖第七圖の如きその人物の異樣なる風態にして、緊細の描線を用ひて陰影强き著色をなす所全く一致す。オルデンブルグ氏は此畫を以て後期健駄羅時代の畫法を代表するものなりとの意見なり。其說の可否は暫く措いて、ともあれ此畫は新疆に見る所の古畫中最も重要なるもの、一なるは疑ふべからざる所なり。

尙ほオ氏は右壁畫の寫眞の外に同氏及びベレゾフスキイ氏の將來したる繪畫の斷片の縮圖を揭出したるが、其中には迦樓羅及び那伽の圖あり、其形相何れも奇なり。次は波斯樣鴨文錦の文樣より成る小壁の畫にして、其文樣は星つなぎの輪帶を以て作る圖形內に、寶石眞珠の類を以て裝飾する花鬘を啣へたる鴨の立てるを繫ぎたるものなり。是等の畫はグリユンウエーデル氏の報告に依つて既に世に知られたるものなり。降魔圖中の一惡魔の首は如何にも表情に富みて善く畫かれたるが、是れ亦我探檢隊が將來して庫木吐喇出と稱し居る畫中の人物にさも善く似たり。其他に武人の土偶も亦注意すべきものなるべし。

(七)庫木吐喇（クムトラ）　此地洞窟內の畫に就てもグリユンウエーデル氏の報告あれども、尙ほ漏れたるものありとして、オルデンブルグ氏は一天井畫の寫眞を出だして之を說明せり。畫は佛菩薩の幾段にか併列する圖にして、其中に菩薩の幾多の首を有して恰かも花を束ねたる如き形なるあり。オ氏の說にては此の如き形容の尊像は極東には屢、見る所なるも、西藏式の佛畫には未だ曾て見ず、支那新疆省にも他に類似なきが如しと。尙ほ唐草に似たる渦卷文樣の奇なるもの一圖を揭げたるが、是れ亦珍物なり。

(八)タジク及びトクラクリクアキン　此二村落はベレゾフスキイ兄弟の發掘を行へるあれど、グリユンウエーデル氏は訪づれざりしが如し。二村の中トクラクリクアキンには稍や見るべき洞窟あり。破損甚だしけれども、涅槃圖、荼毗圖、及び本生等を畫きしものあるを認むべしと。

(九)ダワンクム曠野中のコネシヤル　ダワンクムは現に其地に見る溝梁建造物の廢墟及び砂中に埋れたる雜多の品物より察するに、其昔は非常なる繁榮の土地なりしが如し。然るに今や寂滅の光景を呈するに至りしは、全く水の涸渴したるを原因となす。コネシヤルは古城にして、それに關して傳說あれど信ずるに足らず。其地には强風屢、來りて發掘をなす事容易ならずと雖も、間、珍奇なる物品を獲べく、或は純金製の品物をも出す事ありと。

オルデンブルグ氏は斯くて庫車附近の探檢を終りしより、一九一

○年一月十二日を以て庫木吐喇を出發し、列氏零度以下十度の極寒中に曠野の旅行をなし、其間に更に幾分の探究をなしつ、遂に歸途に就きたるなり。之を要するに氏の探檢はグリユンウエーデル其他の人々が既に一たび取調べたる所を重ねて踏査したるもの多けれど、其方針とする所は前者のそれとおのづから異るものあるが故に、頗る有益なる結果を齎らしたるものなしとせず。最初にも云ひし如く、氏が製圖と寫眞とに關して技倆ある人々を伴ひ行きしは最も注意すべき事にして、特に壁畫の寫眞の鮮明なるものを得たるに於ては、恐らく何人と雖も及ぶものなかるべし。氏自身も此點に於ては從來の探檢の不備を補ふの功あるを信ずるもの、如し。そもグリユンウエーデル氏の如きは新疆諸地方の探檢に際して洞窟內部の模樣等を委細に研究したる人なるが、壁畫の如きは自ら之を摹寫する事にのみ苦心して、寫眞を取る事に就て甚だ冷淡なりき。グ氏は其報告書中にも記する如く、寫眞は種々の理由に依て不可能なれば、手づからなせる摹寫こそ必要なれと思惟す。摹寫も固より必要に

第十小圖　キジル發見鴫文絹文樣

は相違なかるべし。されど寫眞はなかるべからず、寫眞と摹寫とは相伴つて完全なる研究の資料となるなり。摹寫は如何に念を入る、も、意外の誤をなす事なしと限らず。グ氏がセンギムアギズの天井畫に就てなしたる摹本が原物と相違するや寧ろ甚だしきものあり。又彼の畫に於ては其暈繝的彩色の技巧最も重要なるに、グ氏の摹寫が全く之を省きたるは愈、不備なり。我等は此畫に關しては先きにグ氏の報告を讀みたる時には感動もなかりしが、今やオ氏の報告に接して始めて其技巧の絕妙にして、又頗る攻究を値すべきものなるを知るに至れり。グ氏は既に然り、ルコツク氏に至つてもその自身に將來したる品物の複製は完全なるものを公にしたれど、新疆の地に現存する物の寫眞は如何に之を取りしや、公表なきを以て明瞭ならず。然るにオ氏の探檢は此點に於て殊に諸氏の事業を凌駕するものあるを疑はず。凡そ探檢の事業は豫め其方法を十分に攻究したる上に於て實行せざれば、奏效思はしからざるは云ふまでもなし。將來我國に於てなすべき此事業の如き特別なる注意を以てするを

必要とし、非學術的なる所爲を以てするものは最も之を戒むべし。オルデンブルグ氏の探檢の如き正さしく吾人に向つて注意を促がすもの多きなり。

尙ほ氏の探檢報告書中には終りの一章に吐魯番地方より持歸れる品物を揭出して說明する所あり。其幡に畫かれたる觀音圖の如きは精巧賞美すべく、又摩尼敎の聖像圖の印刷物の如き甚だ珍とすべきものなり。されどそれ等多くの品物に關する說明は今は之を略せん。(完)

大谷師探檢隊の將來せる吐魯番壁畫の一斷片

瀧精一（1873—1945）

《國華》334，1917

大谷師探檢隊の將來せる吐魯番壁畫の一斷片

節庵

我大谷光瑞師の派遣したる支那新疆省探檢隊は前後三回彼地に至り、每回文書美術品等を持歸るもの尠からざりしが、第二回の時には殊に多くの壁畫の斷片を將來せり。吾人は今ま第二回の將來壁畫の一片を木版色摺として紹介し、是に就て一應の說明を試みんとす。抑、第二回の探檢に從事したるは橘瑞超、野村榮三郎の二氏にして、二氏は明治四十一年六月を以て北京を出發し、先づ途を外蒙古に取り、烏爾木齊より南下して喀喇沙爾を經て吐魯番に入れり。吐魯番にては東の方喀喇和卓附近なる勝金口、木頭溝の諸地を踏查し、西の方は雅爾湖畔の古蹟を訪ねて發掘を行へり。卽ち此壁畫は其時の所得に屬し、探檢者の言に依れば是は木頭溝の洞窟中にありしものなりと云ふ。

此畫と類似せるものはルコック氏のベルリンへ持行きし壁畫にして、ルコック氏のは吐魯番附近なるベゼクリクの寺院にて切り取りしものなれば、或は此斷片もベゼクリクのものならんかと疑ひしが、探檢者は然らずと云ふ。何れにしても是は大なる壁面の一部分にして、是と殆んど同類の尊像を書くものはルコック氏の將來畫中に多々あり。而してルコック氏の畫は之に接續する他の部分をも有する大なるものなるが故に、それより推して、此像が如何なる畫圖の部分にして、又如何なる位地にあるべきものなるやを考ふることを得るなり。

ルコック氏將來の壁畫は同氏の著『ホッチョウ』中に複製して載せられたるが、此畫と同類にして而かも圖様の完備せるもの十餘種ありて、氏は何れも之を願度（プラニディ）の光景を寫すものとす。其圖大抵結構を同うし、中央に立てる佛陀は種々なる說法印を結びて、舟形の光背を負へり。佛陀の左右兩側には上より下に竪に幾多の供養者を畫く。其供養者の中には菩薩の形なるあり、諸天の形なるあり、比丘の形なるあり、將た俗人の信者らしきものあり、何れも或は合掌し、或は香花等を捧げ、或は黑髮を剃り落す狀にありて、其數多きは十體にして少きは六體なり。又上空に當つて樓閣を現出せしむるものあり。而して圖の最上方には橫に三角を連ねたる簾の下に、瓔珞を以て嚴飾する所の帳を垂れたるを書き、其垂帳の下端に接しては白地の帶を橫へて、其上に梵文の銘を一行若くは數行に書す。又圖の左右には唐草の帶を畫きて、以て他との區劃を表す。尙ほルコック氏の圖にては簾より上天井に接する部分の文様を現するもの一も是れなけれども、オルデンブルグ氏の報告書中に載する同じくベゼクリク出の同類壁畫の寫眞に依て見るに、別に古代錦の裂地を直寫したる如き麗美の文様ありて、是れ殊に奇觀を呈せり。

さて右の如くにして、此斷片畫をそれ等の圖と照合し來る時に於ては、卽ちその尊像の左の方に斜に鋸齒狀の裝飾帶を現はせるは、蓋し佛陀立像の舟形光背の外緣の一部なるを知り得べし。而して又此畫は所謂願度圖の右方下隅を切り取りたるものなるを明かにすべし。且つやルコック氏の幾多同類壁畫圖中には此斷片畫と殆んど同一なる姿勢を有する天部の形あり。其多くは合掌の態にあるが、間、此畫に見る如くに跪いて物を捧ぐる姿のものをも見る。さて此像は寶冠の正面に蛇形に類するものを有するより見て、或は龍王ならんかとも思はるれど、その蛇形は確然たらざるが故に斷定はし難し。兩手を以て捧ぐる物は盆に載せたる香爐にして、其形塔婆の如く、それより出つる香烟は雲の如く涌立てり。其煙の後方に當りて立てるは菩薩形らしく、手には花を持てり。又右の方に唐草の裝飾帶を隔て、一立像の背部を示せるは察するに右の方にも同類なる願度圖の接續せしものならんか。

ルコック氏の著書に於ける壁畫の複製は三色玻璃版にして、その精巧さは他に匹儔なく、製版の苦心は察するに餘あり。然れども之を原物に比較して見る時は、未だ充分ならざるものありと云ふべし。特に其壁畫の胡粉地の彩色畫たる色調の再現未たしきは最も遺憾とする所なり。然るに今ま本號に揭ぐる我色摺木版は所要の色調を再現しつゝ、原本の眞致を失はざるに於て成效を博したるを疑はず。

要するに其畫法は線畫にして描法强く、尊像の比例などは規を失したるものありて稍や不自然の感を免れさるも、總じて活達の風あり。裝飾文様は殊更に得意らしく精寫せられたるを認む。其顏料の種類を考ふるに黃土、朱、丹、綠青等を用ふること最も多く、別に植物性の繪具をも使用したる如くに思はる。之を全體より見て配色は麗美にして隈取の法甚だ巧なり。尊像の身體に於ける輪廓は朱線を用ひ、其他にも色線を用ふるもの尠からず。

凡そ此類の畫を以て新疆發見古畫中の名作なりと斷定するは我等の決して承認し能はざる所なり。此一類の畫はルコック氏の將來せる多くのものを通して見ても、文様描寫こそ巧妙なれ、大體に於て深玄莊重の感に乏しく、寧ろ野卑なる趣の覆ふべからざるものあるを奈何せん。然りと雖も其畫法たるや古代支那の壁畫法の一部を代表するものとして、頗る吾人の研鑽に資するは論を俟たず。想ふに此畫は槪して支那的なる所多く、庫車附近に發見せられたる古壁畫など、之に比すれば異國的分子の含有遙かに多きを認めざる能はず。オルデンブルグ氏はかの庫車の壁畫を以て健駄羅畫の代表物の如く論せるも、其議論の可否は問題なり。唯其印度的なる分子の多くを有するは爭ひがたく、或は又波斯の感化も交れるやの感あり。卽ちかの壁畫と此壁畫とは全く其種類を異にす。然れども又委細に見來れば此一類の壁畫に於ても全く印度的なる所なしと云ふは不可なり。其印度的なるものは時として裝飾文樣にも現はれたるが、主としては其陰影の爲めの隈取の著るしきに於て認めらる。但しその陰影の爲めの隈取法も之を古代印度の畫又は龜玆の畫などに比すれば幾分の區別なきにあらず。その區別點は卽ち寫實の意味漸く減少して、裝飾的要求の支配を受けんとする事是なり。

今や此畫の時代を決定するは容易の事にあらず。其畫を有せし洞窟の歷史は固より知るに由なかるべく、寧ろ壁畫の方よりして洞窟創始の時代を推測するの必要あるなるべし。されど此畫と比較すべき他の年代確定せる壁畫の存するものありやと問はんか、是れ亦甚だ稀なり。若し壁畫にあらざる他の畫を以て對照するを許さる、ならば、燉煌出若くは我探檢隊の持來れる吐魯番出の多くの裂地の畫など參考するを可とせん。彼等には唐朝及び五代宋初の年記を有するものありて、幾分畫風の變遷を窺知し得ざるにあらず。かくて今まそれ等に依て考察する所を當て嵌め來りて此壁畫の年代測定を試みんとするに、是は唐朝ならば末期に屬せんか、それよりも寧ろ五代宋初の間にあるものと見るの適當なるが如し。然れども此推測は未だ決して的確のものと云ふ能はず。否な今日に於て是等壁畫の年代を論定せんと企つるは、あまりに大膽の業なり。吾人は更に他日の研究を俟つて詳細を論せんと欲す。

黑城發掘の古版畫

瀧精一（1873—1945）

《國華》349，1919

黑城發掘の古版畫

節庵

魯國のコツロフ大佐が一九〇八及び一九〇九年の間に於て額濟納河の沿岸カラホト(黑城)で發掘して魯都へ持歸つた品物には珍品甚だ多く、佛畫の或者は本誌に寫眞を掲けて紹介したものもあるが、それ等は固より一小部分に過ぎないのである。此處に出す所の二葉の版畫の如き亦決して閑却するを許すべからざるものである。

凡そ支那版畫の古きもので近年發見されたものでは燉煌千佛洞若くは土魯番附近から出たものにも珍らしいものがある。例へば燉煌出でスタイン氏の將來に屬する金剛般若經は一卷完備して見返に畫を有するもので、その奧に『咸通九年四月十五日王玠爲二親敬造普施』と記して、年代の確知せらるゝを以て尊しとするものである。是はスタイン氏の旅行記の第二卷に一部の寫眞を出して居る。次に同じく燉煌出でペリオ氏の將來品たる千手曼荼羅の版畫の如き亦珍らしきものたるを失はぬ。曼荼羅は圖樣殊に奇で、一隅に『弟子遍照心彫刻印施』と書してある。年記はないが、唐末か五代のものたるは疑がなからう。此方は未た全く世に公表されて居ない。

カラホトから出でた版本に至つては實に莫大なる數で、それには先づ西夏語の經文數百冊を始めとして、漢字の經典も尠からずある。奧に『大中祥符九年』の年記を有する金剛般若經鈔第五『大夏乾祐二十年歲次已酉三月十五日正宮皇后羅氏謹施』と書する金剛般若經の如きは、他の年代を攷ふる上にも參考となるものである。而して版本經典の口繪を有するものは華嚴經及び觀彌勒菩薩上生兜率天經を以て著るしとなすが、就中後者の口繪は圖樣に於て甚だ珍らしいのである。然るに是等經典の版畫の外に立つて、全く佛像圖でなく、玩賞の具として用ひられた古版畫が更に珍とすべきで、此處に紹介するは卽ちそれであつて、これは未た他所の發掘品に類例を見ざるのみならず、傳世品に於ても無類のものであらうと思ふ。

此古版畫は二葉あつて、何れも竪二尺五寸横一尺ばかりの黃紙に印刷したるもので、一は『義勇武安王位』と題して中央に關帝を圖し左右に五人の武士を畫き、一は『隨朝窈窕呈傾國之芳容』と題して四美人を寫し、四美人は記して、綠珠、王照君、趙飛鸞、班姬とある。何れも鐫刻者の名を記して前者は右方上隅に短冊形を置いて『平陽府徐家印』と書し、後者も上方中央に近く短冊形を置いて『平陽姬家彫印』と書する。その形式たるや我國の錦繪に於けると全く相似たるものである。年記を缺いては居るが、他の多くのカラホト發掘品から推して考へれば、それは南宋から元朝の始に亘る間のものでなければならぬ。書畫の態から觀察してもその頃と見るのは至當ではあるまいか。畫は決して名畫ではない。若し之を以て當年の人物畫を代表するもの、如く考ふるに於ては、それは恐るべき過誤と云はなければならぬ。その畫たるや所謂町繪師者流の畫であつて、人物の相貌に品位を缺き、其他一般の風致煩雜にして且つ粗笨の趣がある。畫は是の如きものであるが、彫刻の技術は決して侮ることの出來ないもので、二尺有餘の大なる板木に斯く精密な而かも筆意を表はしての鐫刻をなすは眞に驚くべき技巧である。是と先述した燉煌出の唐時代の經典の版畫とを比較し來れば、何人もその進步發達の顯著なるを認むるであらう。而して又近代支那の木版に果して是程の精巧なるものありや否やを考ふる時は甚だ疑問とすべきものがあるのである。今日の支那人の技術から思へば、かの時代に於て是の如き卓絶のものを見るは寧ろ不可思議とせざるを得ない。

此版畫は彩色こそなけれ、我國の錦繪に酷似するもので、蓋し亦俗間に玩弄せられたる平民的藝術の一種たるや疑がなからう。支那に是の如き版畫の始めて行はれしは何時の頃なるや典籍の上では未だ正確に之を知り得ざるも、想ふに南宋の頃からして、這種の物の流行するに至つたのは、當時の文化の狀況より考へて大凡推定するを得るのである。然らば今ま此版畫を以て這種の物の最も古きもの、一なりとするは必ずしも不都合ではあるまい。とにかく吾人は古代に於ける支那の平民藝術の一特例として此版畫を考察するに於て愈、興味の深く且つ大なるを覺ゆるのである。更に進んで我國の錦繪の起源と是とを關係附けて見るが如きも一つの面白き事たるを疑はぬ。

尙ほ注意を要するは其畫が何れも畫軸としての表裝を有する態に畫かれたる事である。卽ちそれを以ても亦是等のものが畫軸代用の品物として、平民の間に使用せられたるものたるを知るのである。加之ならず其表裝の法式が吾等の研究を値する。そも支那古代畫軸裝潢の事は典籍に傳へたるものは幾分之を見れど、實例の眞に古きものに會する事は絶無なりと云ふも差支ないのである。然に此版畫に於て吾等は古代裝潢法式の一班を窺ひ知り得るは多幸とすべきである。闕帝の方は略式にしてあまり珍らしくもなけれども、四美人の方に至つて法式の備はるを見るのである。其天地は靈鳥及蔓草文の錦を用ひたるものらしく、拂燕(風帶)の法式は我國に常用するものとは異つて面白く、我國の中廻しと稱する部分は細き雷文の裂を用ひたるが如く、一文字に相當するものは下の方はなく、上の方のみで、而かもその部分に題語を書して居る。要するに其法式たるや大體に於て我國のものと同じであつて、卽ち我國の足利時代以來の畫軸の裝法が是等宋元時代の法式に則つたのである事は是版畫を以て眼のあたりに證明する事が出來るのである。

北魏唐草文様の起源に就きて

瀧精一（1873—1945）

《國華》362、364，1920

北魏唐草文樣の起源に就きて（上）

瀧　精一

一

我推古式唐草の淵源なる北魏の唐草に關しては、從來學者間に研究をなしたる人も尠からざるが如く、その西方起源如何の問題の如きも多少論究せられざるにあらず。然れどもその弘く學者間の研究題目となりし割合に、精細の論究をなして的確の斷定をなしたるもの未だ多からざるやの感あり。蓋し北魏唐草の文樣は元來北魏の佛像又は寺塔に伴ひて現はるるものにて、その起源の研究の如きは佛像及寺塔の研究と相俟つてなすを要し、唯それのみを單獨に取りてその性質を攷ふるも肯綮に中らざるもの多からん。予北魏の佛像及寺塔に於ける西域起源の問題に關し聊か研究する所あり、寺塔に關しては本年一月二月の本誌に所見を陳述し、佛像に就ては大正五年中の本誌に「印度藝術の東亞に及ぼせる影響」と題する論文中に、一部の所見を發表したる事あり。是等論究の結果は遂に又文樣の考察にも及ぶべき順序となれり。茲に論ずる所のもの、或は從來既に見る考古學者の所説と重複するもの全くなきを保せず、或部分に於ては從來の研究に對して贅を加ふるに過ぎずとの誹を免れんやも知れず。然れども考察の方法に至つては予は予の見地あり、論斷亦必しも從來のものと同じからず。是れ今ま此篇を草して大方學者の批判を請はんと欲する所以なり。

そも北魏の唐草文樣が支那在來の文樣と異りて、必ずや西方起源のものなる事は、殆んど論ずるの必要なきもの、如く云はるゝを常とす。その文樣は南北朝以前に見る所の支那の文樣に比して同じからざるは如何にも事實なり。例へば漢時代の墳墓に現はれたる文樣をそれに較ぶるに、其間著るしき相違あるを發見す。又古き純支那の文樣を見るに最も都合善きは古銅の彝器及び鏡鑑なるが、彝器には彼の如き唐草文樣に似寄りたる文樣あらざるべく、鏡鑑に至つてもその南北朝以前の製作と品定せらるべきものはそれと同一なるもの全く之を缺けり。要するに在來の純支那の文樣には植物性なるもの殆んど全く是れなきが如く、そは單純なる幾何學的文樣に始まりて、自然物に關係あるものとしては先づ雲、雷、水、山等を用ふるを常とし、生物は人間及び動物を表示するものはありても、植物的なるものは之を見ず。然るに北魏唐草は徹頭徹尾植物性にして、其點に於て在來の支那文様とは根本的の區別あるを認む。されば其文様が西域交通の開けたる以來佛敎藝術の東流に依つて、佛像其他のものと同樣に西方より傳へ來りしものなるは想像するに難からず。

然れども今ま正確に北魏唐草文様の西域起源を論究し、そが何れの地方の藝術に基きしものなるやを決定せんとするには、其文様の形式を十分精密に調査して、特に其種々相に就て分類を行ふの必要あり。それをなすに先つて考ふべきは、其唐草の的確なる種々相を見るに足るべき材料の所在如何の問題なるが、その取るべき材料は近年發見の金石の佛像に於ける光背などにも有力のもの多しと雖も、靈巖及龍門の石窟寺に於けるもの丶富贍なるに若くはなし。北魏の唐草は右の兩石窟寺に於て幾分か形式を異にするものあり、龍門の方或は靈巖のよりも進歩せる形式のものを認めざるにあらず。然れども靈巖に於ては唐草の種類頗る多く、極めて簡單なるものもあれば、又甚だ複雜なるものもあり。佛像に於ても又寺塔建築に於ても靈巖にはより多くの有用なる典型を見るを得べきが、唐草文様の場合に於ても亦同樣なり。ともあれ兩石窟寺の佛像佛殿に彫刻せられたるものより取り來る時、吾等は北魏唐草の諸多の種類を集め得べく、少くも北魏の唐草に於ける根本形式を盡し得る事は決して困難ならざるが如し。それ等を標準とするに於ては、他の金石の佛像等に見るもの丶如き亦説明を得るに苦しからず。

二

今ま靈巖及び龍門の石窟の浮彫よりして北魏唐草の種類を分類するに當つて、予は主としてシャバンヌ氏の『北支那探檢』中に收めたる寫眞を土臺とするものにして、その分類は左の如く四種となるなり。

(一)列葉式　此式の唐草の標準となるものは靈巖第四番洞の下層佛龕の上に現はれたり。之を名けて列葉式と稱する所以は、全く同一なる葉形の同方向に於て併列するが故なり。その各葉形は三葉にして根元曲屈し、一葉は卷きて他は伸びたり。葉形の忍冬なるは一見して明かなるが、その併列を全體として見るに於ては、恰かも繩線文の態をなすと考へられざるにあらず。是れ蓋し北魏唐草の諸種類中に在りては最も單簡なるものと云ふを得べし。但し靈巖以外には其例多からざるが如く、龍門にもありや否や予は之を詳にせず。(圖I參照)

(二)卷蔓式　要するに是れ蔓草を波狀線的に曲卷せしめて、一々の曲波に折返して葉形を生ずるものとす。但しそれには單簡なるものと幷に複雜なるものとの二類あり。第一類の單簡なるものは、各曲波より生ずる所の葉形三葉なるに過ぎず。其實例は靈巖第四番洞中層の佛龕の上に帶狀に現はされたるもの丶如き標準となすべし。第二類の複雜なるものは、大體の形式前者と異ることなくして、唯蔓より生ずるもの單純なる三葉にあらず、三莖にし

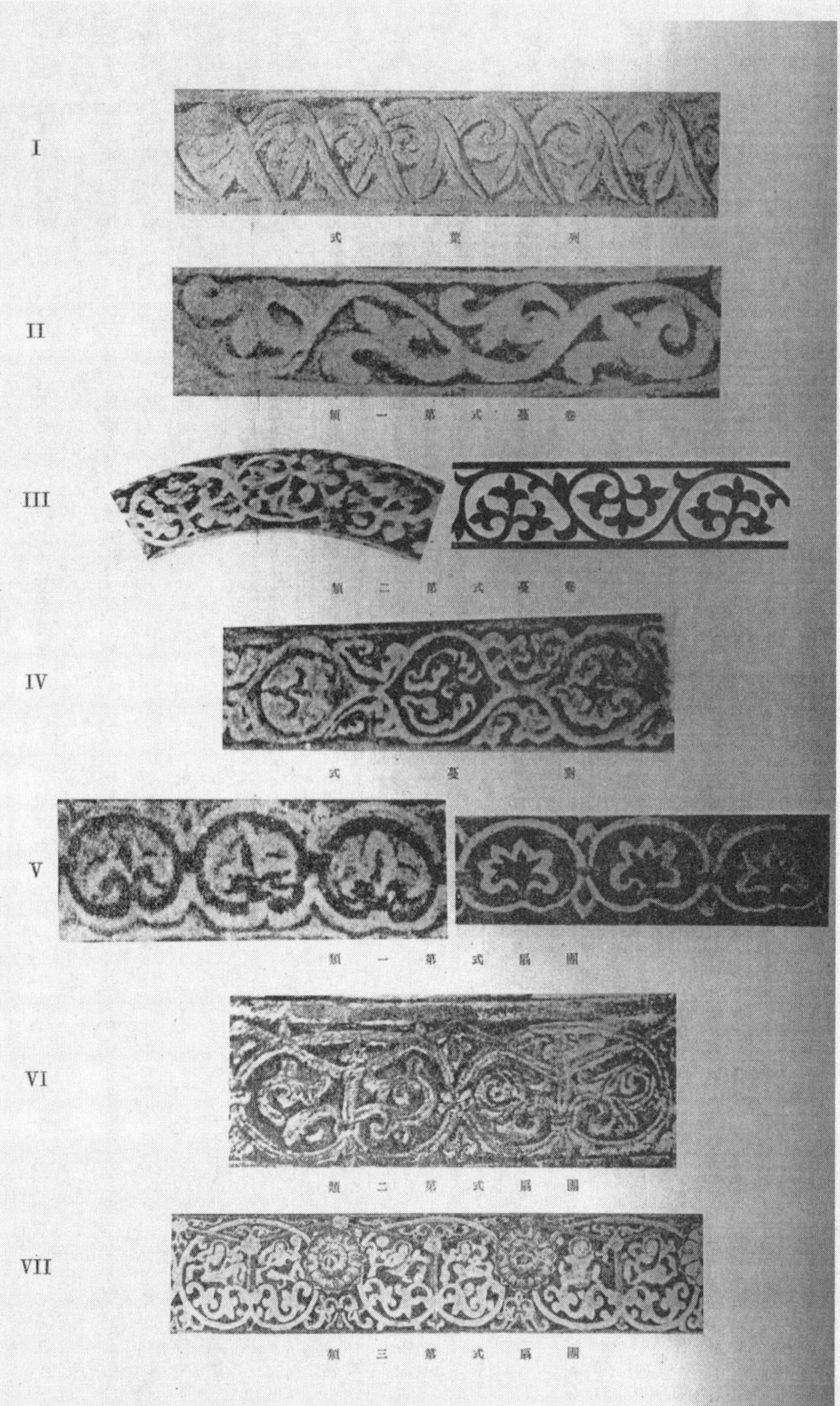
I
列葉式
II
卷蔓式第一類
III
卷蔓式第二類
IV
對蔓式
V
團扇式第一類
VI
團扇式第二類
VII
團扇式第三類

て各莖三葉を有するものなり。又此場合に於ては蔓の諸部に節をなす如くに小なる葉形を附したるを見る。此第二類の實例は諸多の金石像にも見ることを得べく、我推古式唐草の如きも大部分はそれか若しくはそれを崩づしたるものと覺し。然れどもその殊に模範とすべきものは、例へば龍門の賓陽洞諸佛の光背又は老君洞諸佛の光背に在り。靈巖にはその著るしき例却つて尠きが如し。(圖II III參照)

(三)對蔓式　是は卷蔓式を二箇對向せしめて成りたるものにて、我國にて謂ふ所の立涌(タテワク)文様と相同じきものなり。其實例は靈巖に於て見るべく、第六番洞の佛龕中前面の柱に用ひられたるもの卽ち是なり。此場合に於てその文様は特に裂地より移されたるが如き感あり。若し强ひて之を分てば、卷蔓式に簡單なると複雜なるとの區別あるに基きて、是にも同様の區別ありて差支なき譯なれども、今ま北魏の實例に於ては卷蔓式第一類にして幾分それに變化を與へたるものを對向せしめたるやに見ゆ。(圖IV參照)

(四)團扇形連結式　此處に團扇と云ふは卽ちパルメットにして、之を横に連結して文様を作るものなり。我國の遺物にては玉蟲厨子の裝飾文に是式の單簡なるものゝ現はるゝを見、他にはあまり類例を知らざれど、北魏の遺物に在つてはその應用甚だ盛なり。北魏の例に依て之を見ればそは團扇形を併列して、團扇と團扇との間に結び目ありて、結び目の上下に劔菱又は葉形を突出せしむ。但し此式にも簡單なるものと複雜なるものとの區別ありて存し、之を分つて大凡そ三類となすを適當とすべし。その第一類は各團扇根元にて結びたる三葉乃至五葉の葉形を有するのみなり。第二類は第一類の三葉に代ふるに三莖を以てして各莖に三葉を有す、卽ち是れ卷蔓式の複雜なるものと全く相類せり。第三類は更に複雜にして、三莖より生ずる葉形の込入れるが上に、葉間に相對せる天人を現はしたるあり、又團扇の連結部には花輪を附するあり。而して右第二類及第三類に在りては、三莖の中莖より左右に紐形を出して團扇を上に吊れる形となすあり。今ま以上三類の實例は、靈巖第二番洞、第五番洞、第六番洞等に於て多々見ることを得べく、殊に第五番洞には著るしきものあり。同洞に鴟尾を上げたる四阿造の大なる屋蓋を以て天蓋形を造れる彫刻ありて、その天蓋の軒下に垂れたる錦様の裂の文様こそいと面白く、それに各種の團扇連結式ありて最も參考となすべし。(圖V VI VII參照)

三

かく分類をなして、さて是等諸種の考察に依り北魏唐草の淵源如何を究めんとするに當つて、先づ第一に考ふべき事は是等の中に支那在來の文様と形式上關係ありと認むべきものゝ存在するや否やなり。想ふに以上四種の中に在つても、(四)團扇形連結式の如きは全く在來の支那文様に其類例を見ることなく、(三)對蔓式とてもそれに同じきものはなかるべし。然るに(一)列葉式(二)卷蔓式の二に至つては類似性を有するものなきにあらず。言ふ迄もなくそれ等の如く植物性なる葉形を有するものとてはなかるべきも、全體の形式に於て類似性を有するものを求むれば、全く是れなしと云ふ能はず。

列葉式は先きにも述べたる如く其全形に於て繩線文に似たるものあり。繩線文は漢鏡又は山東の畫象石などに於て往々見る所にして、それにも簡單なると複雜なるとの兩種ありて、複雜なるものは交叉的の形を取れるが、單簡なるものは併列態にして、それに葉形を應用すれば、直ちに彼の列葉式唐草を作り得るなり。次に卷蔓式なるが、その複雜なる方は暫らく措きて、簡單にして寧ろ其式の基本となるべき方のものに於ては、之を支那在來のものに比較を取らんか、流雲文の形式と同一なるものありと云ふを得べきなり。元來支那には雲文殊に多くの種類を有し、流雲文、連雲文、菱雲文雷雲文など種々の名稱を附するあれど、流雲文は甚だ普通にしてその中にも幾分種類の別はあるも、漢鏡に見る所の流雲文には殊に彼の唐草の卷蔓式に近きものあるを覺ゆ。今ま圖に示すもの卽ちそれにして、卽ちそれに於て曲波より折返して出づるものは雲形に過ぎざるも、若しそれに葉形を以てするに於ては忽にして謂ふ所の卷蔓式唐草となるなり。

繩線文

列葉式唐草

流雲文

卷蔓式唐草

之を以て是を觀れば、彼の北魏唐草は其形式に於て悉く外國的なりと斷定すべからずと言ひ得らるゝに似たり。或ものは支那在來の文樣を基本として、それに外國式の文樣を加へたるか、若くは折衷して作れるなりと云ふも可なる事とならん。その關係は支那の寺院建築に於けると同樣なるものあらざるか。予が曾て論じたる如く、北魏の寺塔建築は大體に於て支那在來の建築が土臺となりて、それに印度樣を加へたるは爭ひがたき所なり。佛像とてもそれに同じく、之を北魏の製作に考ふるに、天部像は勿論の事、佛陀菩薩の像に至つても、元來その服裝が半ば支那的半ば印度的にして、相貌も亦純然印度的のものならざるは明なり。或論者は純支那的なりと云ひ、或論者は純印度的なりと云へるが、兩者倶に正鵠を失せり。されば寺院建築の事より推測し又佛像の事をも參考し來る時はかの唐草文樣も亦徹頭徹尾純外國のものと云ふを得ずして、少くも其一部に於て支那在來の文樣を基本とするものなりとするは却つて當然なりとすべきに至るなり。

然りと雖も又一方より考へて、彼の列葉式唐草の如きそれと全く同じきものが若し外國にありしならば、必しも支那的文様を基本としたりとの判斷を許し得べきにあらず。然れども實際彼れと同一なるもの、西方文様中にありや否やは、予未だ之を知らず。卷蔓式に至つてはそれと同形式なるもの西方に於て普通に行はる。葡萄唐草のみと云はず、他にも同形なるものは多々あるを以て見れば、彼に對して特に支那的起源を認めんとするは無用なりとの說も起らん。然りと雖も其唐草の特に佛像の光背に於て現はるゝものを見るに、恰かも漢鏡に於て類形の流雲文を應用するが如くに之を應用するの事實あるに依て、吾人は更に彼是の間の關係を思ひて、少くもそが在來の形式に引附けられたるを思はざるを得ず。（未完）

北魏唐草文様の起原に就きて（下）

瀧　精一

四

前述する如く北魏の唐草は外國的のものに相違なけれども、徹頭徹尾外國のものとは斷ずべからず、或は支那在來の文様を基本としてそれに外國のものを折衷したるが如く見ゆるものあり。そはともあれその外國的なる所以は、第一にその葉形の何れも忍冬なるを以て證明するを得べし。然るに忍冬を元素とする是の如き性質の唐草が、西域系統の何れに屬するやを考ふるに當つて、先つ問題とすべきはそれと印度の唐草との比較なり。元來北魏の佛像は毱多朝佛像の典型に法れるもの多きは、今や殆んど異論あるべからざる事にて、佛像既に然る上はそれに隨伴する文様も亦毱多式なるべしと思惟するは寧ろ當然なるが如く思はるべし。然れども毱多朝の遺物に北魏の唐草に類似したるものを有するや否やと云ふに、そは意外にも否定の外なからん。毱多朝佛像の光背を始め他のものに於て吾人の經眼する唐草文様は率ね忍冬葉の明なるものを有せずして、而かも一種の寫實味を帶び、且つ叢生繁茂の勢を示せり。彫刻にては鹿野苑發掘の轉法輪像の光背の唐草の如き、繪畫にてはアジャンター石窟天井畫の唐草の如き眞にその適例なるが、是等と北魏の唐草とは決して同一なりと見るを得ず。

北魏の唐草に於ける忍冬の葉形には明かに一種の典型あり。それと同型の忍冬葉を印度の文様中に求むれば、毱多式にてもなく又健駄羅式にてもなく、寧ろ毱多以前の中印度式の遺物中に發見することを得べきにあらずや。例へばサンチイ、バルハットの遺迹に現はるゝもの、若くは鹿野苑發掘大菩薩像の天蓋等に見るものゝ如き即ちそれなり。是等に見る忍冬の葉形は明かに北魏唐草のそれと性質を同うするものなり。然れどもそは唯葉形の同性なるのみにて、北魏唐草の全形に類似したるものに至つては是等印度の遺物中に見當らず。初期の中印度系の遺物には卷蔓式の文様頻繁に現はれたれども、そは蓮花より成るもの多くして忍冬より成るもの絶えて見ることなし。

是の如く唐草として同類のものはなけれども、その元素たる忍冬葉形の同性なる以上は、北魏唐草の起源亦中印度系のものに在りと見て可なるべしとの說も起らん。北魏の佛像が中印度系なるよりすれば、佛像に伴ふ唐草も同樣ならんと想像するは强ちに無理とは云ふべからず。然れども事實唐草は佛像と異りて餘りに懸離れたるを奈何せん。唯北魏の唐草は假令印度文樣より直傳したるものとはなすべからざるも、兩者が同一根源より發したりとなすは適當なるべし。殊に忍冬の葉形は兩者に於て同樣なるを疑はしめざるものなり。而して印度殊に中印度系に屬する忍冬の葉形は希臘直系のものにあらざるは明かなり。希臘の忍冬は概して洗錬を經たる優美の形を有するものにて、それとは同一ならず。彼と同一なるものは寧ろ波斯の忍冬なりとするこそ適當ならめ。蓋し初期中印度の藝術に波斯感化の多く現はれたるは明白なる事實にして、學者の間には或はその時代を稱して波斯藝術の時代と呼ぶものさへある程にて、その時代は勿論、それ以後の時代にても中印度系なる藝術に於て波斯式なる忍冬樣の存するは固より怪むに足らざる事なり。而して印度の忍冬葉が斯く波斯式なりとすれば、北魏の忍冬葉も同樣波斯式なりと云ひ得らるゝにあらずや。

五

されば若し北魏の唐草が印度傳來にあらずとする時に於て、當然起るべき推測は之を以て波斯より直傳したるものとなす事なり。實に波斯の文樣には明かに北魏唐草の淵源となるべきものあるなり。但し北魏唐草の四種類の中何れか波斯文樣と比較して適切なる類似點を見出し得べきやとならば、そは卷蔓式第二類と團扇形連結式との二なり。列葉式及び卷蔓式の第一類は前にも論じたる如く、その全形支那在來の繩線文及び流雲文と同一にして、それ等を土臺となしてそれに忍冬葉を應用するに因りて出來得るものなれば、殊更にその唐草としての起源を外國に求むるに及ばずとも云ひ得べし。但し若し卷蔓式第一類はその全形西域式の葡萄唐草にも似たるものなるを以て、是は列葉式とは同一視しがたしとなして、特にその西域起源を尋ぬれば、それに似たる葡萄唐草は希臘にもあるは勿論、波斯系のものにも往々見る所にして、强ひて之を兩者の何れかに本づけて考ふるに及ばざるべし。對蔓式は卷蔓式第一類の二個合したるものなるが故に、是は彼に准じて考ふることを得べし。然るに卷蔓式第二類及び團扇形連結式に至つては、その複雜なる風致愈々外國的にして、到底支那在來のものを以て說明し能はざるものなるが、是等こそ何れも波斯文樣中に類形の顯著なるものを有するなれ。

さて波斯文樣中その類形を有するものとしてはマシタ(或はムシヤッタとも云ふ)宮殿の文樣など主なるものなるべし。(國華第三十編第七冊插圖參看) 此宮殿の年代に就ては濱田博士の『禽獸葡萄紋に就て』と題する論文中にも論せられたる如く、從來學者間に諸說ありて、第六世紀又は第七世紀とも云へど、ストルチゴフスキー氏の新なる研究に依れば第四世紀頃なるべしと云ふ。ともあれ是は薩珊の遺物中最も著明なるもの、一にて、それに施されたる浮彫文樣の麗美なる趣は眞に驚歎に値ひす。その文樣には希臘及び羅馬の樣式を

混入したるは論する迄もなけれど、又それ等とは異りし特色の存することと明かなり。實にデューラフォーア氏が

此宮殿はその構想に於て、その建築法の樣式及び裝飾に於て、波斯の偉大なる傳統に屬すべきものなり。

と云へるは至當の言なり。その文樣は葡萄の蔓を交叉せしめて中間に翼ある獅子、山猫、羚羊、孔雀、鸚鵡、鶺鴒等を配合したるを主要なるものとなし、又忍冬、アカンサス等をも用ひて文樣を作れるものなり。禽獸葡萄鏡の文樣のそれと接近せるは多くの學者の承認する所にして、そは今更喋々を要せざるが、その文樣の或部分に於て別に又北魏唐草の起原を想像せしむるに足るものあるを注意すべし。

その文樣に於て三角內の葡萄に鳥獸を配したる部分は恰も禽獸葡萄鏡のそれの如くなれども、三角の上下なる蛇腹の部分に於て北魏唐草に近きものあり。先つ下なる蛇腹の凸面部に見る唐草(1)圖の下部)は葡萄より成れども、全

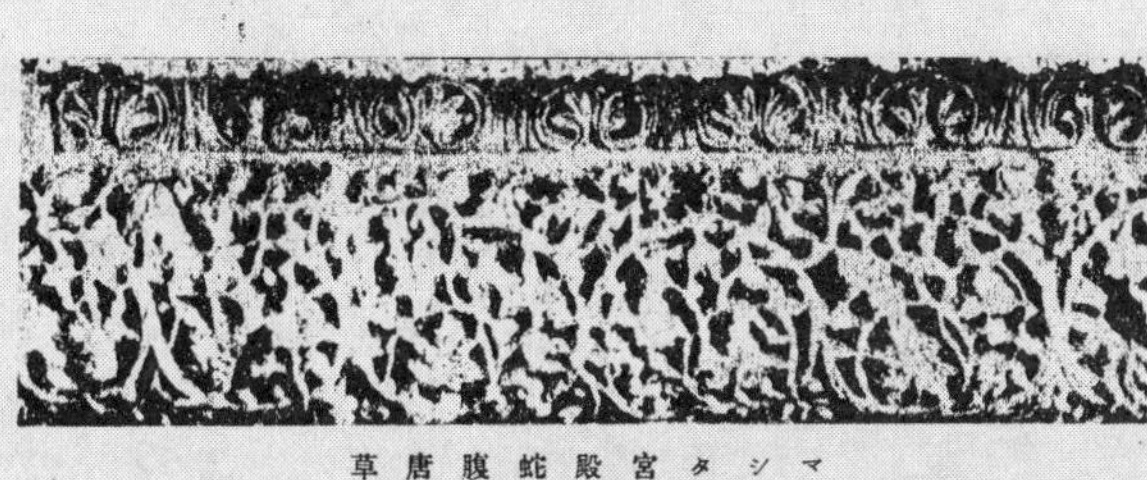

マシタ宮殿蛇腹唐草
(1)

北魏卷蔓式第二類
(2)

北魏團扇連結式第一類及第三類
(3)

體の形に於て卷蔓式第二類と相似たるものあり。凡そ葡萄唐草は支那に於ては隋唐間のものには往々見ることあれども北魏のものには見るを得ず。靈巖の第四番洞には葡萄の實を手にしたる三面八臂の牛に乘れる天部像あれども、その他には靈巖も龍門も葡萄の形を現はしたるものはなしと見て可なるべく、唐草には殊に葡萄より成るものなし。今は兩者の比較に於て葡萄なると然らざるとは大なる相違の如けれども、曲卷の狀に於て相等しく、且つ又その一般に繁縟華麗の容を有するに於ても互に揆を一にする所あり。その一致は卷蔓式第一類と多く見る西域の葡萄唐草との一致の比にあらずして、一層適切なるものありて決して偶然の似寄りとは思はれず。又下方蛇腹の凹部には團扇連結式も現はれたるが(1)圖上部)そは北魏唐草に見る如き鋸菱樣形などを連接部に有せずして、悉く葉形を以て成るの差あれども、大體の形式甚だ相近し。殊にその團扇形の橫長き特殊の輪廓に於て爭ふべからざる一致點を見出し得べし。唯北魏團

扇連結式の第二類第三類の複雑なるものは此浮彫中に同一例なしと雖も、そは要するに第一類に准ずるものにて又その繁縟華麗なる一般的性質に於て此浮彫文様に特有なる風致と合致するものあるを覺ゆ。

スーサ忍冬　タキボスタン忍冬

(4)

ともあれマシタ宮殿の唐草が主として葡萄より成るは、北魏のそれに比しての著るしき相違點たるを失はざれど、薩珊の文様に於ては別に又葡萄にあらざる忍冬を以てする唐草の例なきにあらず。マシタの文様に於ては葡萄以外の植物に於て忍冬なるやアカンサスなるや不明なるものを多しとなし、かの闡扇連結式に於ける葉形の如きも實は忍冬の變形したるもの、如く見ゆるなり。然るにマシタ以外の薩珊の遺物には明なる忍冬唐草の例を見るを得べし。その一例はタキボスタンの遺迹に於ける浮彫文様中にあり。(4)圖參照タキボスタンの唐草は殊にビザンツ文様に類し、又犍多朝の印度唐草にも似たる所あれども、その忍冬葉を以てするもの、中には北魏唐草と關係附け得るもの存せり。而してそれ等に於ける忍冬葉は要するにアッシリヤ傳來の波斯に特有なる形式のものにて、初期印度の遺物に現はる、ものとも類似せり。

尙ほ北魏唐草の忍冬葉形と同性なるものは支那に傳はれる波斯裂摹倣の錦に於ても見ることを得べし。その標本としては法隆寺の獅子狩文錦(5)圖參照など著るしけれど、近年又新疆省の諸地方より出でたる錦にも同様のもの尠からず。その束ねたる忍冬葉は一面にアッシリヤ様を想起せしむると同時に又北魏唐草を思ひ浮ばしむ。列葉式の唐草に於ては特にそれと酷似したるものを見る。

法隆寺獅子狩紋錦の忍冬

(5)

北魏唐草の忍冬

(6)

又靈巖の第四番洞には列葉式唐草の浮彫に接して塔形なる柱の頂に左右に開く大なる忍冬葉を戴くものありて、是れ亦同樣に酷似せり。(6)圖参照)而して他の一般北魏唐草に於ける忍冬も是等と同性のものなるは論を俟たず。法隆寺獅子狩文錦一類の裂地は隋唐間に作製せられたるものらしく、時代は稍や後なれども、そが波斯傳來なるを以ての故に、逆推して北魏唐草に於ける忍冬も亦波斯式なるを思ふも強ち不都合とは云ひ得られまじ。

六、

かく考へ來る時に於て我等は遂に北魏唐草が概して波斯薩珊の唐草文樣より傳來したるものとの斷定をなし得べしと思ふなり。而してそは印度を經たるものにあらざる事は前にも論じたる如く、それと印度の唐草と互に性質を異にするを以て考へ得らるゝなり。然るに若し之を以て波斯よりの直傳なりとすれば、その媒介物は蓋し織物ならんとの推定起らざるを得ず。凡そ古代の文樣は何れの國に於ても織物文樣を以て其標本となすは殆ど常則なり。支那は上代彝器の文樣大方繡に擬へて作り、鏡鑑の文樣も織物より取りしはいと見易き事なり。波斯に於けるかのマシタ、タキボスタンの文樣なども皆な織物より寫したるに相違なし。然るに今ま薩珊時代の織物はその麗美なることを以て世界に賞美せられたるものにて、歐羅巴にも多々傳播したれば又極東にも盛に輸入せられたり。獅子狩文錦の如きはそれに擬して作りたるものゝ一例に過ぎず。支那人が輸入の波斯の織物に接するや之に擬したる織物を作るは固より其處なれども、織物にあらざる他の品物にまでその文樣を眞似る事をもなせしは必然なり。然るに北魏唐草が特に波斯の織物に眞似たらんと思ふに就てはその證なきにあらず。靈巖第五番洞に四阿造の大なる屋蓋を以て天蓋形を作りてその軒下に錦を垂れたる彫刻あり。(3)圖はその一部なり)その錦こそ波斯裂に擬したる如く思はるゝものにて、而かもそれに於て團扇形連結式なる北魏唐草中殊に波斯起源を攷ふべき性質のもの多々現はされたり。即ち是は一例に過ぎずと雖も、之を以て見ても北魏の唐草が波斯裂の錦にその藍本を得たりしは大凡想像し得らるゝにあらずや。

尙ほ右の考察に關しては、北魏時代に於ける波斯との交通及び物品輸入の狀況を攷ふるの必要あり。そも波斯との交通は之を歷史に徵するに魏が都を洛陽に移したる頃よりして益盛なり。魏書に依れば神龜年間には波斯國より使を遣はして書を上り物を貢すとあり。是れ即ち公なる交通なるが、その他にも私に往來するものはいと多かりしなるべく、宋雲の印度へ行ける時にも波斯國は通過したり。洛陽に來りて永寧寺の大塔を見て感歎したる菩提達磨の如きも波斯人なりき。當時波斯の產する品物は魏書に云ふ如くんば、金銀、鍮石、車渠、瑪瑙、眞珠、頗梨、瑠璃、水精綾錦、氍毹、香木、名馬、大驢、白象、獅子、駝、大鳥等ありて、その支那に輸入せられたるもの亦甚だ多かりしが如し。洛陽伽藍記に依れば永安の頃波斯國より獅子を獻したる事あり。時の天子命じて虎と豹とを以て之に對せしめしに皆な瞑目したり。又園中に一盲熊あり、試に對せしめしに獅子の氣を聞いて驚き走れり。然れども獅子の如きは之を囚ふるはその性に違へり、宜しく山林に放つべしとなして、之を本國に送らしめしも、路の遠きを以て遂に途中にして殺せりと云ふ。又洛陽の豪家たりし王琛の如きは態、使を遣はして波斯國より多くの名馬を持ち來らしめりと云ふ。彼又頗る豪奢を極めしものと見え、西域より水晶の鉢、瑪瑙の碗赤玉巵數十枚なども取り寄せ、庫中には繡纈、油綾、絲綵等を蓄ふること多かりしと云ふが、それ等の品物は大抵波斯製のものなりしを想像すべし。右等の記事は何れも洛陽遷都の頃より後に屬するものなれども、遷都以前にても魏と波斯とは交通ありしに相違なく、渡來の西域諸僧の手に依りても波斯品の輸入せられたるや必せり。

波斯との交通是の如く盛にして、彼國の品物も多々輸入せられたるが中に、錦の類が殊更歡迎せられ諸般文様の藍本をそれに求めたるは明かなり。然るにその錦が北魏文様の藍本となる上に於て、その藍本の文様を少しも變化することなく、そのまゝに傳摸せしや否やと云ふに固より變化は免れざるべし。支那人は元來外來のものを自國化するの習慣を有するものにて、此場合に於ても他の場合の如く自國化を行ひしは當然なり。少くも禽獸葡萄鏡の文様に於て波斯文様を支那化したる程度に於て、北魏唐草も波斯の唐草を支那化したるものならざるべからず。禽獸葡萄文様はマシタのそれと系統上の關係あるは否定すべからずと雖も、彼れに比してその風致の寫實味を失ひて生硬となりしは見逃がしがたく、畢竟するに是れ波斯文様を強ひて支那的典型中に入れたるの結果に過ぎず。北魏の唐草に於てもその關係は全く同様にして、その著るしく硬化の風あるは藍本の罪にはあらで、支那流の様式化に歸因するは勿論の事なり。

又北魏唐草の様式は希臘のそれにも似、羅馬のそれにも似、將たビザンツのそれにも似たる所あるを事實とす。然れどもその波斯薩珊に起原するものなる以上は、それ等の相似は固よりの事なり。その故如何となれば、薩珊の藝術には元來希臘式も羅馬式も混入したるものにて、而して又ビザンツは薩珊より生れ出でたるものに外ならざればなり。佛像に於ける健駄羅起原を強く主張して極東の佛像をも健駄羅式なりとまで論ぜんと欲する者は、往々にして北魏式の唐草に對しても漫然希臘感化の痕迹を認めて、それに於ける希臘式の確然たる關係を攷究するの遑なく、却つて之を希臘直系のものゝ如く考ふれども、そは誤謬なり。デュウ、ラフォーア氏のマシタの浮彫に對する批評に依りても明なる如く、薩珊の藝術には希臘感化を否定すべからずとは云へ、そは波斯固有の性質を失はざるものにて、要するに西洋物を東洋化したる所に特色を有し、希臘直系のものとは根底に於て區別あるなり。されば北魏式の唐草に於ても少しく立入りて研究せんには、それに含有せらるゝ希臘式が第二位的のものにして、決して主要のものにあらざるは容易に看取し得べき筈なるに、却つて之を以て希臘直系のものゝ如く論ずるは皮相の見も甚だしと云ふべし。是の如き謬見の人は近年の年若き學者間にもあるやう覺ゆるが故に特に一言するなり。(完)

スタイン氏發見の燉煌畫に就て

瀧精一（1873—1945）

《財團法人啓明會第四回講演集》，1921

スタイン氏發見の燉煌畫に就て

東京帝國大學文學部教授
文學博士 瀧精一君

燉煌發掘古畫摹本二十點の概說

オーレル、スタイン Aurel Stein 氏一九〇六年より一九〇八年に亙りて第二回の中央亞細亞探檢を行ひ一九〇七年甘肅省燉煌の千佛洞に至りて洞内一文庫に貯藏せる古文書數千通古畫數百種其他若干の工藝品を英國に齎し歸れり。

右洞內の文庫は恐らく宋朝の初期吐蕃人の侵寇に當り掠奪を懼れて密閉する所にして爾來九百年何人も其所在を知らざりしがスタイン氏の訪問に先つこと數年洞窟修繕の際寺僧の偶然之を發見したるものなり、當時古文書其他の蓄藏積んで山をなせりと云ふ、其地空氣乾燥せるを以て物品の損傷甚しからず多くは舊態を存せり。

スタイン氏の齎らし歸れる古畫は何れも皆研究の資料として貴重なるものにして多くは唐畫なれども五代及び宋初のものをも含み吐蕃畫若くは印度畫と認むべきものも少數あり。

今回摹寫したるは其中の殊に參考となるべきもの二十點(左記)にして何れも原本大に寫して剝落摹寫の方法を以てせり、摹寫に與りし畫家は左の二氏なり。

永田春水
井上白楊

記

一 地藏菩薩圖 原本絹地 井上白楊摹

二 觀世音菩薩圖 原本絹地 井上白楊摹

三 力士仰倒圖 原本絹地 永田春水摹

四 菩薩圖 原本絹地 永田春水摹
吐蕃畫若くは印度畫なるべし

五 毘沙門天圖 原本絹地 永田春水摹

六 菩薩圖 原本絹地 永田春水摹

七 村女取乳糜圖 原本絹地 井上白楊摹

八 釋迦降誕圖 原本絹地 永田春水摹

九 追逃太子 犍陟屈膝 車匿
歸城圖 原本絹地 永田春水摹

一〇 引路菩薩圖 原本絹地 井上白楊摹

一一 熾盛光佛竝五星神圖 原本絹地 井上白楊摹
乾寧四年(唐昭宗)張淮興畫
の銘文あり

一二 十王圖一部 原本紙本 横巻
全長八尺二寸 井上白楊摹

一三 千手千眼觀世音菩薩圖 原本絹地 永田春水摹

一四 觀世音菩薩圖 原本絹地 井上白楊摹

一五 釋迦樹下説法圖 原本絹地 永田春水摹

一六 文殊普賢四觀音圖 原本絹地 永田春水摹
咸通五年(唐懿宗)の銘文あり

一七 釋迦曼荼羅圖 原本絹地 井上白楊摹
左右兩邊に釋迦本生を圖したるを以て釋迦曼荼羅なるを推定す

一八 二觀音圖 原本絹地 井上白楊摹
銘文に信弟子圖伎術子弟董文亥(?)一心供養とあり
蓋し畫の筆者なるべし

一九 引路菩薩圖 原本絹地 永田春水摹

二〇 觀世音菩薩圖 原本絹地 井上白楊摹
大順三年(唐の昭宗)の銘文あり

释迦树下说法图

永田春水摹

引路菩薩圖

井上白楊摹

引路菩

毘沙門天圖

永田春水摹

釋迦曼荼羅圖

井上白楊摹

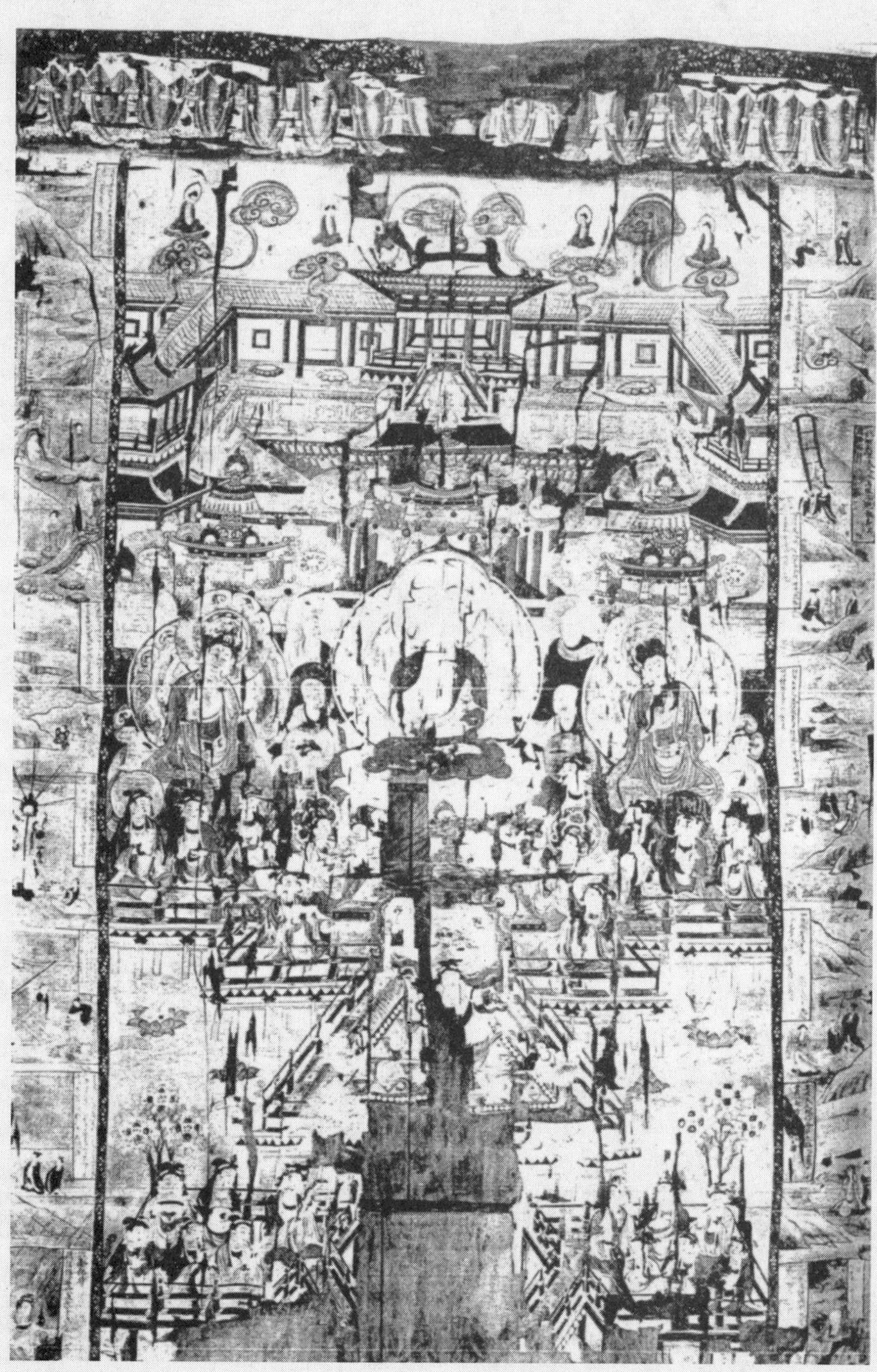

觀世音菩薩圖

井上白楊摹

スタイン氏發見の燉煌畫に就て

東京帝大文學部教授 文學博士 瀧精一君

瀧氏は帝室技藝員故瀧和亭氏の長男にして明治六年本所一つ目に生る、明治三十年東大哲學科を卒業し大學院に入り美學美術史を專攻し後東京美術學校、京都帝大文科、東京帝大文科の講師を經て大正三年東大文科教授となり美學、美術史を擔任し現に其職にあり、尙同氏は明治三十四年來雜誌「國華」の編纂主幹たり、又大正九年來東宮御學問所御用係を拜命せらる。而して大正九年春本會は同氏の申出に應し英國博物館所藏燉煌發堀古畫二十點の摹寫費として金壹萬圓を支出し瀧氏は永田井上兩畫家を派遣して之を摹寫せしめ本會に提出せらる、依て本會は本年四月二十四日之を東京帝國大學本部に於て一般の展觀に供し同時に之に就きて瀧氏の講演を開催せり、本册子は即ち其の筆記にして右二十點中の五點を縮寫し之を卷頭に掲げたり、尙右摹本二十點は美術宗教考古學等の研究資料として之を東京帝國大學に寄附し美術研究室に保管せらるることとなり差支なき限り美術研究者等の觀覽を許可せらるるものなり。

唯今平山君よりお話の如く昨年私は英國の博物館にあるオーレル、スタイン氏が燉煌千佛洞から齎らし歸つた古畫の摹本を作る事を計畫致して、其事を啓明會に申出でました所、幸に御賛成を得て同會よりその費用を支出されたに依て、永田春水井上白楊の兩君を煩はして英國へ出張して戴いて、其の古畫の中の重要なりと考へるものを二十點だけ、原本大の剝落寫に寫取る事に致しました。然るに兩君が非常に熱心にその事に從事せられた結果遂に目的通り其事業を完成することを得たのである。それに就て私は啓明會に對して大なる感謝の意を表するものであつて、又永田井上兩君の御苦勞に對しても深く御禮を申ず次第であります。尙ほ啓明會が此摹本を我帝國大學へ寄附されると云ふ事は、是れ亦大いに感謝すべき事で、我學界の爲にも喜ばなければなりません。尙ほ一つお斷りを致して置くのは、此摹本を取るに就て、私は大正二年に英國に參つた時にスタイン氏の齎らした畫の全部を觀覽してその時の手控に依つて二十點の重要なるものを選んで、それを寫すやうに今度兩君に御願致したのであるが、丁度兩君が英國に行かれる前にスタイン氏の將來品が一部分印度へ持行かれて、その爲に豫定のものを悉くは寫す事が出來ないで、その代用となるものを兩君が御選定になつて寫されたのである。併しそれは一少部分であつて、大部分は私の選擇したものを寫されたのである。又代りに選ばれたものも何れも結構なものであつて、つまり最初の目的は達した譯でありますから、是は序ながら申上げて置く。

就いては今日は啓明會がその摹本の陳列を當大學內に催して、皆さんに披露された譯で、序を以て私にスタイン氏の發掘畫に就て何にか一場の講演をせよと云ふ御話であつたので、それに就て少しく私の所見を申述べて御清聽を煩すのである。

扨て中央亞細亞の探檢は十九世紀以來歐羅巴の學者に依て可なり盛に行はれて、頗る多くの學術上の研究材料を發見する事が出來たのであります。それは英國、佛國、獨逸、露西亞の學者に依つて行はれたものであつて、又日本からは大谷光瑞師が特に探檢隊を出して、是も相當の有力な材料を發見されました。而して何れの探檢者も皆な各々文書や繪畫や其他の品物を本國へ齎らし歸つて居るのであります。然るに英國のスタイン氏の探檢はその中でも殊に著るしいものである。スタイン氏は考古學及地理學の材料を得るの目的を以て一九〇〇年から一九〇一年に亙つて第一回の探檢を行ひまして、その時にも相當の發見があつて、殊に和闐地方からは種々の面白いものを持歸られました。が、同氏が第二回目に一九〇六年から一九〇八年までかゝつて行はれた探檢は更に一層大切なものであつて、燉煌の千佛洞へ行つたのもその時であります。その時の探檢の模樣は同氏の著はしたRuins of Desert Cathayの書物に委しく出て居る。尙ほ其の時の將來品の寫眞等を多數に收めた報告は近く出版される筈になつて居ります。それでスタイン氏が第二回の探檢の經路は今ま詳しく御話する必要はありませんが、話の順序として大略丈申すと、此時にはスタイン氏は先づ印度阿富汗の境を出發して漸次「カシガル」に至りまして「カシガル」から幾分北の方へと行つて、更に東南へ下つて「ヤルカンド」を經てそれから「タクラマカン」沙漠の南邊崑崙山脈の北を沿ふて漸次東進して、「カラカシ」河の河盂に出でゝ和闐に入り更に「ケリヤ」、「ニヤ」、「チャルチャン」の諸河を渡つて「ロプノール」の方へ出で、「ミラン」や其他の舊蹟を尋ねて、それから更に進んで燉煌へ參つたのである。それで燉煌の千佛洞は一度見て更に燉煌の北の長城を探檢し、又玉門關の遺蹟をも訪ねて、而して再び又燉煌へ歸つて來たので、其時に始めて澤山の文書や繪畫の品物を得たのである。それから燉煌を濟ましてからは、安西を經て肅州甘州を訪ねて更に安西へ歸つて、それから北の方へと漸次に出で、「トルフアン」、「カラシャル」、庫車を經て次に「タクラマカン」沙漠の眞中を「ケリヤ」河に沿ふて橫ぎつて再び和闐に行き、又更に「カラカシ」河に沿ふて二度も沙漠を橫ぎつて、北の方「アリス」に至り「ヤルカンド」へ出で、三たび和闐に入り、それより西藏の高原を橫ぎつて漸次印度へ歸つたのであります。

それで此時の探檢で殊に有力の材料を得たのは「ミラン」であるとか又は燉煌の北の長城等であつて、「ミラン」では古寺院から非常に面白い壁畫を發見して、その一部分は倫敦へ持ち歸つたので、私も見ましたが、併しそれは今印度へ行つて居るそうであります。それから燉煌の北の長城及び玉門關では漢時代の文書を發見して居る。それには前漢のものもあり又後漢のものもあつて、多くは木簡に書いたものであるが、又中には純白な縑帛に書いた手紙などもある。是は實に珍らしいものであります。けれども最も多くの材料を得たのは燉煌の千佛洞に於てゞある。

それで燉煌は甘肅省に在つて、沙州とも云つて中央亞細亞から支那の本部に入るの關門に近く位して、古くから佛教の行はれた土地であります。而して千佛洞は燉煌から十二マイルの處に在つて、そこに鳴沙山と云ふ山があつて、その山の東の麓に石窟寺がある。千佛洞或は千佛巖と云ふのがそれである。千佛洞の寫眞は摹本と共に陳列して置きました。其處で古く發見された碑文に依ると、その洞窟はもと莫高窟とも云つたので、前秦の建元二年即ち東晋の太和元年に當る年に沙門樂僔なるものが之を創始したのである。後に段々と石窟を作り増して唐の時にはその洞窟が殊に多く増したものらしい。それで唐人の碑もありますが、その千佛洞に就ての大略は西域水道記にも書いてある。西域水道記には

山錯沙石、堅凝似鐵。高下鑿龕以千百計。年祀邈遠。經歷兵燹。沙壓傾圮。梯級多斷。而佛相莊嚴。斑爛金碧者。猶粲然盈目。故曰千佛巖。云々

とある。それに依ると鳴沙山は沙石を交へた堅い山で、それに澤山の佛洞を鑿つて佛洞は莊嚴斑斕であると云ふから、壁畫などのある事も大凡そ判かるのである。スタイン氏は是等の記事を讀んで居つたかどうか判らんが、同氏は一八七九年洪牙利のセチェンイ伯計畫の探檢に與つて實地を踏査したロッチィ教授から千佛洞の事に就て前以て注意を與へられて居つたと云つて居ります。

それでスタイン氏は一九〇七年の三月十六日に於て始めて此千佛洞に到着して、

その洞窟を一通り見て先づ壁畫や彫刻の盛なるもの丶ある事に驚きました。その時からスタイン氏は其處に古文書を澤山に貯へて居る古い文庫があつて、それが久しく埋沒して居つたのを寺守の道士が發見した事の噂を聞いたのであります。けれどもその時は丁度道士が留守であつた爲にそれを見るの機會を得ませんでした。それでスタイン氏は千佛洞の模樣を一通り見た丈で一たび其地を去つて、燉煌の北の長城と玉門關の方の探檢を試みて、而して更に五月になつて再び千佛洞へ參つて此時始めて道士に遇つて其の隱れたる文庫を見せて貰つたのである。それを見るまでには大分の苦心をしたのである。と云ふのは此文庫が始めて發見された時に道士は之を甘肅省の官憲に報告をした所がそれは元のまゝにして置いて開くなと云ふ命であつたので、道士の一存では人に見せることは出來ない筈のものであつた。けれどもスタイン氏は種々道士を說いて遂に見せて貰ひました。さて此隱れたる文庫が如何にして發見されたかと云ふと、それはその時より數年前偶ま一洞窟の修繕を行つた時に一方の壁の前に積まれて居た土を取り除けて見ると、其處に穴があつて、一僧がその穴へ落込んだとも云ふので、その穴を通じて一つの室があつて、多くの文書を貯藏して居る事を發見したのである。そこでスタイン氏が始めて其文庫に這入つて見た時に書類が殆ど十フィートの高さに山の如く積まれてある事を見た。其容積を測つて見ると五百立方フィートもあつたと云ふのであります。それは隨分豪い分量であります。それからその書類を取出して見ると、漢文の文書もあり梵文の文書もあり、「ウイーグル」、西藏或はまだ誰れも讀む事の出來ない西域語の文書もあつた。又繪畫や繡や其他の美術的の品物もあつたのである。それでスタイン氏の驚きは一通ではなかつたのであります。それからスタイン氏は如何にかして其等の品を手に入れたいと考へましたが、始は道士も後難を恐れて容易にそれを賣る事を承諾しなかつたのですが、スタイン氏は長らく印度や其他の地方を歩いて土地のものから發掘品を買ふ談判をする事には餘程熟練して居るので、此處でも苦心慘憺種々巧妙なる手段を盡した結果、遂に道士を說得して其品物を買ふ事に致したのである。併し全部は買ふ事が出來ませんで、其中の一部を讓り受ける事にしました。その代償の金高は始め五千ルピーと定めたのですが、後に又五百ルピーを加へました。そうするとその當時の日本の金にして凡そ三千六百圓以上のものであります。それで愈々讓受けて荷造をすると文書丈が二十四箱、繪畫その他のものが五箱となりました。それは隨分の嵩であつたが、幸にして無事に倫敦の博物館まで齎らし歸つたのであります。序に申すがスタイン氏が千佛洞からそれ丈の品物を持つて行つた後約一年に佛國のペリオ敎授が又千佛洞へ參りました。然るに寺守の道士は前にスタイン氏に品物を賣つた經驗があつて、それを賣つても別段政府に聞えた譯でもなく咎めもなかつたものであるから、今度は又殘りの品物を容易くペリオ氏の交涉に應じて賣りました。それでペリオ氏も文書や繪畫其他多くの品物を齎らし歸りました。ペリオ氏の將來品は何れも巴里に在りまして、文書は「ビブリオテック、ナショナルに保管され繪畫や其他は「ルーブル」の博物館に置いてあつて、是も私は見ました。所」がペリオ氏に品物を渡した後になつてその事が政府に聞えたものですから、北京政府で驚いて跡の殘りの品物を北京へ取り寄せる事になりました。その北京へ持つて來たものも私は大分見ましたが、それは實はスタイン、ペリオ兩氏が持つて行つた殘りで善いものはありません。尤も北京の政府へ納まる迄に支那官吏の習として途中で引拔いたものが可なりあるらしいので、それが北京の官吏の手から幾分世間へ出ました。現に故端方氏の宅へ私が參つた時にもあの人が一枚の明かに燉煌出である所の觀音の畫を持つて居りました。それは宋の年號のある畫でありました。それで政府に知れてから寺守の道士は遂に咎を受けて處分されたと聞きました。けれども想ふに其品物を北京へ持つて行つた前後に如何にかして漏れ出でたものか其土地にもあつたと見えて、我大谷師の探檢隊も後に其附近から少數の千佛洞出の文書や繪を買つて來て居ります。

而してその品物の年代に就て申すと、スタイン氏の旅行記に書いてある所では、古いのは紀元第三世紀のものもあるが、九世紀十世紀のものが一番多いと云ふのであります。實物に就て見ましても、年號の明記したものが隨分あつて、文書には慥かに六朝も隨分古い所のものがある。而して隋唐間のものは可なり多いのであります。極く新らしい年號のあるものは宋の始のものであります。察するに其文庫は宋の中期以前に閉されたものと思ひます。その事はスタイン氏もペリオ氏も云つて居るのでありますが、要するに唐宋以來燉煌の地は吐蕃即ち西藏の人種に屢々荒されて居る。それでその害を防ぐ爲に此文庫を閉さして態々埋沒せしめたに相違ないのである。それを偶然二十世紀の初年に發見したのであります。その閉したのは何時であるかと云ふとスタイン氏の說ではそれは宋の眞宗の時であらうと云ふ。即ち十世紀の終か十一世紀の始よりは古くならない譯である。然るにペリオ氏の考へではそれは宋の仁宗の景祐二年即ち一〇三五年の頃に西藏人が其の地に於て甚だしく侵掠を行つたに就て、寺僧が倉卒にそれを密閉したのであらうと云ふのであります。何れにしても宋の初期より新らしい年號の文書のない所を以て見れば、宋の中期以前に密閉された事は事實であつて、以來九百年間何人にも知れずに居つたのであります。

スタイン氏の英國へ齎らし歸つた品物の中文書は全體で九千通程ある。併しその中で卷物になつて居る稍や完全なるものは約三千通であります。ペリオ氏の文書も彼是その位あります。而して文書の中には小數の版本もあるが、大概は寫本で佛敎に關するものが大部分である。その佛典の重なるものは今日休憩室に陳列された矢吹君の寫眞で一班が判かりますが、尙ほ同君の計畫で近くその重なるもの丶寫眞が參るでありましやう。佛典の外に又漢文學や歷史に關するものも甚だ貴重なるものが多々あります。併しそれ等の方の事を詳しく申す事は略しまして、主として繪畫の方に就て申すと、繪畫は先づ其數二百點を少しく超すのである。ペリオ氏の齎らした繪も五十餘點ありますが、勿論スタイン氏のには劣ります。文書の方になるとスタイン氏は元來梵文の方は達者であり、又他の西域語も幾分讀みますが、漢文は讀めないので、是は通譯をして讀ましたのであつて、自然選擇が十分でない。之に反してペリオ氏は歐洲で有數の支那學者でありますから選擇にも差支なかつたのであります。それでスタイン氏は文書の方に於ては手當次第に持つて來たやうな氣味があり、ペリオ氏はスタイン氏の持つて行つた跡に行つたのであるが、併しそれには又スタイン氏の方で見られない貴重のものを持行きました。スタイン氏の齎らした文書にも勿論有力なるものは多いのでありますが、とにかく善いものゝ全部を盡しては居ない。所が繪畫の方になると、スタイン氏が見ても或程度迄は容易に判かるのであるからして、是方は數もペリオ氏の方のものゝ比較ではなく、善いものゝ多くは持つて來たのである。

さて燉煌千佛洞の繪畫は一方壁畫に甚だ盛なるものがあります。その壁畫はスタイン氏の旅行記にも大分寫眞が出でゝ居つて、それで一斑は判かります。併しペリオ氏は殊に澤山の寫眞を取つて行つて居りまして、それを近頃書物にして出版しつつあります。既に第三卷迄私も見ました。それは却々豪いもので、而してそれには六朝時代のものもあり又唐朝のものもあるのです。それで本來から云ふとその壁畫も摹本があつたらば善からうと思ひますが、併し是はその土地へ行つて寫さなければならんので、之を寫すは容易でありません。然るに今ま文庫から出た繪にもその壁畫と甚だ類似したものが多くあるやうに思はれますので、或はそれ等の畫から推して考へれば或程度迄は壁畫の性質も判かり得るのではなからうかと思ふのでありますし、又それ等の畫には壁畫では見られない性質のものもある事は疑がなからうと思ひます。

その千佛洞出の繪畫は大きいのも少さいのもあつて、斷片もあるが、完全なのもあります。今日の摹寫に依つて大體各種の代表となるものは盡されて居る積であります。材料は何であるかと云ふと、それは絹地と麻布と紙とでありまして、善い繪は大抵絹地に畫いてあります。絹地は種々の種類があつて一定しません。紬のやうな目の荒いものもあるかと思ふと、隨分緻密な目の滑かなものもある。而して大きい物になると、日本の古い畫で見る如くに矢張り幾幅かを繼ぎ合はせ畫いて居る。而してそれは如何に裝置したものかと考へると、其大なるものになると裏に麻布などをあてがつて、縁へ細く色のある裂をつけて而して佛洞の壁にぶら下げたものらしいのである。それで今日の掛物のやうにはなつて居りません。軸と云ふものは大抵はない。唯一つ毘沙門天の畫には上の縁に細い竹が無雜作に縫付けてありましたが、今日ではこれを取つてしまつたそうです。それで文庫の中にあつた時には何れも卷いたり折り疊んであつたのであります。佛畫の縁に裂を附けて壁に下げるのは今日でも支那の喇嘛敎の寺などでは古式の通りやつて居ります。又日本でも古くはその通りやつた例があつたと想像するのでありますが、それは古く謂ふ所の幢であらうかと考へます。それから細長い裂に佛像を畫いたものは多くは幡でありまして是も縁へ裂の裝飾を附して佛殿内に吊るしたものであります。その他に卷物もある。卷物は完全なのは一つしかありません。是は紙に畫いたもので、摹本にもある十王の圖であります。即ち長さ八尺二寸の繪卷物であります。是は繪卷物の唯一の例であるから一部分を寫し取つたのであります。それで絹地の畫に一番善いのがあつて麻布之に次ぎ紙本に畫いたのはそう善い畫はありません。版本の畫にも面白いのがある。金剛般若經の口繪は殊に善い版であります。繡の畫で一つ大きな立派なものがある。それは釋迦三尊の畫で、スタイン氏の旅行記にも出て居ります。繪の具は今日の日本畫で使用するものと大した差はありません。勿論岩繪具を多く用ひたものであつて、而して金泥も用ひますが特に注意すべき事は金箔を用ふる事で、所謂切箔の可なり細かいものが用ひてあります。

年代は文書の方と異つて、六朝時代に遡るものは一つもありません。年號のある物は先づ咸通、大順、乾寧、天復の四つが唐である。摹本の中にある文殊普賢及四觀音の圖には御覽の如く咸通五年とあります。即ち唐の懿宗の時の年號であります。又盛光佛竝に五星を寫したのに乾寧の年號があります。それから觀音圖に大順の年號があります。天復のは寫しませんでした。次に五代の年號のあるものが四つばかりありました。又宋初の年號のあるものが三つ程あつたと記憶します。所が宋の年號のあるものは概して他とは畫風が異ふのであつて、どう云ふものか、畫が劣ります。それで年號はなくとも宋のものは容易に判斷が附くかのやうに思はれます。五代の畫は唐のと大した差異はありません。それから序に申しますが、ペリオ氏の持つて行つた畫にも三つ程年號のあるものがありますが、併しそれは何れも五代であつたと思ひます。さう云ふ譯で此千佛洞出の繪畫は概して唐末から宋初に至るまでのものであつて、而かも唐末のものが一番多からうと云ふ事が判斷され得るのであります。然るに我々が六朝の畫を見る事は勿論の事ですが、唐五代の畫に接すると云ふ事も甚だ珍らしい事なのでありまして、支那に行つて見ると北京にも其他にも隨分と唐朝の畫と稱するものはあるが、それは大抵僞物である。寧ろ日本の方が支那よりも唐畫の標準となるものはあるかも知れない。日本にある一つの著るしい唐畫は東寺所藏の眞言五祖の像で、是は明かに弘法大師の將來品に相違ないので、而かも李眞と云ふ唐の名家の畫いたものであります。畫も却々よく出來て居る。其他正倉院御物の器物に畫いた畫などにも、恐らく唐畫と思はれるものがないではない。又其外にも日本に或は唐畫はあるかと思ふのであるが、併し東寺の李眞の畫が一つの著るしいものであつて、その他のは實は推定して唐畫と定むべきもので、的確に唐畫である事の證據のあるものが少いのであります。支那の本國でも日本でもそうであるのに燉煌出の畫にかく的確なる唐畫の澤山にあると云ふ事は實に驚くべき事であります。即ち是等のもの丶發見に依つて玆に東洋の美術史研究上に一新紀元が開かれたと申して差支ないのであります。但し是等の畫が何れも名畫であるかどうかと云ふと、必しもそうではない。名家の畫いた畫はありません。何分燉煌は邊僻な所であるからして、其地で出來た畫に名家の畫はある筈はありません。呉道子や周昉の如き大家の畫はない。又李眞程の名家の畫も望む事は出來ません。それは止むを得ません。畫手の名の判かつて居るものも少しはあつて、かの乾寧の年號のある熾盛光佛の畫には張淮興と云ふ人が畫いたとある。又同じく摹本にもある二觀音の圖には銘文の終りに「伎術子弟董文亥(?)一心修養」の文字が見えて居るから、董文亥が此畫を畫いたらしく思はれる。併し張淮興にしても董文亥にしても支那の畫史には何等見當らない人であります。それで中には隨分下手な畫もある、けれども又可成り上手の畫もある。今度寫した畫の中でも殊に上手なのを申すと、樹下說法圖、毘沙門天圖、引路菩薩圖、力士仰倒圖、二觀音圖である。何れにしてもそれ等が唐畫であり乃至五代宋初の畫であるからして、其技術を見て我々は支那の古代の畫の何物たるかを考へる事が出來る。それが即ちそれ等の畫の研究資料として頗る大切なる所以であります。

それから今度の摹本にも其一を寫して居る細長い旙の畫で、一種異つた菩薩の畫があります。あれは一見して支那畫ではない。西藏か印度畫であらうと見えるもので、あれは同じ樣なのが二枚あり、是二つは燉煌出の畫の中でも特殊の物でありま す。それは一種特別なる性質の絹に畫いたもので、何れも上方に銘文があるが、その文字が何であるかと云ふに、實は梵文學者も未だ明白に讀み得ないものでありまして、第一この書が印度文字か西藏文字か意見が定まつて居らないのであります。是は更に研究を要しますが、何れにしても甚だ珍らしいものであります。印度畫にしても西藏畫にしてもその時代に適當する作例は他に殆んど見出されて居らんのでありますから、殊に貴重であります。

又要するにその多くの畫は何れも佛敎に關する內容の畫で、其畫の內容の方から見ましても餘程面白いのであります。即ちそれは佛敎圖像學の研究上大切であつて又佛教史の研究にも大關係があります。それで試に畫題の方から私の少しく考へた事を概括して申述べると、それには種々の種類があつて、或は釋迦の傳記を畫いたものもあり、本生を畫いたものもあり、又衆合佛の畫や三尊式の畫や一尊像二尊像を畫いたものもあります。その特に佛像を中心として畫いたものに於ては特に我國の佛畫にも見る淨土曼荼羅の如き畫が往々にしてある。それは何れも大きいものである。それは壁畫にも多々あるが又裂地へ畫いたものにもある。其一例として摹本にもあるのは假りに私が釋迦曼荼羅と名けて置いたものであります。是は圖樣に於て宛然當麻曼荼羅の畫の如きものである。然るに日本では此類の圖樣のものは大抵阿彌陀の曼荼羅であつて、他の佛を本尊としたものはあまり見ない。けれども燉煌の畫には此類のもので、實は釋迦を本尊としたものもあり、藥師を本尊としたものもあり、又彌勒を本尊としたものもある。阿彌陀を本尊としたのも固より多數であるが、この外に右の如きものがある。それはどうして判かるかと云ふと、その圖の中に經文の文章が畫いてあるので判かる。今ま摹本にあるあの釋迦の畫の如きは、その兩邊の畫の中に經文から拔萃した文章が書いてあつて、それを讀んで見ると、賢愚經、雜寶藏經等に出でゝ居る釋迦の本生を畫いたものと云ふ事が考へられる。して見ると是はどうしても中尊に釋迦を畫いたものと云ふ事になるのであります。そう云ふ工合でかやうに種々の佛を中心として所謂淨土曼荼羅式の畫が多いと云ふ事を考へて見ると、或は思ふに是の如き曼荼羅式の具足的の畫は一つの標準となるものであつて、他の少數な諸尊を畫いた畫はそれを變形したものと考へる事が出來るのであります。此事は古い佛畫の圖像を考究する上の一つの問題であります。それから其畫は重もに大乘顯敎の方のものが多いのでありますが、密敎的のものも往々ある。千手千眼の觀音は一圖摹本にもありますが、あれは殊に多いのでありまして即ち密敎的である。外にもまだ密敎的のものはある。即ち是等の畫に依りまして密敎の起源を考へる事も或程度迄出來る事は勿論と思ふ。尙ほ圖樣の面白いものを今度取つた摹本に就て見ても、例へば乾寧の年號のある熾盛光佛の畫の如きは佛が車の上に載つて引かれて行く形で、即ち是は法顯傳や西域記にも書いてある通りの西域地方で昔流行した行像或は巡城行化像の典型であると云ふ事が考へられます。是行像の畫は日本では殆んど見る事の出來ないものですが今まそれのあるのは面白いのであります。それから斷片ではあるが力士仰倒の圖も罕に見る畫である。あれは涅槃經の故事かと思ひます。又毘沙門天の眷屬を率ゐて海を渡る圖の如きは、あれも從來はあまり見ない。私は玄證本の中で一度あれと同じやうな圖を見た事があるのみです。それから咸通五年の銘ある文殊普賢四觀音の圖なども甚だ珍らしいのであります。それから引路菩薩と題してある圖であるが、引路菩薩と云ふ名稱は經典にあるかないかは存じませんが、あれは觀音のやうな姿でありますが、或は地藏菩薩の意味ではないかと思はれます。是などは圖像學の上から殊に研究を値するものであります。釋迦傳の畫は斷片ですが、何れも我國の因果經の卷物を想起さしむるもので面白いと思ひます。

それから尚ほ是等の畫でも見られる如く、畫の下方に於て中央に銘文を書して、其左右にその畫を畫かしめた供養の信者の像が男女列べて畫かれてある事でありますが、是は日本の佛畫にはあまり多く例を見ない。日本の物では天壽國の曼荼羅が今日は少部の斷片のみ殘つて居るに過ぎませんが、其一部に道俗男女の像が現はれて居りまして、それが正さしく是等の畫に見ると同じものと思ひます。併しその他の日本畫にはあまり例がない。而して燉煌畫に就てはそれは特に曼荼羅式の畫に多いものです。日本の當麻曼荼羅の畫はその形式に於て燉煌畫の曼荼羅畫と善く似て居るので、矢張り左右兩邊に歴史的の畫を畫き、下邊の中央に銘文を書く迄は全く一致しますが、併しその銘文の左右は九品の來迎をかく事になつて居る。供養者の像はない事になつて居る。併し是は當麻寺の原圖では或は九品來迎を書いたかどうか疑はしい點があるのであります。

技術の事は今ま茲で一々詳しく申述べる遑はありませんが、大體に就て云ふと、何れも日本の古い畫の淵源を示さゞるものはないと申して宜しい。先づ圖取法から云ふと特に乘合尊像を畫いたもので、釋迦曼荼羅が明かに我當麻曼荼羅の起源を示す事は勿論でありますが、樹下に赤衣の釋迦が說法して居る圖の如きは熟々之を見ると、其圖取法が如何にも法隆寺の壁畫に酷似して居る事を認めるのであります。其他一般の圖取法に變化が多くつて、又自由なやり方をするものゝ多い事なども甚だ注意すべき事であります。その變化があつて自由な點は到底日本の佛畫などの及ぶ所でないと申して宜しいかと思ひます。それから運筆法の如きは多くは日本の平安朝若しくはそれ以前の畫に於けるものに善く似て居るがそれには柔い筆を用ひた物もあり、又遒い筆を用ひたものもある。　毘沙門天の畫の如きは其筆が甚だ遒勁であります。　而して概して筆法は畫く物に應じて夫々變化があるやうに見えます。　菩薩は柔い筆を用ひますが、假へば金剛力士の如きもの毘沙門天の如きものを畫くには、強い筆を用ふるやうに見える。　それは此摹本にある例でも多少判かりますが、摹本にはないが將來畫の中で一つ大きく金剛力士を畫いた畫がありました。　それは北齋でも畫きそうな太くして甚だ強い線で輪廓を畫いて居ります。　今迄の考では唐畫にあゝ云ふものゝあるのは不思議であつたのです。　併しそれは金剛力士だからそう云ふ筆を用ひたのであらうと思はれるのであります。　併し此畫は既に印度へ持ち行かれましたので殘念ながら今度は寫されませんでした。　それから白描畫或は支那で古く白畫と申したものですが、その例もある。　けれどもその著るしい例はスタイン氏のではなく、ペリオ氏の方にあります。　それは却々面白いもので、全く彩色を省いた墨線で而かも淡く暈取りまでして書いたもので頗る力のある畫です。　彩色に至つては、多くは濃厚であるが、可なり淡泊なるものゝ例もある。　色の輪廓線が盛に用ひてある。それから隈取りは意外に多くして、而かもそれが巧であると云ふ事は技術の進歩を徵すべき一つの著るしい點であると考へます。又文樣の書き方なども何れも精巧であります。金箔を用ふる方法も日本の古畫と變らないので殊に先刻も申した切金の使用のあるのは面白い事であります。切金は今度寫した引路菩薩の畫の一部にあるので、その婦人の頭の飾りがそれである。切金は以前は日本の發明ではないかと考へたものもありましたが斯く是等の畫にある所を以て見ると矢張り支那に起源を發して居ることは明白です。

次は是等の畫に於ける技術には往々にして西の方の技術の影響の現はれて居る事も注意しなければなりません。殊に燉煌は他の中央亞細亞の古い土地と同じやうに西方の文明の東漸するものを支那本土へ傳播する役目をなした所でありますからして、それ等の畫に西方の感化の多く現はれ居るのは當然の事である。是等の畫が大體に於て支那的の技術より成つて居ることは申す迄もありませんが、それには又明かに印度の技術も又他の西域地方の技術も交つて居るのである。是等の事は我々も猶ほ十分研究して見たいと思ふのでありますが、一例を申すとかの樹下說法の圖の如きはその釋迦の畫き方にしても他の尊像の畫き方にしても皆な印度西域の感化を示して居る。その佛像の形にも著るしく西方感化が現はれて居るが、顏や衣に於ける隈取の法は殊更に印度の壁畫などで見るものと同一筆法を以てして居ります。ペリオ氏の將來した畫の中にも宛然波斯畫かと思ふやうなものがありました。そう云ふ譯であつて、燉煌畫に依りまして我々は支那の古畫の性質を知り、日本の古畫の淵源をも考へ得る上に、又西の方から東の方へと傳はつた藝術の徑路をも考へる事が出來るのでありまして、その點が亦甚だ大切であります。

それから尙ほ是等の畫はその圖像や技術を考へる上に興味があるのみではありません。その畫の中に現はれて居る種々の物が又技術以外の事柄を考古的に考へしむる上に大關係があります。先刻も申した如く佛畫の下邊に畫いてある供養者の姿は即ち當時の道俗男女の風俗を考へる上に必要なるものであります。又女の風俗を見るべきものでは引路菩薩の畫が二枚共盛裝した婦人の姿を畫いて居つて、あれも私は唐畫であらうと思ひますが、あれなども風俗研究上餘程面白いものと思ひます。それから曼荼羅風の畫にも又他の畫にもある所の家屋は正さしく當時の建築の樣式を考へる上の參考となります。その他諸種の器物なども矢張り同樣である。是等の畫が美術上大切な資料であるのみならず、考古學上にも大切であると云ふのはそれ等の點に在るのであります。

あまり話が長くなつて際限がないから、先づ此邊で切り上げます。私は右燉煌の發見された出來とその畫の性質とを極く大略にお話したのみでありますが、之を要するに燉煌畫は必しも悉くが名畫と云ふ譯ではありませんが、その美術史宗敎史及び考古學上に於ける價値と云ふものは莫大なものであります。之を第一に發見したスタイン氏の功績は十分に稱へなければならんのであります。幸にして此度啓明會の援助に依つてその畫の假令一部分であつても重要なるものを寫し得た事は非常なる幸福と考へます。終りに一言申して置きますが、此度撮りました摹本が大學に寄附せられます上は其保管に就て我々が責任を以て十分注意致すべきは勿論でありまして、又啓明會の希望でもある如く之を世間の學者や技術家の研究の爲めに觀覽の便宜を計る事も出來得る丈努める考であります。夫れ故に今後此貴重なる材料が益弘く我國の學術界藝術界の裨益をなすやうになる事は我々の切に希望する所であります。

スタイン氏の齎らし歸れる燉煌千佛洞出の古畫に就て

瀧精一（1873—1945）

《國華》382，1922

スタイン氏の齎らし歸れる燉煌千佛洞出の古畫に就て

瀧精一

オーレル、スタイン氏か支那甘肅省燉煌の千佛洞より齎らし歸れる繪畫文書等は、予大正二年歐洲を漫遊せる際英京博物館に於て親しく之を閲覽し、其時より既に其繪畫を木版となして印行するを欲したりしも、スタイン氏の詳細なる報告出版せらるゝ迄は日本に於て之を印行することは見合はすべき約束なりき。然るに同氏の報告も近く出版せらるべきに依り、吾人の複製印行には英京博物館も最早異議なき旨の通知ありたり。吾人の印行に就ては幸にも先年予が啓明會の援助を得て、畫家永田春水、井上白楊の兩氏を彼國に送りて作らしめし主要なる畫圖二十種の摹寫本あり、其摹寫本は啓明會より東京帝國大學に寄附しあれば、それを基本として木版の調製をなすの便宜あるなり。文殊普賢四觀音圖の彫刻先づ成りたるを以て、今や之を本誌に掲けて江湖に紹介する所あらんとす。其圖の說明をなすに先ちて、スタイン氏の齎らし歸れる燉煌畫の一般に關して少しく予の所見を述べしめよ。

スタイン氏が一九〇七年の春千佛洞に於て繪畫文書等を發見し、遂に之を齎らし歸るに至りし事情は同氏の旅行記(Ruins of Desert Cathay)中に說かれたれば、今は略して述べず。要するにスタイン氏の獲たる繪畫文書は十一世紀の初年以來密閉せられたる洞內の一書庫に蓄藏せられたるものにして、スタイン氏の後に佛國のペリオ氏も同じ書庫內の繪畫文書を持ち歸り、其他更に幾分の殘存はありしも、最初に其書庫を發見したるは實にスタイン氏にして、而かも氏の獲たりし品物の數は最も多く、繪畫の如き殊に優良なるもの、多くを有するは事實なりとす。

そもスタイン氏の齎らし歸れる繪畫は總じて二百餘點あり、大小種々ありて斷片も交はれど多くは完全なるものなり。材料は絹、麻布、紙の三種なるが、大部分は絹に畫かれ、絹の種類一定せず、或は紬の如き目の荒きもあれど、又頗る平滑細緻のものもあり。絹地畫の大なるものは我古畫に於て見る如く幾幅かを繼き合せて畫かる。裝法大畫に至つては背後に麻布を裝し、四緣に同樣なる幅の色裂を縫ひ附けたるもの多く、是等は何れも折り疊みて蓄藏せられしも、もと洞內に懸けられしものらしく、現今の掛軸とは異りて軸を附せず。唯一箇毘沙門天の畫には上緣に細き竹を無雜作に縫附けたるを見たり。是裝法は蓋し上代の古寺院内に懸くる畫に於て普通に見るものにて、現今支那の喇嘛教寺院などには往々其例あり、是れ所謂ゆる幢畫なるべきか、次に細長き畫は多くは幡にして、是れ亦縁に裂の裝飾を附して、佛殿に吊したるもの、如く、その裝飾の完全に殘りしものも存せり。横卷の畫は唯一箇あり、十王を圖するものにて、竪一尺長さ八尺二寸ありて紙本なり。すべて材料の如何に依りて畫に善惡あるが如く、絹地の畫は善良なるもの甚だ多く、麻布之に次き、紙本の畫は大抵善からず。又大多數は肉筆なれど、版畫もあり。版畫にては金剛般若經の口繪は最も見るべく、他は大方小なる斷片なり。繡の畫に釋迦三尊を畫きし大なるものあり、その技術精巧と云ふを得ざれど亦珍とするに足る。

年代は文書と異りて六朝時代に遡るものを見ず、多くは唐末にして、其中には咸通、大順、乾寧、天復等の年記を存するものあり。唐末のもの五代宋初のものも多數にして、唐五代の畫は其樣式に於て大體一致すれども、宋初のものは幾分の相違ありて且つ率ね技術の劣れるを覺ゆ。そも唐畫は支那に在つても他には其的確なるものを見ること容易ならず、寧ろ日本に於て其標本を見る事を得れども其數固より多からず。然るに燉煌出の畫に於て斯く年記をさへ有する的確の作物を見るは驚くべき事にて、是等の發見に依りて東洋美術史研究の上に一新紀元開かれたりと云ふも過言にあらず。但し是等の畫が悉く名畫なりとは認むべからず、燉煌は邊陬の地にして長安など、は文化の程度異れば、其地にて作られし物に格段の名作なきは當然なり。畫手名の存するものを求むるに、例へば乾寧の年號ある熾盛光佛の畫に「張淮興」と記するあり。又二觀音圖の銘文中には「伎術子弟董文亥(?)」とありて、是れ亦恐らく畫手名ならんと推せらる。されど張淮興にしても董文亥にしても、皆な歴史には其名を傳へず。多くの畫の中には拙劣にして取るに足らざるものも尠からざるは已むを得ざる所なれど、又意外に技術の勝れたるものあるを見逃がすべからず。毘沙門天圖樹下説法圖引路菩薩圖の如きは殊に秀でたるもの、中なり。何れにしても其畫が多く唐畫にして五代宋初よりも新しきものあらざるが故に、吾人はその畫を見るに依て支那古代畫の何物たるやを考ふる事を得るものなれば、その研究資料としての價値甚大なるは爭ふべからず。

特に云ふべきはその畫の中に支那畫にあらざる奇異の作物二點ある事なり。そは小なる幡の畫にして何れも立てる菩薩形を畫き、絹地の性質他と異りて畫の手法も特別なり　二圖共に梵文の銘あれど、その印度文字なるや西藏文字なるやに就て、我國梵文學者間にも未だ一定の意見なし。年代は矢張唐末五代のものと推して可なるべく、印度畫にしても將た西藏畫にしてもその時代に相應する作例は他に殆んど見出し得られざるを思へば、此畫は殊に貴重なるものと云はざるべからず。

何れの畫も其內容は佛教に關するものにして、而かもそれに種々の變化ありて、佛教圖像學研究上興味あるは勿論、一般佛教史の研究にも大なる關係あるは疑なし。試に予の考ふる所を概括して述べんに、その內容は釋迦の傳記に關するものあり、本生に關するものあり、又衆合佛の畫三尊式の畫乃至一尊二尊の佛菩薩天部等を畫けるものあり。特に佛像を中心として畫けるものに於て、我國にもその例を見る淨土曼茶羅の如きもの數多あり。それ等は何れも大なるものにして、千佛洞の壁畫に見るものと相類せり。凡そ我國の同類なる曼茶羅畫は大抵阿彌陀を本尊とするものにて、他の佛を本尊とするものは甚だ稀なり。然るに燉煌の這種の畫は釋迦を本尊とするものあり、藥師を本尊とするものあり、彌勒を本尊とするものありて、その種類一定せず。斯く種々の佛を中心としたる所謂淨土曼茶羅式の具足的なる畫の多數なるを以て考ふるに、或は是れ當時の佛畫の標準となる性質のものにして、他の少數なる尊像を寫せる畫はその變形又は省略とも見るべきものなるやを推測し得ざるにあらず。是れ古佛畫の圖像を考究する上に於ける一箇の問題とすべし。次に畫の多くは顯敎に屬するものと見るべきも、間、密敎的のものも存するを注意すべし。千手千眼觀音圖は二三にして止まらず、而かも密敎畫的形式を具備せり。それ等の畫は密敎の起源を考ふる上の資料ともなるべきを思はざる能はず。其他圖樣の特別に興味あるものを擧ぐれば、例へば熾盛光佛と題する圖の如きは佛の車上に在りて引かれ行くの形相にして、卽ち是れ法顯傳西域記等にも記する、古く西域地方に流行したりし巡城行化像の典型なるや明白にて、此圖は日本には殆んど其作例を見ざるものなれば殊に珍とすべし。毘沙門天の眷屬を率ゐて渡海する圖の如きも從來其例に乏しく、予は曾て玄證本の中にそれと類似のものを見たる事あるのみ。引路菩薩と題する圖は觀音の形相にして佛畫として甚だ珍奇なり。文殊普賢四觀音圖の如きも他に未だ類似の圖本あるを知らず。釋迦傳の畫は多くは斷片なるが、何れも我過去現在因果經の畫を想起せしむるものにて、而かも圖樣の變化窮なし。涅槃經變と覺ぼしき圖は斷片なれども亦珍らしきものと云ふべし。以上はその主なるものを擧ぐるに過ぎず、尙ほ他に新らしき研究の資料となるべき圖像のもの多々あり。

又畫の多くには下邊中央に銘文を書し其左右に其畫を畫かしめし供養者道俗男女の像を併列して畫けり。日本の佛畫にては天壽國曼茶羅や少部の斷片を殘すのみなれども、その一部に道俗男女の像を現はしありて、恐らく同樣の形式を取りしものと思はる。されどその他には類例を知らず。我當麻曼茶羅の畫は左右兩邊に史的畫を畫きて下邊の中央に銘文を書するに於て燉煌の曼茶羅畫と同樣なれども、下邊銘文の左右に果して何物を畫きしものなるや。流布本には皆な九品の來迎を圖して供養者の像などなけれど、當麻寺の原本に於ても果して爾くありしや、燉煌畫の比較に依りて吾人はその點に幾分の疑なき能はず。

技術の上より見て燉煌出畫は何れも日本古畫の淵源を示さゞるものなしと云ふも可なり。唯一般圖取の法に變化ありて且つ自由なる所多きは注意すべく、それ等の點に於て我佛畫は甚だしく彼と異れり。運筆法の如き多くは我平安朝若くはそれ以前の畫に於けるものと似たるものありて、而かもそれには柔軟なる筆致のものと、幷に遒勁なる筆致のものとあり。概して云へば筆法はすべて對象物に應じて夫々變化ある如く見ゆ。菩薩部の畫には多く柔軟なる筆を用ふるも、天部像の如きものには遒勁にして磊落なる筆を用ひたるを見る。一圖金剛力士を畫きし圖に於て、我北齋にても爲さんかと思はるゝ如くに太くして力ある線の輪廓を用ひたるあり。是れ全く金剛力士なるが故に是の如き筆法を用ひたるものにて、物に應じて筆法を變化する方針の畫法としては當然あるべき事なり。

繪具は日本の古畫に用ひられたるものと大なる差別なし。その多くは鑛物性の繪具にして又植物性のものをも交へたる如し。彩色畫は大方濃厚なれど、時として淡泊なるものゝ例あり。色の輪廓を用ふることは盛にして又隈取意外に多く、その手法に巧妙を極めたるものあり、以て技術進歩の程度を徴すべし。文様の描寫法は我古佛畫に見る程に精密なるものあらざるも、簡略にして而かも巧妙なるもの尠からず。金泥を用ふる事も勿論是れ有りて、切箔の使用を見るに至つては殊に注目に値ひす。切箔は必しも細巧ならずと雖も、明かに本邦のその技術に於ける起源を示せるものなり。尙ほ彩色畫の外に少數の白描畫もありて、其作例の大なるものはスタイン氏將來品の中には之を見ざれど、ペリオ氏將來品の中には觀音の一圖に墨線を以て輪廓を作りて、且つ淡墨にて盛なる陰影的隈取をなせるものあり。是れ古代白描畫の技巧を見るの標本として甚だ有力なり。

次に是等の畫には往々にして西方技藝の影響の現はれたるものあるを看過すべからず。燉煌は他の中央亞細亞の古き都會と同樣に、西方文明の東漸するものを支那本土へ傳播するの役目をなしたる土地なるを以て、是等の畫に西方感化の多く現はれたるは固より當然なり。要するにその畫は大體に於て支那的の技術より成るは云ふ迄もなけれど、其中には明かに印度技術も又他の西域地方の技術も交はれるなり。例へば樹下說法圖の如きその最も著しき例にして、其中尊なる釋迦の描寫にしても他の尊像の描寫にしても皆な印度畫に見るものを思出さしめざるはなく、其尊像の形相は勿論の事、顏面及び衣服に於ける隈取の法など殊更に印度の古壁畫に見るものと同轍なり。ペリオ氏將來の畫中にも宛然波斯畫と思はるゝ樣式のもの存せり。實に燉煌畫に依りて吾人が支那古代畫の性質を知り、日本古畫の淵源をも考へ得る上に、又西方より東方へ傳はりし藝術の徑路をも究め得るは、その畫の研究資料として益〻貴重なる所以にあらずして何ぞや。

終に言ふべきは、是等の畫はその圖像及び技術を考究して得る所大なるのみならず、畫中に畫かるゝ種々の物品が考古學的考證の資料となるに於て大切なるものある事なり。前にも述べたる如く、佛畫の下邊に供養者の多くを畫けるは、卽ち當時の道俗男女の風俗を考へしむる上に大關係あり。特に婦女の風俗を見るべきものとしては二箇の引路菩薩圖の畫に於て盛裝したる俗婦人の姿を寫せるものあり。又曼荼羅式の畫にも將た他の畫にも見る所の家屋の如きは、正さしく當時の建築の樣式を窺はしむる上の參考とならざるなく、其他諸種の品物調度の類を描きしも同樣參考となるなり。畢竟するにその畫の價値は美術史宗敎史の上に於て大切なる資料となるのみならず、考古學上の資料をも提供するに在るは明なり。（完）

燉煌出文殊普賢四觀音圖解

スタイン氏の齎らし歸れる燉煌畫中有力なるもの、一としては、先づ文殊普賢四觀音圖を擧げざるべからず。此畫は所謂ゆる幢像として佛殿に懸けられたるもの、如く周圍に裂を縫ひて裏に麻布を張りたるものなり。畫の大さ竪四尺四寸五分橫二尺九寸八分にして絹一幅半を合し、絹の質は薄くして平滑なり。

圖は上下二段に分かれて、下段には右に綠色の獅子に乘れる文殊菩薩と左に白象に乘れる普賢菩薩とを畫き、二菩薩共に二の寶蓋を持する菩薩形の脇侍と並に手綱を執れる一侍者を從へ、何れも白雲に乘じて相對して進出する姿に在り。二菩薩の中間に短冊形を置きて

大聖文殊師利菩薩

大聖文殊普賢菩薩

と書す。右を大聖文殊師利と記するは其處なるも、左を大聖文殊普賢と記したるは何の意なるか。一菩薩にして文殊普賢と云へるは怪むべけれど、總じて燉煌畫には註記の文字俗僧の手に成りて過誤に出でたるもの多ければ、是も亦その一例なりと見て差支なかるべし。上段には立てる姿の四觀音を正面向に寫して併列せしめ、各、短冊形の註記を附して右より數へて左の如く註記す。

大悲救苦觀世音菩薩

大聖拔苦觀世音菩薩

大悲十一面觀世音菩薩 淸信佛弟子唐

大聖而意輪菩薩

とあり、その而意輪は如意輪の事なるべし。而して各觀音には何れも寶蓋あり。

而して圖の下には瑠璃色の敷瓦形を以て境界となして、その下の中央一區劃內に左の銘文を書す、云はく

一爲當今皇帝二爲本使……

三爲先亡父母及同……

無之灾障……………

咸通五年……………

かくてその左右に於て各、四人の坐せる道俗男女の姿を畫き、一々面前に短冊形を置きて左の如くその名を記せり。

右方

父僧神威一心供養

兄十將唐我(?)一心供養

兄唐小晟一心供養

衙前虞候唐安諫

左方

比丘尼妙義一心供養

尼福妙一心供養

母趙氏一心供養

阿姊什三娘一心供養

此圖の如く中尊を缺きて文殊普賢の相對と四觀音を畫きしものは本邦に於て未だその圖本の例あらず、如何なる經軌に基きて成れるやも詳かならざれど、ともあれ一種珍奇の圖像として尊重すべし。描寫の方法は描線明かにして、賦彩は佛畫としてさのみ濃麗なる方にあらざるも、赤綠の配合主となりて全體に優美の感を與へ、隈取は到る所に用ひられて其法甚だ巧なり。金泥切箔は何所にも見當らず。線の運行より察すれば典型に依りて畫く繪佛師の作と思はる所なきを得ず。然れどもその圖樣の整然として統一の妙を得たるは歎服に値ひす。

菩薩の形相に於て大體二種の形式を認むるは注意すべき事にて、下段文殊普賢及び脇侍はすべて長妍にして、天衣の飜轉せざる清雅なる形を取れるに反し、上段の四觀音は豐滿にして天衣著るしく飜轉せる麗美の形を取れり。或は想ふ前者は六朝の古樣式に系統を有するものして、後者は中唐以來の樣式に從ふものならんかを。下邊道俗の像は他の同類のものに見る程に精巧なりと云ふ能はざるも、風俗を見る上には大なる參考となるべし。

銘文に依りて咸通五年卽ち唐末懿宗の時の製作なる事明にして、その點に於て此畫の史的價値は莫大なりとす。唐代の年記ある畫は燉煌畫中に數個ありて而かも此畫はその年記あるものゝ中にて最も古きものに屬す。燉煌畫中是より勝れたる技術のものは他にありと雖も、此畫は圖樣に特殊の長所ある事と、その年記の最も古き事とに於て甚だ尊重すべきものあり。尙ほ他の顯著なる畫も逐次之を揭ぐべし。(節庵)

燉煌出引路菩薩圖に就て

瀧精一（1873—1945）

《國華》383，1922

燉煌出引路菩薩圖に就て

節庵

スタイン氏の燉煌千佛洞より齎らし來れる畫の中に、一菩薩の一婦人を導き行く所を寫したる圖二本あり。二者の圖樣幾分趣を異にする所あるも、大體に於ては一致し從來見る所なき珍奇の畫と云ふべし。本誌上に木版色摺として掲ぐる所は卽ちその一にして、此圖に於ては紫雲に乘じ行く一菩薩は火焔ある背光を負ひ、寶冠を戴きて、右手に柄香爐を持ち、左手に花葉を有する蓮莖に結べる白幡を執り、顧みて一婦人を導くが如く、黑髪高く結べる一婦人は盛裝の姿に在つて手を拱き、天上には雲中の宮殿を寫して空中に寶華を散らせり。而して畫の右方上部に短冊形を置きて『引路菩』の三字を書し、尙ほ他の文字をも書すべかりしを中途にて止めたるかの如く見ゆ。

引路菩は卽ち引路菩薩の意ならんが、引路菩薩の名目經典中に在りや未だ之を知らず、是れ蓋し何物かの假名なるべし。その菩薩の形像を以て見れば、觀世音の如くにも考へ得られざるにあらず、現に他の一本には寶冠に阿彌陀らしき化佛さへあり。然れども觀世音菩薩の圖にして是の如き種類のものありやは疑はしく、是は寧ろ地藏菩薩と推定すべき理由なきにあらず。今ま地藏菩薩本願經を閲するに、同經には女人光目の説話などありて、地藏菩薩は固より男女の爲めに利益を與ふるものなりとは云へ、又女人の往生と特別の關係あるものなり。又同經の閻羅王衆讃歎品には忉利天宮の大會を説く中に、地藏菩薩不可思議方便の力能く人の險道に入るものを救拔する所以を敍して、『是迷路人。忽聞是語。方知險道。卽便退歩。求出此路。是善知識提携接手。引出險道。免諸惡毒。至于好道。全得安樂。』云々と云ふが如き、或は『引路』なる名目の依つて生ずる所ならんかとも思惟せらる。又同經に依れば未來往生の場所は忉利天宮なる事も察し得られ、此畫に於て菩薩の婦人を導き行かんとする天上に在る雲中の宮殿は或は忉利天ならんかとも推せらる。同類なる他の一本に於ては數條の横線を劃してその間に多くの宮殿を畫きありて、極樂にはあらで明かに天宮なることを知らしめたれば、此圖に於ても亦同樣天宮を寫せるものに相違なく、さすれば之を忉利天と見るも不可なかるべし。

唯地藏菩薩とし云へば比丘形に畫くを常とするものにて、是圖の如き形相に現はされたるものは多く見ざる所なりとの異論も起らん。されど地藏菩薩を比丘形ならざる普通の菩薩形に畫くの例は尠からざる事にて、比丘形は新らしく、菩薩形こそ寧ろ古きものゝ如く、現に燉煌畫中にも菩薩形に畫きしもの他にあり。殊に地藏經より考ふれば、地藏は觀世音とも特別の關係ありて、或は觀世音の變身なりとの説も起り得るものなれば、之を普通の菩薩形にして而かも觀世音に似たる姿に畫くは理の然らしむる所なりと云ふを得べし。是く觀じ來れば、此畫に於ける形相の寧ろ普通に見るものと異るにも拘らず、之を地藏菩薩なりと斷定するは不當にあらずと思はる。

然るに此圖に現はれたる婦人は果して何者なるや。燉煌の佛畫中其一部に供養に關係ある男女の像を畫くもの多きことは既にも述べたる所なるが、此畫に於ける婦人も或は實在の人を寫すの意なるやも計りがたし。或は地藏菩薩を信仰する婦人の死に際して、その人の往生を祈願せんが爲めに此畫を畫きて寄進せるにはあらざるか。而してその婦人の風俗は正さしく唐朝のそれなるべく、我藥師寺吉祥天の畫、又は正倉院樹下美人の畫に見るものと一致せり。

かくて此圖は佛畫として甚だ破格なる性質のものにて、構想の奇拔なる賞賛せざるを得ず。規則に拘束せらるゝ尋常の佛畫に比して何ぞその優美にして興趣の深きや。菩薩の端嚴なるに對して小形なる俗婦人の姿の雅致あるは眞に面白き對照なり。作法に至つては燉煌出の佛畫中に於て最も麗美の態を得たるものゝ一にして、描線暢達にして賦彩亦た甚だ巧なり。菩薩と人物との謹嚴なる描寫も見るべけれど、紫雲の筆法に於ける作家の伎倆も見逃すべからす。燉煌の他の畫には金を用ひたるもの少きに、此畫が金泥及び切箔を用ひたるも注意すべき事なり。切箔は少量なれども婦人の鈿飾に於て明かに之を認むべく、英國博物館に於て背裝を改めざる迄は箔の一部浮き離れたるを見たり。

年代に關しては銘文の以て證據とすべきなきも恐らく唐畫ならんと思はる。燉煌畫中宋の年記あるものは畫技著るしく劣り、五代の年記あるものには唐末の畫と紛るべきもの往々にしてあり。而して此畫を單に技巧の上より見れば、唐末或は五代の何れともなし得べきが如し。然れどもその菩薩の形相の前號に出したる文殊普賢四觀音圖の文殊普賢若くはその脇侍と樣式を同うする所を以て考へ、又婦人の風俗の上より察する時は寧ろ唐末の製作と認むるを穩當とせん。

唐朝の墨畫

瀧精一（1873—1945）

《國華》386、387、1922

唐朝の墨畫（上）

瀧　精　一

支那の墨畫は五代趙宋の世に於て著るしく發達を見たりと雖も、その基く所はそれより以前に在りしなるべし。されど六朝時代に於て墨畫の流行ありしを認めんとするが若きは誤なり。六朝時代には南齊の謝赫畫之六法を說き、骨法用筆と隨類賦彩とを云ふと雖も、用墨に關しては何等謂ふ所あらず、他の畫論に依つて徵するも、墨法を重要視したりと認むべきもの未だ是れあるを見ず。然るに唐朝に及んで墨畫をなせし畫家の出でたるは事實にして、又畫論の上に於ても張彥遠の歷代名畫記の如きは『運墨而五色具。謂之得意。意在五色。則物象乖矣』と說きたれば、墨法の重んぜらるゝに至りしは明かなり。然らば唐朝に於ける墨畫は果して如何のものなりしや。

そも唐朝に於て明かに墨畫を作りしは王墨にして、王墨は王默又は王洽と稱せしも、朱景玄の唐朝名畫錄に依れば、善く墨を潑きて山水を畫きしを以て時人王墨と謂ふとあり。然れども王墨の墨畫は突爾として起りしにあらず、必ずや又それに先ちて墨法を好みし畫家はありしなるべし。飜つて考ふれば、墨畫の起りは白畫と關係なかるべからず。白畫は白描と云ふに同じく、卽ち單一色を以て作る輪廓畫の事なり。白畫は必しも墨を以て畫くものとは限らず、色線を以て畫ける白畫も亦あるべき筈なり。大谷師の探檢隊が齎らし歸りし龜茲國壁畫の斷片にして、唐代のものと覺ぼしきものに白き地塗の上に朱線を以て畫かれたる天部の圖あり。又ペリオ氏が燉煌千佛洞より獲たる畫の中に紅色の絹地に銀泥を以て作れる救苦觀音の圖あり。是等は唐代白畫の必しも墨線を以て畫かれざる事の證據となすに足るものと云ふべし。されど白畫の多くが墨を以て畫かれしは想像するに難からず。但し墨を以てする白畫には二種を分たざるべからず、卽ち稿本として畫くものと完備の畫として畫くものとの二なり。稿本として畫く白畫に墨畫の多きは怪むに足らざる事にて、その實例は燉煌の唐畫にも多數あり。又是類のものは唐代以前にもあり得るものにて、寧ろ何れの時代にも普通のものと見るべし。然れどもそは今ま論せんとする墨畫の範圍にあらず。完備の畫として畫かるゝ白畫こそ一考を要するものなるが、這種の墨畫の實例亦燉煌畫中に在り、是れ甚だ吾人の注意を値ひするものとす。

予の見たるその種の墨畫はペリオ氏の將來畫中に一種ありて、其一を玆に寫眞となして出せり。それは何れも竪五尺程の麻布に畫きたる觀音の圖にて、全體を淡墨の線にて畫き、頭髪その他の局部に焦墨を用ひ、且つ一二の局處に淡朱色と白色を塗りたりと覺ぼへしが、其著色は甚だ少く全く附隨的のものにて槪して云へば一種の墨畫に外ならず。その用墨は一調の淡墨と一調の焦墨とのみにて、要するに二調子の畫なり。又その畫には線と同調の淡墨を以てする陰影の盛に施さるゝあり、天衣の襞積に於ける陰影の如き殊に細密なり。而してその陰影は隈取法にてぼかしたるもの、間に渴筆を用ひたるありて、その法我舊法隆寺の什物なりし聖德太子二王子の圖に於ける陰影と類似して、それよりも一層巧妙なり。卽ち是れ完備の白畫にして稿本的のものにあらず、墨畫なる白畫の一態として特に工夫を凝らしたるものと云ふべし。畫中に年記なしと雖も、予の推定に依れば恐らく唐末の作なる如く、之を證左として唐朝に於て白畫的墨畫が一箇の意義ある畫態として行はれしを想像するも決して不當にあらざるべし。

此畫に因みて考ふるは我倭畫に見る所の墨畫なり。倭畫の墨畫も一樣ならず、高山寺の禽獸畫卷の如きは單一の墨調を以てするものにて、寧ろ稿本に近き性質を有すれども、その外に又一態あり。そは物語畫などに於て多くの例あるものにて、細き淡墨の線を用ひて畫き、特に界線を劃するもの多く、局處に焦墨を點せるものなり。是れ亦二調子の墨畫にて上說の觀音圖に於けると頗る相似たり。僅かに朱色白色等を施す事も間々ありて是れ亦全く一致すれど唯我にはその觀音圖に於ける如き陰影の施設あるものなし。その例多くある中に淺野家に藏せらるゝ枕草紙の畫卷など最も著るし。這種の倭畫の白畫が唐畫に淵源するものならんとは夙に吾人も想像したる所なりしが、今やかの觀音圖を見るに及んで愈、その想像の誤まらざるを確めり。

かの觀音圖に依りて吾人唐朝墨畫の一態を徵證するを得るは至幸とする所なれども、是は固よりその一態に過ぎず。之を以て唐朝墨畫の全般を推する能はざるは勿論にて、唐朝には更に發達したる墨畫の行はれしものありしは文獻の上より徵證するを得るなり。但し唐朝の墨畫の發達は白畫に出發したるは疑ふべからず。そも唐朝に於て殊に墨法の進展を促したるものは何ぞやと云はゞ、そは吳道子の畫にして、吳道子が白畫を得意となしたるは唐代諸家の說に照らして明白なり。段成式の寺搭記に記する所を見るに、彼は長安常樂坊趙景公寺の壁畫に白畫なる地獄の圖を畫けりと云ふ。その文に曰はく、

吳道玄白畫地獄變。筆力勁怒。變狀陰怪。覩之不覺毛戴。吳畫得意處

と。尙ほ此畫以外にも彼が地獄の圖を作りしは朱景玄の唐朝名畫錄に依りて考ふる事を得べきも、此趙景公寺の畫は白畫にして而かも『得意處』とあるは注意すべし。然るにその白畫は墨畫なりしや否やと云ふに、恐らく墨畫なりしと思はるゝ理由あり。何故とならば名畫錄に『又數處圖壁。唯以墨蹤爲之。近代莫能加其綵繪』とあり。是に依れば吳道子は圖壁に於て好んで墨畫を作りしを察し得べく、その白畫卽ち墨畫なりしならんと思はるゝなり。

又吳道子は元來筆法に長じたるものにて、その筆法の雄健なるに關しては張彥遠殊に之を力說して已まず。その說に依れば吳畫は書法に得る所ありと云ひ、彼が畫聖と稱せらるゝ所以も亦主として其畫の用筆の書に於けると同じきが故なりとし、且つ其畫に關して

衆皆密於盼際。我則離披其點畫」

と云へり。卽ち彼が墨畫を好みしと云ふも、畢竟はその筆法の上に於て磊落離披の樣を得意となしたる事と關係あるものゝ如く、筆法に磊落離披の樣を欲すれば、濃麗なる彩畫よりも墨畫を選ぶこと多きに至るは自然の勢なり。唯吳道子に在ては諸家の說皆なその筆意の盛なるを賞賛するには一致すれども、その墨畫に於ける墨法の妙を稱ふるものあらず。それに依て考ふれば、その墨畫は未だ墨氣の上に於て變化妙用の現はるゝものとはならず、所詮その墨畫は白畫としての墨畫にて、白畫の範圍を脫するに至らざりしならんか。

然らば吳道子の白畫は前述せる觀音圖の如きものなりしやと云ふに、又それとも別種のものなりしなるべし。かの觀音圖は之をその形相上より判定するに恐らく吳畫の態にはあらざらん。世に吳家樣と曹家樣との佛畫を比較して『吳帶當風。曹衣出水』と云へる事あり。要するに吳家樣は曹家樣の稠疊緊窄なると異りて、その勢圓轉として衣服飄擧すと云ふなり。而して若し唐畫の菩薩圖中にてその類のものを求むれば他に例なきにあらず。かの觀音圖は寧ろ六朝の法式なる事明かにて、吳道子の開ける樣式とはなり得ず。さりとて曹家樣とも云ひ難からんが、或は張家樣にてもあらんかとの想像をなし得ざるにあらず。此事に關しては別に論究するの必要あれど、ともあれその吳家樣ならざる事だけは斷定するも差支なしと思惟す。その圖樣既に吳家樣にあらずとすれば、その作法も亦吳家樣にあらずとするを自然とす。想ふにかの畫の手法はその謹密なるに於て吳畫とは同じからざるものにて、吳生の白畫は彼よりも一層磊落の趣ありしならん。

さはあれ吳道子の磊落離披の態を以てする墨蹤の畫が基本となりて、唐朝の墨畫の爲めに進展を促されたりしは事實と云はざるべからず。然るに茲に尙ほ考ふべきは墨畫の進展と畫の主題との關係にして、唯だ人物功德をのみ畫くに於ては墨畫はとかくに白畫に限られ易き傾向を免れず。墨畫の進展に就ては、必ずや人物功德以外の畫に於て弘く之を應用するの必要あるなり。吳道子も人物功德以外の畫を能くせざるにあらず、玄宗皇帝內殿の五龍は鱗甲飛動して煙霧を生ぜんとすと云はれたり。又山水畫にては大同殿に於ける蜀道嘉陵江水の圖甚だ有名にて、李思訓が同殿內の山水に數月を要したるに反して、吳道子はその圖を畫くに僅かに一日を以てしたりと云ふ。五龍の方は暫らく措き、蜀道圖のかく迅速に畫き了られしを以て見るに、或は墨畫なりしやとの疑起らざるにあらざるも、その然りしや否やに就ては全く古記の徵すべきなし。

吳道子の山水の墨畫なりしや否やは不明なるも、吳道子以後に於て吳道子の筆法を繼承して山水の用墨に特色を示したりと思ふべき者出でたり、そは王維なり。王維は主として山水を畫きしものにて、且つその畫法に於て吳畫に似たる所ありしは名畫錄の說に徵して知り得べし。名畫錄は云はく

其畫山水松石。蹤似呉生。而風致標格特出。

と。　唯名畫錄にはその用墨に關して何等謂ふ所なし。　然るに名畫記の王維に對する評語には

余曾見破墨山水。筆迹勁爽。

とあり。　卽ち此處に破墨とあるを注意すべし。　その意義に關しては後に評論する所あらんと欲するが、ともあれ破墨は單に白墨の墨畫と云ふ如きものにはあらじ。　破墨の山水と云へば必ずや用墨に於て何等かの特色あるものに相違なからん。　此一言を以て王維を墨法家と見做すは寧ろ危險なりとの論も起らずとは限らざるも、破墨の語實は是以前には見當らず、張彥遠が此語を用ふるは恐らく意義あるものと斷じて可なり。　又張彥遠は『人家所蓄。多是右丞指揮工人。布色原野。簇成遠樹。過於朴拙。復務細巧。翻更失眞』とも云へり。是を以て見ても、王維は彩畫を作りしも、自身は著色を好まざりし場合の多かりしを察するに足る。

世に王維の作と傳ふる『畫學秘訣』なる畫論ありて、その文の始めに『夫畫道之中。以水墨最爲上。肇自然之性。成造化之功』とあり。若し之を以て證とせば、王維に水墨畫あるは何等怪むべきにあらず、後世論家の王維を墨畫家となすもの多くは此語を以てその證となすなり。　然れども此畫學秘訣なるもの實は王維の述ぶる所にあらず、それに關しては四庫全書總目提要中に既に說あり、曰はく『舊本題唐王維撰。詞作駢體。而句格皆似南宋人語。王縉編維集。亦不載此篇。明焦竑國史徑藉志始著於錄。蓋近代依託也。明人收入維集。失考甚矣』と、此說寔に當を得たり。　殊に水墨の語唐朝に於て行はれしや否や余は疑なき能はず、余の考ふる所を以てすれば水墨の語は五代以後に行はれたるもの丶如し。　何れにしても此畫論を證として王維を墨畫家なりと定むるは不當にして、若し彼を以て墨畫家となすの證を求めんと欲すれば、前記の張氏の語を以てするを至當とするなり。

又張彥遠は張璪の場合に於ても破墨の語を用ひたり。　その說く所次の如し、曰はく

彥遠每聆長者說。璪以宗黨常在予家。故予家多璪畫。曾令畫八幅山水障。在長安平原里。破墨未了。值朱泚亂。京城騷擾。璪亦登時逃去。家人見畫在帧。蒼忙掣落。此障最見張用思處。

と。　卽ち是處に破墨未了とあれば、その山水は墨畫なりしならんか。或は然らずして、著色に先だつ用墨の中途に在りしものとも解せられざるにあらず。　何れにしても破墨とある以上は單に白畫的のものにはあらざらん。　そも張璪は山水松石を畫くを得意としたる人にて、名畫錄には彼が手に雙管を握りて一時に齊下し、一は生枝となり一は枯枝となり、氣煙霞に傲り勢風雨を凌ぐとあり。　又名畫記には唯禿筆を用ひ或は手を以て絹素を摸して畫き、以て畢宏を驚かしめたる事あるを云へり。　卽ちその畫は放膽磊落なる手法に長じたるものなるは疑なく、墨法に於て見るべきものありし事も推定し得らる丶所なり。　又米芾の畫史に依れば錢醇老、張璪の松樹下に流水ある圖を收藏し、それに八分の題詩一首あり、その斷句に『近溪幽濕處。全藉墨煙濃』とありと說く。　是れ詩の形容なりとは云へ、或は以て彼が墨氣の煙霧縹緲たる趣を寫すに妙なりしを考ふるの材料となし得ざるにあらざるか。（未完）

唐朝の墨畫（下）

瀧 精

上說する所の如く、唐朝は王維と張璪との二人に於て用墨上に特色ある畫を見、墨畫を作りし事も略ほ想定するを得べく、而かも二人は何れも山水松石の畫を能くしたるなり。そも山水畫は支那の繪畫史上に於て甚だ重要なる意義を有するものにして、その畫は實に唐朝に於て發達の緒を開けりと云ふべし。而して山水畫の發達と墨畫の進展とが互に密接の關繋を有するは思量し易き事にて、山水畫も單に寫眞を以て甘んずる間は兎も角もなれ、苟くもそれに寄情を重んずること多きに至らば、その描寫の主觀的となりて省略の手法を欲し、遂に賦彩よりも用墨を尙ふ事となるは自然の勢なり。今ま王維はその人既に高人にして、作畫の文學的なりしは東坡の評言を俟たざるも異論なき所にして、彼自身は實に『前身應畫師』と云ひしも、その畫の立場は畫師のそれと異りて、所謂ゆる『標格特出』なりしに相違なし。張璪は王維と同視する能はざるも、官は詞部員外郎となりて『衣冠文學時之名流』なりとは朱景玄の云ふ所にして、且つ繪境と題する一篇の畫論などをも著はせる程にて、是れ亦尋常の畫匠を以て目すべきにあらず。董其昌が張璪を南畫の系統中に舉げて、而かも文人畫の嫡流に入れざるは寧ろ當を得ざるものなり。何れにしても二人の山水畫に於けるや、之をその製作の動機より察して、用墨を尊重して墨畫を作るべき傾向のものなりしは明白なり。唐朝の山水畫が松石圖と相伴つて行はれしも亦注意すべき事にて、名畫錄は王維も山水松石を畫くと記すれど、松石は張璪寧ろ之を得意となしたるが如し。その所謂ゆる松石圖とは如何なるものなりしや固より之を詳知するを得ざるも、是れその畫の性質として形似を得て滿足すべきにあらず、必ずや松石の意趣に取る所ありて畫くものと見て可なり。さすればその畫は謹細なるものとなり能はずして磊落態を必要となし、又墨畫的なるを要するものと考へ得らるべし。他の松石を得意とする畫家例へば揚炎、畢宏、劉商などに於ても或は然りしと思惟せらるゝも、張璪は殊にその畫に於て逸奇の趣を得たるが如く、遂に墨法に於て見るべきものを畫くに至りしならんと推測せられざるにあらず。

然りと雖も又之を他の一面より考ふるに、王維張璪は用墨に於て他の畫家とは異る所ありたりとするも、その用筆に於けるが如くに秀でたる特色を有したるにあらずとも見らるゝなり。その故如何となれば、名畫記は王維の破畫山水に於て『筆迹勁爽』なるを云ひ、又名畫錄は張璪の松樹を以て『特出古今、能用筆法』と云ふも、二人の墨法の妙を稱ふるが如き語は兩書共に之を見ず、その點に於ては吳道子に對すると全く同樣なればなり。是に由て思へば、二人の墨畫は吳道子の白畫よりは一歩を進めたるものとは想像し得べきも、未だ後世の墨畫に於ける如く水暈墨章の味濃かなるものとはならざりしならん。

然るに王墨の畫に至つては二人のそれとは全く趣を異にして、是は筆法よりも墨法を主とするものゝ如し。王默又は王墨に關しては名畫記に張彥遠の從兄監察御史厚の語る所を載せ、又名畫錄にもその畫を詳評するものあり、以てその畫の大要を想見するを得。名畫錄には曰はく

善潑墨畫山水。時人故謂之王墨。多游江湖間。常畫山水松石雜樹。性多疏野好酒。凡欲畫圖障。先飲醺酣之後。即以墨潑。或笑或吟。脚蹙手抹。或揮或掃。或淡或濃。隨其形狀。爲山爲石。爲雲爲水。應手隨意。倏若造化。圖出雲霞。染成風雨。宛若神巧。俯觀不見其墨汚之迹。皆謂之奇異也。

とあり。之を以て見れば、王墨も亦山水家にて而かも潑墨を特色となし、その潑墨や或は手脚を以てし、或は筆管を以てし、墨に濃淡ありて形狀隨意に成り、その狀如何にも奇異なりしに相違なし。又名畫記に『醉後以頭髮取墨、抵於絹畫』とあるも上說と相似たり。但し此名畫記の說を以てすれば、潑墨は抵墨と云ふも可なるが如し。而してその潑墨の畫は要するに墨氣を以て生命となすものなるは疑なく、即ち此畫の出現に依りて唐朝に於ける純眞なる墨畫の存在は愈〻確め得らるゝなり。

吾人は先きに王維の畫に於て始めて破墨なる語の用ひらるゝを見たりしが、潑墨の語又王墨の畫に於て始めて之を見るなり。されば今ま破墨と潑墨との兩語の間に如何なる意義の相違あるやを考ふるの必要起れり。近世畫論家の說に從へば、破墨と潑墨とは相對立する語言の如く解釋せらるゝを寧ろ常とす。沈宗騫の學畫編中の用墨章に說く所左の如し。

法有潑墨破墨二。用破墨者。先以淡墨勾定匡廓。匡廓既定。乃分凹凸。形體既成。漸次加濃。令墨氣淹潤。常若濕者。後以焦墨破其界限輪廓。或作疎苔於界處。

潑墨者以土筆約定通幅之局。要使山石林木照映聯絡。有一氣相通之勢。於交接虛實處。再以淡墨落定。蘸濕墨一氣寫出。候乾用少淡濕墨籠其濃處。如主山之頂。峰石之頭。及雲氣掩斷之處。皆是也。

南宗多用破墨。北宗多用潑墨。其爲光彩淹潤則一也。

此文或は難解の評あり。然れども要するに是れ二法を山水畫に於ける用墨の法則として說くものにて、その末段に於て既に『南宗多用破墨、北宗多用潑墨』ともあるなれば、破墨の方は南畫の山皴を畫くものに照らし、潑墨の方は北畫の山峰雲氣を畫くものに照らして考ふる時は、その意義おのつから了解し得らるゝなり。近頃の論者は或は二法を以てかく南畫と北畫とに分ち見るは餘程の珍說なりと云へど、予の所見を以てすれば、そは決して珍說にあらず、此解釋に

依れば破墨を南畫的となし、潑墨を北畫的となすは寧ろ當然にて、元明以來の南畫の披麻皴などを以てする峰巒の描寫と北畫の斧劈法を以てする山峰雲氣の描寫には、此二法明かに實現せられたるを見るなり。之を要するに沉宗騫の此解釋は破墨法を以て淡より濃に進む段階的のものとなし潑墨法を濕墨を以て一氣寫出してその墨氣に相通の勢あらしむるものとなすに似たり。然れども此解釋は所詮後世の技巧化を經たる山水畫の上よりなし來れるものなるは明かにして、之を以て唐人の用ふる破墨潑墨なる語の古義に合するものとはなし難きなり。

唐朝に於て使用せられたる破墨潑墨の兩語は必しも互に相對立するものと見るべきにあらず。田中文學士曾て國華紙上に『破墨の辯』を出されたることあり、その說大體に於て予も贊成する所にて、同氏も古義の破墨潑墨を以て相對立するものとなさず。然れども同氏が破墨を單に用墨の義なり、若くは墨畫と云ふが如きものなりと說かれしは未だ盡さゞる所ありと思はる。破墨の語固より主として山水畫用墨の法に就て云ふものには相違なけれども、特に破墨と云ふ以上は單に用墨の義以外に格段の意義あるべきなり。愚考を以てすれば破墨とは墨を破るの義に外ならず。墨を破るとは墨を亂だすと云ふも同じかるべく、要するに是れ用墨して墨色の變化輕重を現はすものにて、或は濃淡の別を現はすものと見て差支なからん。田中氏は同論文に於て『破墨の破は墨を以て絹又は紙の白地を破る、卽ち第一着手といふ意味でないかと思ふ』と云はれしも、そは予の全く贊同しがたき所なり。沉宗騫の考は破墨の破を以て劃開の義となすものゝ如く、又彼には『復以焦墨破其界限輪廓』などの語ありて、田中氏の說とも異れど、是れ亦墨を破るの意に解せずして墨を以て破るとなすものなるが、是れ實は古義の解釋と思はれず。又愚考は唐朝の破墨を以て白畫なる墨畫の一歩を進めたるものと思惟するものにて、若し王維張璪の畫が吳道子の場合に於ける如く單に墨蹤の白畫なりしならば、特に之を破墨と稱するの必要なき筈なり。恐らくは二人の山水松石が白畫以上に用墨の特色ありたるを以ての故に、之を破墨と名くるに至りしなるべく、さすればその語は愈、予の解釋の如くするを適當となさん。卽ち予の解釋に依れば唐朝に於て言はるゝ破墨法は後世見る墨畫山水法の始をなすべき性質のものにて、未た『水暈墨章』の妙味を發揮したるものにはあらざらんも、その墨氣に變化を現はす上に於て後世の墨畫の基本となるべきものなりと見るなり。

潑墨に至つても沉宗騫の解釋の如きは固より古義に合せず。潑墨の古義は寧ろ破墨よりも解し易く、名畫錄の王墨に關して說ける文章を以てもその義は考へ得らるゝなり。その『或揮或掃、或淡或濃、隨其形狀、爲山爲石、爲雲爲水』とあるに徵すれば、卽ち是は殊に淡濃滲潤の上に妙あるものなるを推察すべく、米氏雲山の法が王墨の潑墨に發源せりとの說の當然なる事も思はるゝなり。而してそは本來破墨と矛盾すべき筈のものとは思へず、破墨の更に轉化して愈、墨氣の妙を欲するに至つて、遂に潑墨法起れりと見るも可なるなり。唯王維張璪の破墨の如きは墨氣よりも筆法に秀でたりと見るべきは前說する所の如くにて、王墨の潑墨に於ては或は筆法なきに墨氣のみ秀でたれば、その點に於て兩者を相對立せしむることはなし得ざるにあらず。然れどもその見地は沉宗騫の見地とは全く異るものとす。

ともあれ吾人は吳道子の白畫なる墨畫に出發し王維張璪の破墨を經て王墨の潑墨を見るに於て、玆に唐朝の墨畫の進展を考ふることを得るなり。是の如き墨畫の進展は主として山水松石の畫の上に於てなされたるものにて、人物功德の畫は大體に於てそれと相關せざるもの、如く、前きに述べたる燉煌出白畫の觀音圖など固より實例として取るに足らず。かの墨畫は唐朝の作なりとは云へ、唐朝墨畫の發達を考ふるの資料としては餘りに不十分なり。五代趙宋の墨畫と聯繫して考へらるべき墨畫の作例は此の如きもの以外に求められざるべからず。或は想ふ王墨に類したる墨畫は畫史にそれと明記せざる畫家の作に於ても見るを得たりしならんかを。一例を擧ぐれば名畫錄が王墨と共に逸品中に入れたる李靈省の如き明かに用墨の事を記さゞるも、その畫風を評する所を見るに、頗る王墨に類して或は墨畫を能くせしならんかと察せられざるにあらず。かくて中唐より唐末に至る迄の間に於て墨畫は意外の發達をなしたりとなすべきに似たり。然れども又玆に注意すべきは王墨の潑墨の如きものが必しも一般の賞贊を博したるにあらざる事なり。朱景玄も王墨を逸品中に入れて、而かも之を奇異なりと謂ひしは、卽ち彼を正派として取らざりし證なるが、張彥遠に至つては彼を見ること更に酷なり。張彥遠は王墨を叙する中に『雖ㇾ乏ニ高奇ㇾ流俗亦好。』と云ひ、又別處に於て潑墨を吹雲法と相幷べて左の如く云へるあり。

如ニ山水家有ニ潑墨ㇾ亦不ㇾ謂ニ之畫ㇾ不ㇾ堪ニ倣效ㇾ

畢竟するに是れ潑墨には筆致の見るべきものなきを以て云ふものなり。張氏は殊に吳道子に鑒みて筆意を尊重する論者なるが故に、特に此說をなすに至るものとも思はるれど、氏とても用墨を重んせざるにあらざるは他の議論より察し得らる、事にて、氏の此說あるに鑒みても潑墨が當時に於て一般には未た左樣に重視すべき程のものとならざりしは事實なりと云ひ得べきか。若し張氏の說を正しきものと解釋して、唐末に至るまでの畫界を想見すれば、假令墨畫の進展はありたりとするも、筆法は寧ろ墨法よりも大切のものとせらる、の傾向ありしは否むべからざるが如し。

ともあれ唐末に至るまでの間に墨畫は發展をなしたるものなれば、その勢唐末五代に迨んで益〻盛なりしは寧ろ當然なりと云ふべく、唐末より五代に入りし畫人に於て明かに墨畫をものしたる者の例を尋ぬれば、玆に一人孫位なるものありて、是れ甚た著明なり。孫位は王墨などよりは後輩にして、又蜀に至りて主もに其技を振ひしものなるを以て、張彥遠朱景玄などの記錄に上らず。其人の事蹟を詳叙したるものにて、今日見ることを得るものは宋人黃休復の益州名畫錄にて、同書は孫位を逸格として卷頭に揭げ、いたく之を尊重するの意を示せり。同書に依れば彼はもと東越の生れにて、僖宗皇帝蜀に入りし時に於て成都に住して、會稽山人と號し、襟度超然常に禪僧道士と往來せり。光啓の頃應天寺照覺寺等の圖壁を畫きて其名を博し、畫く所天王部衆人鬼龍水鷹犬等ありしも、別に又松石墨竹を

畫けりと云ふ。黄休復は評して、

其有龍拏水洶。千狀萬變。勢欲飛動。松石墨竹。筆精墨妙。雄壯氣象。莫可記述。非天縱其能。情高格逸。其孰能與於此耶。

と云へば、その墨竹の味ふべきものありしは明かなり。是より先き竹を畫くに妙なる者としては中唐時代に蕭悅あり、白樂天畫竹の歌にもその技藝を賞賛して『擧時無論』とあり。而して張彥遠は云へり、『蕭悅協律郎。工竹一色。有雅趣』と。此文に竹一色とあれど、そは固より墨竹にはあらず、墨竹を善くするは恐らく孫位に始まりしものと思はる。是に至つては筆精墨妙ともありて、筆墨共に見るべかりしものならんを想へば、張氏の批判に會しても王墨の如くに貶斥せらるべきものにはあらじ。その樣遂に或は宋の文與可等の墨竹の始をなすものとも察し得べく、要するに此一例を以てしても唐末に於て墨畫の愈盛ならんとする傾向は認められ、一方山水に於て荆浩の水墨法の如きもの、出現を促すべき氣運の熟したる事も想見せらる。

（完）

燉煌出唐畫毘沙門天圖に就て

瀧精一（1873—1945）

《國華》389，1922

燉煌出唐畫毘沙門天圖に就て

節　庵

燉煌千佛洞出唐畫の中に圖樣の奇拔にして技術に於ても侮りがたきもの往々にして存するは、予屢、之を述べたり。本誌卷首に木版複製を以て載錄したる毘沙門天圖の如き、亦その著明なる一例なりとす。此圖はオーレル、スタイン氏の齎らし歸れるもの、一にして英京博物館に保管せられ、往年啓明會の後援に依りて本邦より派遣せる畫家永田春水氏の摸寫する所に係り、現に東京帝國大學の所有に屬する複本に基きて、玆に之を木版に附したるものなり。

毘沙門天の圖像諸種ありと雖も、此畫を我國の古畫に例すれば甚だ珍とせざる能はず。世の鑑識家と雖も恐らく之を以て珍圖となすに於ては一致するならんと思はる。予は嘗て玄證本の中に略、同樣なる一圖に接したることあるのみにて、他には全く見たる事なし。此畫を見るに大なる寶冠を戴きて甲を帶し、左手に塔を捧げ右手に戟を執れる天王は眷屬を率ゐて紫雲に乘じ、天上より降下して大海を渡らんとすれば、一從神弓箭を持して將さに空中の一惡鬼を射んとする所なり。眷屬はすべて九體にして、その主要なるもの四あり、王子らしき姿に在るは第二王子獨健と第三王子那吒太子と見るべく、前方に立てるは吉祥天にして婆叟仙もあり、他は悉く夜叉の族なるが如し。卽ち右四體の從神は毘沙門儀軌に記する所と全く一致せり。要するに是圖は天王の居所たる須彌山第四層北方水精宮より出で、大海を渡り、我等の國土に臨降するの形にして、特に一從神の惡鬼を射るは賊兵退治の意を示すものと見るべきか。

今ま此圖像の意義名稱如何は先づ以て一考を要する所なり。此畫の上方に短冊形を劃したるも、他の燉煌出畫に多く見る如く、それに名題を記すべき筈なりしを記さずして止みたれば、何等此畫に附屬する考證の材料を得る能はざるを遺憾とす。予の見たる我玄證本の同圖には端書に『伽耶城毘沙門』とありたるを記憶す。然れども經典には伽耶城に關係ある毘沙門天の故事にして、是の如き圖像を生ずべきものあるを知らず。或は思ふに是圖は安西城毘沙門の故事に基きて生じたるものにして、かの玄證本は誤つて之を伽耶城と傳へたるものにはあらざるか。安西城毘沙門の故事は諸書に出でたる有名の說話にて、今毘沙門儀軌に記する所に從へば曰はく、天寶元年壬午歲大石康五國安西城を圍みしに依り、表して諸兵の救援を請ふ。然れども安西城は京師を去ること一萬二千里、兵程八箇月を要するを以て奈何ともなしがたく、遂に一行和尚の勸めに從ひて大廣智三藏に勅して修法を行はしむ。眞言未だ二七ならずして神人甲を帶して道場の前に立つ、是れ毘沙門天王第二子獨健天兵を領して現はるゝなり。同日同刻安西城の東北三十里雲霧の中に天兵出現し、鼓角を鳴らして其聲三百里に震ひ、三日にして五胡の兵盡く退散す。敵兵の中老弱にして去るを得ざる者ありて之を殺さんとするものある時、空中に聲ありて放出せよと呼ぶ。聲を尋ねて反顧すれば、城の北門樓上に大光明ありて毘沙門天王神樣を現はせりと云ふ。

さなきだに毘沙門天王は國賊降伏の任務を有する軍神なれども、かゝる安西城修法の故事に基きて、爾來唐朝に於て敵兵退治の爲めに益〻盛に此天王の祈願せられしは明かなり。千佛洞出の畫中には是と全く圖樣を異にするも、天兵降下の如き種類の畫もあれば、大曆以後唐末に於て其の地屢〻賊徒の襲來を受くるに依つて退治祈願の爲め此種の圖を畫くこと多かりしを想像し得ざるにあらず。

但し此畫が密教畫の樣式にあらざるは明かなれども、眷屬中四體の主要神は毘沙門儀軌に記する所とも一致し、且つ賊兵退治の意を示すを以て見れば、安西城の故事と關係あるを思ふは理由なきにあらず。されど此畫を以て直接にかの故事と關係あるものと考ふるにも及ばざるべし。かの故事に基きて生じたる圖像は恐らく諸種類あるべし。此圖の如きその密教畫にあらざるを以て見ても、固より毘沙門儀軌より直出したるものとはなしがたく、要するに是れかの儀軌の圖像と異種同類のものと認めて可なるものなり。されば又强ひて之を安西城毘沙門の圖と稱し得るや否やも疑問なれば、今は單に之を安西城の故事ありて以來生じたる一種の圖本と見るも差支なからん。

此畫の技術に關しては賞讃すべき點尠からず、燉煌出佛畫中に於ては正さしく優秀なるものゝ一なり。畫の結構秀拔にして、軍陣の威勢如何にも善く現はされたるは第一に見るべき所にて、且つ各神の形は巧に整備せられ、後方に弓箭を持して惡鬼を睨める一神の姿など尋常佛畫家の作とは思へざる程なり。賦彩の法、金箔の使用など我平安時代の佛畫に甚だしく類似したるは言ふ迄もなけれど、その運筆に至つて勁爽銳利の趣を有するは本邦の佛畫にも稀に見る所にして、海波遠山の描寫など殊に力ありて面白く、構圖と相伴つてその筆法にも威容の標示をなしたるは技藝の凡ならざるを證せり。後世の典型的なる佛畫は內容の種別に依りて技法を別にせず、皆な千篇一律なるを常とすと雖も、唐畫には內容に基きて相應の變化を試みたるもの寧ろ多きは注意すべき事なり。先きに本誌に出したる引路菩薩の畫の如きは飽迄溫雅にして優美の趣致を發揮せんことを努めたるに、此畫が恰かも風を生ぜんとする如き活潑の勢を現せるは眞に善き反照なり。又かの引路菩薩の圖と云ひ此圖と云ひ、佛畫として寧ろ自由の氣分を滿へたる所あるも見逃がしがたく、そは技術の巧さに關係ありと云はんよりも意趣の表出に屬する事にて、之を我國の宗教畫などに比して表現的に長所ありと云ふも可ならん。

時代に關しては年記を缺くを以て確定の說をなしがたし。されど前に他の畫を紹介したる時にも說きたる如く、燉煌畫には五代宋初の作も交り居れど、多くは唐畫にして宋初の畫は著るしく技術の劣りしもの多く、五代畫も概して唐畫には及ばず。此畫の如きはすべての中の殊に秀でたるものにて、且つ様式も年記ある唐畫に比して接近する所あり。夫れ故に他の反證なき限りは之を以て唐末の畫なりと品定して差支なかるべし。

尙ほ此畫の裝法に就て一言せんに、此畫は英京博物館に於て調査中なりし時、予の見たる際は原始のまゝの裝法にて上縁に紫色の裂地を、下縁に白色の裂地を縫附けありたり。卽ち是れ一種の幢像にして、寺院內の壁間に懸けたるものならんが、他の幢畫は四縁を裂にて縫附くるを常とするも、是はそれと異りて普通の掛物に似、且つ上邊に細き竹枝を附しありて、その竹枝亦當時のものにして少しも腐蝕せず。或は下邊にも竹枝を附したるものかと思はる。かく竹枝を附したる例は他に見ざる所にて一異例とすべく、卽ち此畫は古代の裝法を考ふる上の特別なる資料ともなるものなり。

唐畫樹下説法圖の解

瀧精一（1873—1945）

《國華》392，1923

唐畫樹下說法圖の解

（一）

節庵

スタイン氏將來の燉煌出唐畫の一なる樹下說法圖亦その製作の秀でたるものにして、その圖樣及樣式の上に於て研究を要すべきものあり。其圖は中尊天蓋形をなして左右に飛天を有する菩提樹の下に在りて蓮花座上に結跏趺坐し、四菩薩の蓮花上に坐するもの之を圍繞して、後方に六比丘形を現はし前方正面に小なる龜趺の牌形を立て、その左右に供養者を畫く。但し供養者は右方の女子のみにして、左方に恐らく男子を畫きしものならんが、その部分は缺損せり。

中尊は右手を擧げ掌を外にして大指と頭指とを合し、左手掌を外にし無名指と小指とを屈し、大指を無名指に接して胸下に垂る、卽ち是れ一種說法の印相たるは明かなり。又その衣は赤衣にして兩肩を覆ひ、上端頸部に近く裏を返して左肩に懸くるその法式は印度佛の面影を存せり。各尊には短册形を以てその名稱を書すべかりしものなれど、書せずして終りしは、他の燉煌出畫に於て往々見る所の如くなるを以て、今まその圖像の何たるを確定する事稍や困難なるものあれど、中尊は恐らく釋迦如來なるべきを想像して可ならん。唯四菩薩に至つてその名稱を攷ふる上に於て惑なき能はず。四尊の持物印相を驗するに後方の右尊は左手に寶珠を持して、右手を膝上に垂れ、右尊は左手に藥壺樣のものを持して右手指を屈し掌を前にして垂れたり。前方の右尊は兩手を合して蓮華を捧げ、左尊は左手に水瓶を持して右手を膝上に垂れたり。釋迦如來を中尊としての四菩薩は文殊普賢觀音彌勒となすを普通とすれど、此圖に於ては遽かに斷定し得べからず。殊に後方の二菩薩は形大にして莊重なる蒿花蓮臺上に坐し、前方の二菩薩は形小にして單簡なる蓮花上に坐するの相違あるを以て見れば、四尊を同等のものと認むる能はざるやにも思はる。若し四尊を同等のものにあらずとすれば、卽ち後方の二尊こそ脇侍にして、前方の二尊は供養の菩薩なりと見られざるにあらず。

然るに之を三尊にして特に二供養尊を附加したるものとして見るも四尊は恰かも四方に配せられたる形に寫されたるは特に注意すべき事なり。四尊を四方に配したるが故に此圖は圖形としては明かに如來を中心に置ける五尊式なり。五尊式にしてかく奥行を取りて、而かも背後に諸比丘像を各〻半身を現はして、自然的の位置に配したるは此種の佛畫に於ては珍らしき事なり。密教の圖形は概して諸尊の按排人爲的にして恰かも建築のプランを見るが如くにして以て曼荼羅的の施設をなすものなれば、是に見る圖樣とは全く相反せり。顯教の圖本は密教のそれと異るを常とすれど、此畫に於ける如く五尊式にして、而かも深く奥行を取りたるもの亦餘り多くの例を見がたし。法隆寺金堂大壁の畫の中には四菩薩若くは四天を脇立となし、又比丘形を背後に現はしたるものありて、構想此畫に似て、彼の畫に於ても方位を立するの觀念を有したるものかと想はるゝものなきにあらず。若し此畫を以て推し來れば、彼の畫に於けるその觀念の存在は當然思惟せらるるに至るべきなり。

尙ほ此畫に於て奇異とすべきもの他に尠からず。諸尊の大體の形相は必しも特異とすべきものなけれど、面貌の手法常に見る所と同じからずして、鼻柱其他の凸部を胡粉にて強く塗り、目元より鼻側に渉りて强き赤暈を施したる、その樣式寧ろ珍とすべし。天蓋の樣式は勸修寺釋迦曼荼羅のそれに似たれど、是は更に複雜にして華麗の趣を得たり。中尊の蓮花座に至つては花瓣框等唐草文樣を附して、雲繝の彩法を用ひたるが、その樣すべて織錦を張りて作りたる如き觀あり。想ふに或は唐朝の彫刻佛に於て花座に織錦を張りて作るの風習ありて、それをそのまゝに寫し出でたるものにはあらざるか。供養婦人の褥を敷きてその上に坐したる姿も我國の佛畫にはなき珍らしきものにて、それよりして當年の風俗を知り得るは勿論の事、人物描寫の法に於て大なる興味を感せざる能はず。

此畫の裂地は細密なる薄手の絹にして、三幅を糸にて縫ひ合はせたり。周圍の裝飾もありつらんが、英京博物館の有となりて後之を省きて今は額面となされたれば、當初の形式を知る能はず。技術はさのみ卓越したりとは思はず、象形に衰落の痕跡を認むる所もなしと云はず、描線は流暢なれども、變化に乏しきの憾を免れず。然れども賦彩に至つては明かに長所を有するものにて、その赤衣なる如來を中心として周圍諸尊及び天蓋花座等に巧なる諸色の配列をなすは、色彩の感覺に勝れたる作家にあらざれば善くしがたきものあり。又その色彩の華麗なるに徵して、唐朝佛畫の裝飾化の方面に於ける發達の偉大なりし事をも推定し得べきなり。

更に興味ある事は此畫と法隆寺壁畫との間に見逃し難き合致點の存する事なり。法隆寺壁畫は年代に於て此畫よりも古きは云ふ迄もなく、又技藝に於て勝れたるも明なり。然れども彼と是とは第一にその中尊形及び一般の構圖法に於て相似たる所ありて、その近似が偶然のものにあらずして、何等か同源のものありて兩者に分支したるが如く思はるゝは、獨り吾人のみの所感にあらざるべし。作法に於ても隈取の强き事や雲繝の盛なる應用の如き互に相通ずるものありて存す。更に云へば、兩者に於ける印度式の餘影の多くして、その系統に於ても離れがたき關係ある如く思はる。是等に關しては別揭田中氏の研究をも參考すべし。

燉煌千佛洞出尼波羅式尊像畫に就て

瀧精一（1873—1945）

《國華》399，1923

燉煌千佛洞出尼波羅式尊像畫に就て

瀧　拙庵

スタイン氏の齎らし來つた燉煌千佛洞出の古畫に竪長の裂地に一尊像を畫いた幡の畫と覺ほしきものが數多くある中に、他と全く性質を異にするものが四枚ある。此四枚は誰が見ても、純然たる支那畫とは受取れない。先づその裂地からして他のものとは異ふので、それは絹ではあるが、甚だ薄く且つ平滑で一種異樣の光澤を帶びて居る。顏料は唐畫のそれと大差はないが、品質精良で褪色が少い。その畫風は印度畫にも近く、又尼波羅吐蕃の畫にも近いと云はなければならぬ。四圖の中の二圖に銘文があつて、その銘文は吐蕃文字とブラーミィ文字を以て書してゐる。スタイン氏は『セリンディヤ』中に四圖の寫眞を載せて且つ說明して次の如く云つてゐる。

> 是等の畫は一括して保存せられ且つ大さも同じであるが故に一組のものたるは疑ひがない。其圖案、衣服、裝具等の描き方に於ける樣式はフーシエル氏がその著『佛敎圖像學』の中に圖像の參考資料として掲出した、第十一世紀の尼波羅の文書內の挿圖たりし小品畫と酷似する所がある。ロリマー孃が是等の幡畫の共通性に就て委曲說明したる所を以て見れば、是は恒河の平原に行はれた印度後期佛畫の技術で、尼波羅地方に於て格段に保守的流行をなしたもの丶直接感化の下に畫かれたるものと認める事が出來る。蓋しその技術の感化は吐蕃を經て南の方より一直線に燉煌へと來りし事の可能なるはいと明白であつて、その畫の一に吐蕃文字の銘文があり、他の一にブラーミィ文字の銘文あることはその事實を證明して餘りあるものである。

スタイン氏の此說明に就ては我等も大體に於て贊同を吝まない。唯氏はかく說明をなして而もその畫の年代に就て特に何事をも云つてゐないが、それは千佛洞出畫の年代の一般に定まつてゐる爲めに玆では略して云はないのみであつて、要するにその年代は唐末から宋初に至るまでの間になければならんのである。而して唐末宋初間に於ての何れに定むべきやは容易の事ではないが、併し我等はその畫に於て寧ろ多くの古致を認めんとするものであつて、而もそれが唐末以來の唐畫に感化を及ほした吐蕃畫の規範を示すものがある樣に思はれる所を以てすれば、寧ろ宋初より古く唐末か晩くも五代まで持つて行く事が出來るのではあるまいかと思ふ。何れにしてもその時代即ち九世紀十世紀頃に當る印度畫は勿論尼波羅、吐蕃の畫は他には恐らく例がないであらうから、それは資料として甚だ貴重なることは云ふ迄もない。

四圖の主題は何であるかと云ふに、銘文の判讀しがたきが故に確と其尊名を定めがたき遺憾があるが、四圖は共に蓮花上に直立して寶冠を戴く尊像で、二體は身體白色にして皆な左手に蓮花を持ち、一は右手を上げて說法の印にあり、他は右手を下げて與願の印にあり、その右手與願の印にある方は寶冠の正面に化佛を附してゐる。又此二尊の掌一方は線文を畫き一方は赤き塗色をなしたるも注意を要する。ともあれ此二尊は菩薩と推定して誤なからんと思ふ。他の二尊は赤色の身相にして、一は左手を胸のあたりに屈して三鈷を持ち、右手は垂れて蓮莖を執り、他の一は右手に劍を持つて左手を膝下に垂れてゐる形であるが、共に護法神の像と見る事が出來る。

圖形のすべて異相なることは言ふ迄もないが、輪廓線の流暢輕快で、その圖形の奇なるが如くに亦一種飄逸なる性質を帶ぶるや、或はそれに用ふる所の筆管の特異性をも想像せしめないでもない。著色の法に至つては實に驚くべき巧妙を認め得るので其蓮の花の輪廓に沿ふてなす暈渲法、乃至は天蓋下の帳の雲繝式彩法の如き殊に賞美を禁じがたい。而して又それ等の方法は印度の古畫に見る所のものとも合致すると同時に唐畫とも共通する。各尊の腰衣に於て線條的細文を施すあたりも無雜作ながら實物の眞致を穿つものがあるやうで而かもその文樣はアジャンター洞窟の畫の尊像に於けるものその儘であり、又法隆寺壁畫の菩薩のとも似寄つてゐる。更に之を全體から見てその畫の技術は潑剌たる生氣のあることを見逃しがたく、その點殊に他の多くの燉煌出畫の摸倣的技術に成るものに比して異彩を放つ所以である。今ま玆にはその一圖を木版色摺となし、一圖を銅版の小圖として出した。

燉煌出尼波羅式尊像畫の一

燉煌出大業三年の佛畫に就て

瀧精一（1873—1945）

《國華》416，1925

燉煌出大業三年の佛畫に就て

混沌生

燉煌出の經卷及び繪畫にして近年我國に齎らし來らるゝもの漸く多く、殊に經卷に於ては中村不折氏の購へる六朝經の如きはスタイン、ペリオ氏の將來品中のものに比して遜色なきものと云ふべく、唯繪畫に至つては未だ左程に驚くべきものに接せざるを憾とする。然るに最近東京松田氏の手に入れる隋大業三年の年記ある紙本佛畫の如きは畫風疎略なるものなりと雖も、甚だ珍らしきものと云はざるを得ない。松田氏の手に歸せるその畫は二葉なれども又同類のもの別に一葉ありと云ふ。その畫、佛とあれど實は天部の形相に在りて何れも左右に二侍者を隨へたる圖であつて、畫の下邊に銘文あり、その一は

> 大業三年四
> 月大莊嚴寺
> 沙門智果敬
> 爲敦煌守禦
> 南无大德佛
> 令狐押衙敬
> 畫貳佰佛普
> 勸衆生
> 供養受持

」とあるが、他も同文にして佛名功德佛とあるを異れりとする。即ち

此文に依つて此畫は狐押衙なる者の筆に成りてもと二百葉ありし事明かにして、而かもその銘文の文字は活字版なるが如く、畫は肉筆にして一々形を異にせるも、是れ亦一度に多數を畫けるものとて恰かも版畫を見るの感がある。

固よりその畫の技術は疎略にして何等精美を誇るに足るものがない。然れどもその圖形の奇古なるは所詮後代に於て見るべからざるもので、又その描寫の疎略なる割合に賦色の工夫に見るべきものあるは注意すべき事である。それも今は大分剝落してはゐるなれど、配色の美なりしは略、想見するに足るのである。此畫に接して直ちに聯想せらるゝは我古因果經の畫であつて、又燉煌出の唐畫にはそれと同式のもの多々あるので、それ等と此畫とを併せ考ふる時に於て我等は其處に古代の佛畫に於ける一箇樣式の存立を認め得るのである。けれども此畫の殊に尊重せらるゝ理由はその隋朝大業年間のものであると云ふ事に在るのである。何となれば燉煌の文庫から出でた畫は夥しき數であるが、之をスタイン氏の將來品に見ても、又ペリオ氏の將來品に徵しても、唐以上のものは甚だ乏しいので隋の畫が果してどれ程あらうか、あつてもそれは極めて少數であるからである。

吐蕃畫の資料に就いて

瀧精一（1873—1945）

《國華》439，1927

吐蕃畫の資料に就いて

瀧　拙庵

大體より見て之を論ずれば、吐蕃藝術は彫刻にもあれ、繪畫にもあれ、素質劣りて衰落性を帶びたるものとなすべきである。是れ必竟吐蕃種族の元來粗野にして、其の有する文化の劣等なるに因るのであつて、殊に元朝以來支那に於て見る所のその藝術は工藝的に煩鎖を極むるもの丶みである。然れども又その藝術に在つても幾分優れたるものなしと云ふにあらず、而してこれ等は寧ろ元朝以前のものに於て求められなければならぬ。さて元朝以前のものと見るを得る吐蕃藝術の作例は從來甚だ乏しきものであつたが、近頃漸く之に接するに至つた。それは何であるかと云へば、新疆甘肅諸地方の發見品にして吐蕃藝術の交れるものいと多きが中にも、スタイン氏が燉煌千佛洞から齎らし來つた品物と、並にコツロフ氏が西夏の都城なるカラホト Kara-khoto の佛搭から獲來つた品物には、殊に吐蕃藝術の標本となる作物を含有してゐるので、それ等は我等の研究に對して甚だ尊重すべき資料となるのである。

曾て本誌第三百九十九號と第四百三十七號とに色摺木版となしてその二圖を掲げた幡に畫いた尊像の畫はすべて四圖あつて、スタイン氏將來品中異彩を放ち、その二圖に記する尊像名の銘文が一方吐蕃文字であり、一方ブラーミィ文字であるのは、その畫の系統を攷へしむるの賴ともなるもので、その年代に就ては何等之を確定すべき史料を伴はしめないけれども、それと共に出た他の品物の年代より推測すれば八九世紀頃のものと見るを得べく、要するに尼波羅式若くは吐蕃式の畫として今日迄で知られたるもの丶最古なる例と稱すべきである。その畫は一部印度畫に似たる所があつて、而かもそれが中印度畫の樣式から脱化したものであることは、バーグ又はアジャンターの壁畫の或者をそれと比較して見る時に於て最も明瞭であると思ふ。而して又その畫は尊像の形相に典型化の趣はあれども、描線に生氣があつて硬化の弊なく、且つ著色の鮮麗なるを賞美すべく、之を後世の卑俗なる吐蕃畫に比すれば頗る選を異にするものがある。此畫に就ては前にも既に說明して置いたから更めて言ふ迄もなく、要するにそれが吐蕃畫の起源を徵證すべき貴重の資料なるは疑なき所である。

然るに今ま此畫に次いで考察を要する畫は、同じくスタイン氏の蒐集中に在る觀音曼荼羅の圖である。是は麻布に濃麗なる彩色を施して畫き、周緣を裝ふ裂地もそのまゝ保存されてゐる畫であつて、その復製の色彩版にされたものがサウサンド、ブダス“Thousand-budhas”中に載せられてゐる圖は中尊兩手に二莖の花を持ちて蓮花に座し、左右兩側に各々四尊を畫き、天上に雲に乘れる三佛を現はし、中尊座下に幟を立つる家形船、橋梁上の人物、虎象を始め種々の人物動物等を畫き、諸尊の配置法は唐畫の經變圖に合致する所はあるが、一々形相の奇異なるに至つて一見支那畫にあらざるを知るものである。是畫には前述の幡畫に於ける如く銘文の旁證となるべきものを有してゐないが、尊像の顔色及び寶冠其他莊嚴具の形式等に於て彼の幡畫と趣を同うするものがあると同時に又此畫は彼幡畫よりも一層後世の吐蕃畫と比べて形式上の一致を見出すものが多い。その年代に關してピニオン氏は唐末ならんとの説であるけれども、畫風から考へる

燉煌出吐蕃畫觀音曼荼羅

と、彼幡畫よりは年代の下るものとするのが適當ではあるまいか。我等の所見を以てすれば、若し彼幡畫を唐末のものとするならば、是は五代宋初の間とせざるを得ない。

彼幡畫と其畫とは技巧の上に於て大なる區別がある。彼は一種の平滑なる絹布の上に素地を殘して書き、著色の法は濃麗なりと雖も重ね塗りを施すことの多からざるものであるが、是は麻布の上を塗りつぶして宛然油繪を見る如き重厚の傅色をなすもので、要するに技巧の性質全く相異るものがある。後世の吐蕃畫も亦率ね此畫と類似の技巧を用ふるもので、而かも後世の這種の畫には畫面に油氣のあるものを多しとする。今ま夏文彥の西蕃の畫佛像に就て説く所に依ると、『多作於布上。奇形詭狀。上用油油之。』とある。して見れば畫上に油を塗ることの通則であつた事を考へ得る。此觀音曼荼羅は年代の久しき畫面の光澤を失してゐるので、果して油を塗つたものか如何か斷言すべき限ではないが、後世の這種の畫から推せば或は油氣のあつたものかとも想像される。

此觀音曼荼羅畫の畫法上特色とすべきもの〻一はその描線に在るので、その描線は謹細にして宛然銅版に刻した線條を見るが如き感があるが、それには亦鋭い力の現はれを見逃しがたい。斯の如き描線を以て輪廓を劃し且つ文樣をも畫くのであつて、又それには黑線もあり色線もある。次に色彩の重厚にして而かも全體に暗澹たる氣分を湛へつ〻ありながら、おのづから一種の裝飾美を發揮してゐるのも亦その特色と云ふべきである。之を前述の幡畫に比ぶれば、より多く工藝化したるを認むべきであつて、おのづから趣致の異るものあるは明であるが、此畫にも侮りがたき長所はあつて、之を後世の吐蕃畫に比すれば優れたる所はないとは云へぬ。

燉煌千佛洞畫の中には吐蕃藝術の影響を受けた支那畫は可なり多く見るのであつて、それはスタイン氏の將來品中にも又ペリオ氏の將來品中にもあるが、併し私の見た限りで純吐蕃畫と認定して差支ないと思ふものは右の二つの畫であつて、此二者が古代吐蕃畫研究の爲め甚だ重要なる資料たるは疑なき所である。然るに千佛洞の畫は初宋より後のものを含有せざること明なるもので、初宋以後の吐蕃畫の作例はコツロフ氏のカラホト將來品中に見ることが出來る。カラホトは西夏の都城であつて、今まコツロフ氏の發掘した佛塔の建立年代を確むることは出來ないであらうが、發掘品中漢文文書中の年紀を記するものには大中祥符とあるものなど古き方にて、又乾祐(西夏の年號)とあるものもあり、中統至元のもあるに依つて、發掘品のすべてが大凡そ南宋より元初に至るまでのものたるを推定することは出來る。而してその中の吐蕃畫の如き、恐らく宋末元初間のものと見て差支なからうと思ふのである。

その吐蕃畫の幾つかある中で、最も珍らしいと思ふもの〻一は木板に畫いた密教的の曼荼羅である。是と類似形の曼荼羅畫は近年尼波羅あたりから持來られたものにもあるやうであるが、是はその畫の精巧なるに於て類例が少い。但しそれには地模樣の如くに西夏文を以て經典かと覺ぼしきものを書してゐるので、恐らく西夏に於て作られたるものではあらうが、併し畫風に於ては純吐蕃のものと見て差支ない。此畫は蓋し曼荼羅研究の上にも貴重の資料となるべきものであらう。

次に今一つの例は高僧の肖像畫である。此畫は麻布に畫いて正さに油を塗つたものゝ如く見える。固より何人の像かは判らないが、蓮花座の左右に立てる著冠の男女は卽ち歸依者の像であつて、その風俗より考ふる時は是れ亦西夏の地で畫かれたものとすべきであるが、筆者は西夏人と云ふよりも寧ろ吐蕃人とするが適當であらう。此畫には印度的分子も尠からず認められる。形相の上より云へば、その光背の唐草の如き將た左右に奇獸を有する衝立の如き何れも印度的であるが、一般畫法の上に於てもそれがあるやうに思ふ。而して又此畫は寫眞的なる事を以て特色としてゐる。元來肖像畫なるが故に寫實的となるのは自然でもあらうが、その寫實法には可なり徹底したものゝある事を注意しなければならぬ。殊に面貌手足のデッサンは頗る眞を穿つものがあつて、その妙は高僧に於て見られるのみでなく、左右男女歸依者の像に於ても見られる。又到る所に陰影の意味を以てする暈渲を施設するも亦寫眞の趣を增進する所以であつて、而かもその陰影的暈渲が印度畫の法に則つたものであることも看取される。要するに前述の燉煌出觀音曼荼羅の畫が裝飾的なるに對して此畫が寫實的であつて、各々別個の方面に特色を持つのは興味ある事で、後世の吐蕃畫に於ても此兩方面の特色は常に認められるのである。

卽ち以上に述べた三種の畫は何れも吐蕃藝術研究の上に必要なる資料であつて、是等に依て元朝以前に於ける吐蕃畫の性質の概略は知ることが出來又それには意外の長所をも見出し得るのである。是等を以て見れば、吐蕃畫は必しも悉く取るに足らざる衰落的技藝なりとも斷定しがたいものがある。併なから吐蕃畫の斯く見るべきものゝあるのは元朝初期以前のものであつて、それより以後のものに至つては愈、典型化し工藝化して、遂に藝術としての生命を失つたかの如くある。元朝に於ける吐蕃藝術の開祖は阿尼哥であつて、阿尼哥は畫塑鑄金を善くし、門人劉元亦殊に彫刻に於て妙技を振つたと云はれるのであるが、それ等の人の作品の的確なるものは容易に得られない。元史にも『西番佛像多祕。人罕得見者』とあるを以てすれば、それは當初よりして見難いものであつたらしい。而して假りに二人の技藝は優れたものであつたとしても、何分にも元朝に於ける西番藝術の振興は政策の爲めになされたものであるからして、爾後その藝術は實質的に善良なるものを缺くことになつたことは疑がない。

尙ほその藝術の良否はそれの支那藝術に及ぼした感化の大小を以てもト知する事は出來るのであつて、唐宋間に於ては西部支那の藝術にして吐蕃式に化せられたるもの寧ろ多きは、畢竟その時代の吐蕃藝術にも稍や優良なるものありしに因るべく、元朝以來に於てそれが朝廷の大なる保護奬勵を受けたにも拘らず、漢式藝術に影響することの微弱なりしは、全くその時代の吐蕃藝術の劣等なりしに基くのである。ともあれ從來吐蕃の藝術と云へば時代の新らしきものゝみを標本として研究したるが故に、その價値の評定おのづから高きこと能はずして、或は遂にその藝術の研究の必要なる事も忘られんとしたのである。然るに今や新疆甘肅の地よりして古代なる吐蕃藝術の幾分優良なるものゝ發見せられて、その藝術研究の上に新らしき開拓をなし得るの氣運に到達せるは幸福と云はざるを得ない。因に云ふ本篇插圖中吐蕃畫高僧像は曾て一度英文國華に收錄したる事あれど、邦文本誌には掲出せざりしを以て玆に出した。

歐洲學者の東方探檢

瀧精一（1873—1945）

《東京帝室博物館講演集》5，1930

歐洲學者の東方探檢

文學博士　瀧　精　一

(一)

唯今帝室博物館の表慶館に於て中央亞細亞で近年發見され英佛獨の三箇國へ持行かれた古畫の摹本が陳列されて居る。卽ちその陳列に聯關して本日の此講演會が開かれた譯であるが、今ま陳列されてゐる摹本は帝室博物館と東京京都兩大學のものであつて、私もその摹本の出來た事に聊か關係を持つと云ふ事からして、此演壇に立つて何にか話をするやうに命ぜられた。然るに私はその前にかの摹本が如何にして出來たかに就て一言申述べる。かの摹本は後刻講演をなされる京都大學の美術史を擔當になつて居る澤村專太郎君の御盡力に依て、東京美術學校の出身畫家長谷川路可君の寫されたものである。澤村君は大正十三年より歐羅巴へ留學されて、豫てより歐羅巴に在る中央亞細亞から出た古畫の摹本を作つて、日本へ持歸りたひと云ふ希望を持つて居られたのであつた所、丁度長谷川君がその頃歐羅巴に居られて、長谷川君が東洋古畫を摹寫する事の上手である事は澤村君の夙に熟知する所であつたから、幸なりとして澤村君は長谷川君に交渉してその仕事を始める事になつたのである。然るにその仕事を實行するには相當の資金を要するのであるが、恰かもその時に東京大學の松本亦太郎博士が歐州へ出張されて松本敎授が澤村君の話を聽かれて大いに贊成して、歸朝の上盡力をされその結果東京大學と帝室博物館と京都大學と三箇所から出資してその事業を進める事になつて、遂に此度陳列されただけのものが出來たのである。

卽ちかの摹本の原本はロンドンのブリチッシ、ミユージアムにあるスタイン氏が燉煌千佛洞から齎らし來つたものと、巴里のルーブルのミユゼー及びギメーのミユゼーにあるペリオ氏が是れも矢張り燉煌千佛洞から持ち來つたものと、並に伯林のフエルケルクンデ、ムゼウムにあるグリユンウエーデル、ルコック兩氏が庫車、吐魯番その他の地方から持來つたものであつて、勿論それ等將來品の全部ではない。その中の最も參考となるものを選擇して寫されたのであつて、その選擇は澤村君がなされたのである。その摹寫を作るに就ては畫家長谷川路可君の熱心なる努力と澤村君の盡力とは非常なものであつて、摹本の出來榮の善い事は原本を實見した人々の悉く承認する所であらうと思ふ。夫故に此摹本が出來たと云ふ事はどれ程我學界藝術界に利益を與へるか判らんのである。是に就て私共は長谷川澤村の兩君に對して十分感謝の意を表しなければならん。

尙ほ序ながら申述べて置くが、以前東京大學にはスタイン氏が燉煌の千佛洞から持來つた畫の中を二十點だけ摹寫したものを所藏してゐたのである。それは大正九年に財團法人啓明會に私から御依賴をして、同會の出資を以て永田春水、井上白揚の二君に英國へ出張して頂いて摹寫を作つたのであつて、啓明會から東京大學へ寄附されたのである。然るにその摹本は大正十二年の震災で大學が燒けた時に惜い哉燒いて了つたのである。唯その又寫しが今ま東京美術學校に保存されてゐる。然るに今回の長谷川君の寫されたのは今申した啓明會の摹本とは異ふ。けれども或ものは全く同じである、況んや又今度は其時のにないものを數多く寫されてゐるのである。夫故に今回の摹寫に依て先きに燒失したもの丶取り還しも附いたやうな結果になるのである。此事は序ながら特に申して置く。先づ最初に是丈の事を申述べて置いて、是から私の話の本論に移るのであるが、私は「歐州學者の東方探撿」と云ふ題下に於て歐羅巴の學者が近年行つた東方探撿の中で、我々に格段の興味あるもの丶概略を話しして見やうと思ふのである。

(二)

十九世紀の末よりして歐羅巴人の東方探檢をなしたものは隨分多くの數であつて、何れも學界に貢献して居る。近東より印度阿富汗尼斯坦の方面に亘つての探檢にも勿論有用なものがあるけれども、我々に對して殊に興味あるものは北支那蒙古から新疆甘肅の地方に於ける探檢である。是等の地方に於ける探檢の目的たるや必ずしも一樣ではない。地理學地質學上の探檢を主なる目的とするものは甚だ多いのであつて、ヘディン氏の踏査の如きはその方で特に有名である。又最近行はれた米國人アンドリウス氏の行つたのは甚だ大規模の著るしいものであるが、是は古生物學の方の調査を主なる目的として居る。然るに又一方に於て考古學藝術史學其他一般人文學の上に夥多重要の研究資料を齎らし來つたものがある。それが特に我々に大切であるが、その中でも一番有力なのは英國のスタイン氏の新疆及び甘肅の二省に於て行つたものであらうと思ふ。

スタイン氏は一九〇〇年から始めて前後三回に亘つて新疆甘肅の探檢を行つて、足跡の及ぶ所も甚だ廣く、將來品の數も夥しいもので他の探檢者の及ばざるものがある。スタイン氏の探檢した新疆甘肅に於ける主なる場所は昔の于闐國である和闐、昔の龜茲國である庫車、昔の高昌國である吐魯番、それから樓蘭、燉煌玉門關の遺跡等であつて、何れもそれ等の土地から多くの品物を持歸つて來たのであるが、第二回の探檢に際して燉煌の莫高窟卽ち千佛洞の埋れてゐた文庫の中から持ち歸つた品が莫大の數である。文書が數千卷繪畫が數百點其他雜品も尠からずあるのである。

スタイン氏は如何にしてそれを得るに至つたかと云ふに、卽ち氏は一九〇七年の三月始めて此燉煌の千佛洞に到着して、その洞窟を見て先づ壁畫や彫刻の盛なるに驚いた。然るに是より先き氏は其處に古文書を澤山に貯藏してゐる古い文庫があつて、それが久しく埋沒されて居たのを寺守の道士が近年發見した事の噂を聞いてゐた。故に氏は道士に交渉してその隱れたる文庫を見せて貰ふまでに大分の苦心をしてゐると云ふのは、此文庫が始めて發見された時に道士は此事を甘肅の官憲に報告した所が、それは元のまゝにして置いて開くなと云ふ命令であつたからである。けれどもスタイン氏は種々道士を說いて遂に見せて貰つた。さて此隱れたる文庫が如何にして發見されたかと云ふと、それはその時より數年前偶ま一洞窟の修繕を行つた時に一方の壁際に積まれて居た土を取り除けて見ると其處に穴があつて、その穴を通じて一つの室があつて多くの文書を貯藏してゐる事を發見したのである。そこでスタイン氏が道士に導かれて始めてその文庫に這入つて見た時には、書類が殆ど十フィート位の高さに山の如く積まれてあつて、その容積を測ると五百立方フィートもあつたと云ふ。その書類には漢文の文書もあり、梵文の文書もあり、ウイーグル、吐蕃或は未だ誰れも讀む事の出來ない西藏語の文書もあつた。それ等の文書の半數以上は佛敎の經典で、他は漢文學又は言語學の資料となるものである。而して文書の外に又繪畫や織物やその他の美術的の品物が澤山にあつた。スタイン氏はそれを見て且つ驚き且つ喜んで種々苦心慘憺して道士に掛合つてその一部を讓り受けた。その代金は五千五百ルピーと云ふから、當時の日本の金にしたならば凡そ四千圓足らずのものである。それを荷造した時に文書が二十四箱繪畫その他が五箱となつて、それ等は幸に倫敦の博物館まで無事運送された。それでその品物の年代に就ては、先づ古くは六朝のものから、隋唐のものが可なりあつて極く新らしいのが宋の始のもである。想ふにその千佛洞の文庫は古い時代に故意に閉されたもので、何故にそれを閉しかと云へば昔その土地を吐蕃卽ち西藏人が酷く荒したものであつて、その害を防ぐ爲めに此文庫を態々埋沒せしめた、それを今ま云ふ如く二十世紀の初年に偶然發見したのである。然らばその之を閉したのは何時かと云へば恐らく十世紀の終か十一世紀の始より古くはない譯である。そうすればその年代の上から考へても十一世紀初年以後の品物はその文庫には這入つてゐなかつた譯である。卽ち極く新らしいもので宋朝の初年となる。今回陳列された所の摹本に燉煌出となつてゐるものは皆な何れも千佛洞の此の文庫から出た畫である。

スタイン氏の今日迄の探檢に於ける最も著るしい發見は何と云つても此千佛洞の文庫であつたと思ふが、その他の發見では和闐地方にも珍らしいものがあり、又ミランの地で發見した壁畫なども殊に珍らしいものであるが、更に注意すべきは樓蘭の舊地に於て漢時代の文書又は器物を得た事である。第二回の時に發見した漢時代の文書に就ては佛國のシャバンヌ氏の調べた詳しい報告書も既に出でゝてゐて、世の中にも弘く知られてゐるが、それは前漢又は後漢時代のもので、明かに年號を書したものもあつて多數は木簡に墨書したものである。が又その外に純白な縑帛に書いた文書があつて、それは書も甚だ見事なものである。從來は漢時代の書と云へば金石に傳はるものしか誰れも見てゐなかつたのに、斯く木簡又は縑帛に墨書したものを實見する事は眞に珍らしいと云はなければならぬ。尙ほその外にも第三回の探檢に於て文書以外のもので漢時代のものをスタイン氏は得てゐる。併しその事に就ては話の都合上後段に述べる事にする。

（三）

次に佛蘭西で中央亞細亞を探檢して多くの人文學上の資料を得たのは誰れかと云へばペリオ氏であつて、ペリオ氏は一九〇六年から同八年に亘つて中央亞細亞を探檢し、氏の將來品もスタイン氏のと同樣に燉煌の千佛洞出のものが多數を占めてゐる、その外のものもありはするが、あまり多くの分量ではない。ペリオ氏は丁度スタイン氏が行つた少し後に千佛洞へ行つたのであつて先きにスタイン氏が千佛洞の埋もれた文庫の中の文書古畫等を寺守の道士に交涉して買ひ求めたその殘りがまだ可なり澤山あつた。その中からペリオ氏が選び出して古文書古畫等を買求めて持ち歸つたのである。文書は是れ亦數千點に上り、佛教史漢文學の資料として珍らしいものが多々ある。その文書の中に交つてゐる唐の太宗皇帝の書である所の溫泉銘の拓本の如きは唐拓の優物であつて、是などは歐羅巴の人にはあまり興味があるまいが、我々に取つては殊に珍品である。

繪畫は全體で數十點でそれはスタイン氏の將來したものには及ばないが、併し又珍らしいものもあつて、今度の摹本の中にもその中から寫されたものが幾つかある。

次は獨逸であるが、獨逸では主もにグリユンウエーデル氏並にルコック氏に依つて中央亞細亞の探檢が行はれ、グリユンウエーデル氏は一九〇二年以來兩度新疆省に入つて探檢をなし、イヂクシヤリイ、庫車、吐魯蕃、カラシヤール、地方に於て發掘を行つた。又ルコック氏は千九〇五年以來是も亦二回に亘つて新疆へ行きグ氏の歩いた地方その他を調査した。將來品はルコック氏の手に依るものが殊に多く、それには文書もあり裂や紙に畫いた古畫もあるが、特に古壁畫の大きいものを持ち來つたのは大なる功績である。それ等の一部の摹寫が今度の陳列の中にもある。併し此獨逸の探檢に關しては後刻澤村君から御話があると思ふから私は詳しくは述べない。

それから次は魯西亞であるが、魯西亞の學者が行つた探檢に亦却々有益なものがある。魯西亞で今迄に東方探檢をやつて重要の結果を齎らし人文學上の品物を多く將來したのは、オルデンブルグ及びコツロフの二氏である。オルデンブルグ氏は一九〇九年から一九一〇年に亘つて中亞へ行つてカラシヤル、吐魯蕃、庫車の三地方を調査した。それ等地方に於て古寺院の舊趾を調査してその精しいプランを寫して來たり、又は珍らしい寫眞を取つて來たりする事に於て他の探檢者の未だなさざる事をなしてゐる、又將來品にも却々侮りがたいものがある。コヅロフ氏は一九〇九年からその翌年に亘つて甘肅のカラホトを探檢した。カラホトは昔の西夏の都城であつて、その古寺院の廢趾は何れも吐蕃式のもので、其處から出る文書は漢文のものもあるが西夏語のが多い。又文書にしても繪畫にしても年代は恐らく宋末から元初の間に亘るものと思はれる。即ち年代に於ては他の發掘品よりは新らしいのであるが、併し新彊の諸地方や燉煌あたりで發掘しだものと接續せしめて見ると、是れ亦甚だ有益である。私は大正二年革命前に露都へ遊んだ時に兩氏の將來品を見た。コヅロフ氏のカラホトから將來した繪畫は二百三十餘種あつてアレキサンドル三世博物館に置かれてあつたが、却々珍品に富んでゐる。

（四）

以上私の述べたのは何れも今から十數年前の探檢であつて、それ等は既に世の中へも弘く知れ渡つてゐるものなのである。然るに近年になつて更に又新らしく行はれたものがある。その最近行はれたものに於ては特に年代の古くして珍らしい品物が多々發見されてゐる。從前の探檢に比べて甚た古いものを發見してゐるものが多いのである。それに就て今ま大要を語ると、先つその一はスウエーデンの地質學者で支那政府の顧問なるアンデルソン氏が一九一九年以來北支那及び甘肅省に於て行つた探檢である。此探檢は先般來朝されたスエーデンの皇太子殿下の後援を以て行はれた。アンデルソン氏は河南省の澠池縣仰韶村に於て發掘をなして其地で得た上代品の中に珍らしいものがあつた。その中に色文様のある燒物がある。それが殊に問題となるものでアンデルソン氏はその製作、文様等から考へて、それが石器時代から銅器時代へ移り行く中間の時代のものと考へて、而してそれが魯西亞トルキスタン地方、地中海東部、及近東(シシリイ、テツサリイ、トリポルジエ、スサ、アナウ等)から出る同類の品と性質を同うするものと見るのであつて、それに依つて一面には支那の古銅器の形式の起源を考へる事も出來、又上代の支那の文化と西方文化との間に關係を見出すことが出來ると考へるのである。尚ほアンデルソン氏は河南を探査した後に更に甘肅省の探査を行つた。一九二三年以來一昨年まで甘肅の大半を跋踄し諸方の古墳を發掘して、矢張り仰韶村から出たと同じやうな燒物を多々得てゐる。それ等も要するに石器時代末期の品物であつて、而してそれに於て河南のものよりも更に一層西の方の品物との類似点を見出すと云ふのである。

是の如き品物が發見された結果として、遂に支那の文化の起源が或は支那のみで起つたのではないとの疑ひが生じやうとするのである。曾てリヒトホーフエン氏は支那民族が西の方から移住し來つたものではないかとの假定說を出した事がある、それは久しく忘れられてゐたが、今や又それが蘇らしめられるのではないかとまで考へる論者をも出さんとする形勢を生じてゐる。併しそう云ふ事まで論定しやうとするには更に多くの新らしい證據を必要とするのであつて、アンデルソン氏の今日迄の發見では未た決して十分であると云へまい。併し何れにしても同氏の發見した品物には甚た貴重なものゝある事は疑ないので、日本では既に鳥居博士が蒙古地方の探査を行つて、上代のものゝ發見をなす上に可なりの成績を擧げてゐる。今ま又アンデルソン氏が是の如く廣く探査して上代支那文化の研究資料を得た功績は容易ならぬものがある。

次はスタイン氏の漢時代の器物の發見である。前にも述べた如くスタイン氏は第二回の探檢の時に樓蘭の遺趾に於て漢時代の木簡及び縑帛に書いた墨書の文書を尠から ず得てゐる。それ等のものゝ貴重なるは今更云ふ迄もないが、併しその時の收獲で漢時代に屬するものは主もに文書であつた。所が氏は第三回の探檢中一九一四年に於て再び樓蘭の古地に在る古墳から矢張り漢時代の種々なる品物を得た。是に就てはスタイン氏は今迄にその概略を報告するのみでまだ詳細な報告はしてゐない。詳しい報告は近日出版される Innermost Asia と云ふ書物の中に書かれる筈である。第二回の探檢の報告は Serindia と名けて出版してゐるが、今度の Innermost Asia はそれに續く所の報告である。何れ詳しい事はその書物に出るであらうが、要するに此古墳の發掘に依て得たものには人骨もあり、本棺もあり、鑑鏡、皿壺或は種々なる明器があつたが、又織物刺繡の裂があつたのである。就中その織物が人の目を驚かすに足るのである。それは現今ブリチッシ、ミュージアムに陳列されてあるが、牽ね雲紋に靈獸を配した甚た面白い文様を五彩の糸で織つたもので、その繪の間に篆文の文字を配してゐる、その文句は漢鏡に見る所のものと似てゐる。而してその織方の精巧なる實に驚くべきである。蓋し此古墳の發掘品には年代を明示する銘文のあるものは一つも出なかつたやうである。その點に於ては朝鮮樂琅の古墳の發掘品とは異ふ。あれには年代を記したものがあるがこれはそうではない。夫故にその年代を定めるには特に考証を要する譯であつて、スタイン氏はその土地の繁榮期が何時であつたかを考へ、發掘品の性質からも推して種々と考証してゐるが、要するにそれの漢時代に屬する事は何等疑の餘地はあるまいと考へる。

此スタイン氏の第三回の發見は可なり注目すべきものであるが、玆に又もう一つ最も新らしい探檢として著るしいものがある。それは魯西亞のコヅロフ氏が一昨年から昨年にかけて北蒙古に於て行つたものである。コヅロフ氏の往年の甘肅省カラホトに於ける發見は、あれは割合新しい時代のものであつたが、今度のはそれと異つて甚た古いものである。コヅロフ氏の此探檢に依て發掘したのは北蒙古の一部セレンガ河の上流に在る古墳であつた。其處は古の匈奴の土地である。その古墳から出た品物には黄金の裝飾具、銅器、玉器、陶器、漆器、刺繡、織物その他があるが、殊に珍らしいのは刺繡と織物とである。その刺繡の幾つかある中で誠に緻密な技術を以てした驚くべき精巧なものがある。

織物は或はスタイン氏の樓蘭で發掘し得たものに似たものもあるが、又或は風景を織出した頗る奇技なものがあつたりする。而して此發掘品の性質は純支那式と認むべきものがあるかと思ふと、又甚たしく西の方の樣式を示してゐるものがある。刺繡の精巧なるもの丶如きには明かにそれがある。それには明白なる希臘文様が見えてゐる、勿論波斯感化と認むべきものもある。それで是等の品物に就ての魯國學者の研究も追々と發表されるであらうが、それ等の品物の年代に就ては恐らく紀元前第一紀卽ち前漢武帝以後前漢末迄のものならんと云はれてゐる。但し是發掘品に於ても年代を明示する銘文はないが、唯漆器の一つそれは樂琅の古墳から出たもの丶やうに矢張り黑地に赤く渦卷文を交へた線形の文樣を現はしたものがあつて、その器の底に「上林」と云ふ二字がある。その二字が蓋し時代を定める上の一の材料となるものかも知れない。その他にはどうも銘文はなさそうであるが、併しそれにも拘らずその發掘品がすべて漢時代のものである事は實物上の比較を以ても明で、或は六朝頃のものならんと考へた學者もあると云ふが、その誤なる事は勿論で、その品は蓋し古の匈奴に屬するものではなからうかと思ふ。卽ち此コヅロフ氏最近の發掘も亦眞に有益なものと云はなければならぬ。

　漢時代の器物の發掘に就ては、朝鮮の樂琅の古墳のそれが甚た著るしいものである事は今更云ふ迄もない。先きには關野博士がその發掘をなし又昨年は原田文學士が發掘して、種々珍らしいものを得てゐる。卽ちその金屬器、漆器等に殊に珍らしいものがある。又昨年の發掘に於て得た漆器に描いた彩色の人物と動物との繪の如きは今迄に全く類のないものである。それ等の貴重なる事は論する迄もないのであるが、唯併ながら織物繡物の類に至るとそれはスタイン氏が樓蘭で得たもの及び最近のコヅロフ氏の北蒙古で得たもの丶如きはあまり他に類がないと思ふ。是等の品物は今迄中央亞細亞で得た他の品物に比べても類を殊にして居る。それでかやうに一方に於て我朝鮮樂浪の遺物が發見され又一方新疆甘肅蒙古北支那に於て歐羅巴の學者が意外に古い時代の品物を發見するに至つたのであつて、それ等のものを併せて研究する時に於て茲に我々は東洋文化の起原に關する考究を益々進め行く事が出來るのである。支那の上代の文明殊に漢時代の文明は之を文献の上から考へて頗る燦爛たるものがあつたに相違ないと我々は承知してゐたのであるが、事實かく迄工藝の進歩があつたとは思はなかつたのである。我々もその意外なる盛況に驚くのであるが、歐羅巴の人に取つてそれが一つの大なる驚異である事は勿論である。

（五）

歐羅巴の學者の近年行つた東方探検の主要なるものに就ての概略を語れば右の通であるが、尙ほ私は斯の如き探検の結果が歐羅巴人間に如何なる影響を與へたかと云ふ事を少しく述べて置きたいと思ふ。歐羅巴の人は是等探檢の結果を見て東洋文化の根柢の古くして且つ深い事に驚いて、そこで益々東洋の研究を進めて行かねばならんと考へるに至つたのである。私は本年久振で歐羅巴へ遊び歐羅巴諸國に於ける東洋研究熱の最近甚たしく高まり來つた事を實見して、寧ろ驚いたのである。現今東洋研究の歐州に於て盛なる事は種々の事柄からして判かる。諸國の大學に東洋學に關する講座を多く設けてゐる事でも判かる。又東洋學の講座でなくても、大學の講義に於て一般に東洋の例を引いて議論するものが非常に多くなつてゐる事でも判かる。殊に伯林などでは東洋學又は東洋藝術を研究する爲めの學會が設けられたりしてゐる。實は獨逸のみではない、他の國でも段々とそう云ふやうなものを設けやうとする氣運か見えてゐる。巴里の書林では今や日本東洋に關する事を書いた書物ならば何んでも賣れると迄云つてゐるものがある。

事茲に至つたに就ては種々原因があるであらう。一つには歐羅巴文明の發達が行詰つた爲めでもある。歐羅巴文明の行詰つた極遂に東洋に學ふ所のあらんとするのは當然の事である。けれども歐羅巴の人が東洋を學ばんとするやうになつたのは東洋の文化が眞實價値あるものたるを認めるに至つたからでなければならぬ。西洋の人が我浮世繪の版畫を賞美したり、根付彫刻を喜んだり、乃至は支那の陶磁器を愛したりするのは久しい前からの事ではあるけれども、從來彼等がそれ等の品を愛賞したのは主もに好奇心から來たのである。それ等の東洋品は西洋に於ては Curios として取扱はれた。然るに今日に至つては西洋の人は好奇心のみを以て東洋の物を喜ふのではない。眞に東洋の物の價値ある事を思ふに至つた結果それを研究しやうとするのである。以前は東洋研究と云つても語學を研究するとか地理を研究するとか云ふ事の方が多かつたのであるが、今日ではそうでなく東洋の人文殊にその宗教哲學文學藝術を眞面目に研究してその眞相を究めやうとするものが多くなつて來たのである。

然るに左樣に西洋の人が東洋の文明の價値を認めてそれを眞面目に研究しやうとするに至つたに就ては、近年の東方探檢の結果が亦大なる影響をなしてゐる事は勿論である。支那新疆甘肅その他地方の探檢の結果は歐羅巴人をして眼のあたり東洋文明の古くから有力なる根抵を有するものたるを思ばしめない譯にゆかなかつたのである。然るにそれは東洋と云つても實は支那のものゝ新らしい發見が原因をなして、その研究を盛ならしむるに至つたのである。故に現今の彼等の東洋研究は支那に偏してゐる、日本が往々にして閑却されるやうな事もないではない。それは誠に據ない次第である。併し何れにしても歐羅巴人の東洋に對する憧憬は甚たしいものがあつて、彼等の東洋物に對するや今迄は主もに探檢の時代であつたのであるが、是からは更に進んで眞箇の研究をなす時代に這入るのである。探檢時代から進んで更に眞の研究時代に入らんとしてゐるのである。

歐羅巴が既にそうである、東洋研究を眞面目にやらうとする時であるからして、それに依て我々日本人が顧みて考慮しなければならん事も多々あらうと思はれる。我々東洋人は或は西洋の人に促されて始めて自分の持つてゐる寶物の價値を知るやうな事もありはしまいかと思ふのである。併し此際歐羅巴人が東洋研究の指導者として仰くべきものは日本人であらねばならぬ。我々日本人は彼等の爲めの指導者たる任務を自然に備へてゐるのである。歐羅巴の人が如何に近年の探檢に依て新らしい發見をなし、新らしい資料を得てゐるとは云へ、我々日本人の指導がなくては深く立入つて學問的研究をなす事は困難な場合が多からうと思ふ。そう云ふ譯で歐羅巴の人が將來我々に期待する所は益々多くなる譯であるが、又我々が是方から進んで彼等歐羅巴人と研究の上に於ける協力を求めるの必要も大いにある。探檢の事業も若し出來得べくんば協力してやりたいのである。そうすれば効果が餘計に擧る譯である。假令そう云ふ事は出來ない迄も我と彼との研究資料を互に提供し合つて研究の便宜を計る位な事は是非やらなければいけない。今回の澤村君の盡力されて長谷川君の作られた中亞發見の古畫の摹本の如きは殊に貴重なるものであつて、斯の如きものが日本に得られた事を我々は大いに慶賀し、且つ將來又是の如きものゝ更に多く得られる事を希望するのである。而して今や我々は長谷川君澤村君の盡力を感謝すると、同時に又その摹寫をなす事を許された外國の探檢家及び博物館に關係の諸君の好意に對しても十分の敬意を表する次第である。尚ほ今後是の如き仕事に於ては彼方も便宜を與へて呉れる代りに又是方も向へ對して十分便宜を與へるやうにして、益々國際的に事の進行し行く事を私共は切望して止まない次第である。(大正十五年)